W0370023

# RAÏSSA GORBATCHEV

# MA VIE

*Traduit de l'anglais par Marie-Claude Elsen*
*Edith Ochs, Frank Straschitz*

Olivier Orban

*Publié avec l'autorisation de*
*HaperCollins Publishers Inc. New York,*
New York, USA.

TITRE ORIGINAL :
I HOPE


ISBN-2-85565-734-2

RAÏSSA GORBATCHEV

# MA VIE

Entretiens avec

GUEORGUI PRYAKHINE

*Sommaire*

*Par souci de clarté, les commentaires de Gueorgui Pryakhine, l'interviewer, sont imprimés en italique*

## *Au lecteur étranger*

Dans le premier chapitre, intitulé « Invitation à une interview », j'explique les raisons qui m'ont incitée à prendre la plume. Je n'ai qu'une précision supplémentaire à apporter. Pendant des années, et en dépit des propositions qui m'ont été faites, je me suis refusée à écrire ou à favoriser l'écriture d'un livre sur moi et les miens. Or, à présent que je viens d'en décider autrement, ma décision est tout aussi irrévocable. Sans doute en est-il ainsi pour nombre d'entre nous, et ainsi en a-t-il été pour moi. La gestation de ce livre a été courte – quatre mois seulement. Il ne s'agit pas de présenter ici des Mémoires ou des souvenirs en respectant scrupuleusement la chronologie et les détails. Moins encore s'agit-il d'un exposé systématique de mes idées et de mes convictions, bien qu'elles ne soient pas absentes de ces pages. Ce texte écrit sans détour est probablement décousu, plein de contradictions, et pèche par moments par son côté passionné. Mais telle est mon histoire au passé et au présent, à travers des impressions et des événements recueillis sur le vif. Ce sont mes réactions, spontanées et tout à fait personnelles, à ce qui se passe autour de moi et aux terribles conflits, aux bouleversements que mon pays a connus récemment, sans oublier, malgré tout, l'œuvre accomplie.

En somme, ce livre m'offre la possibilité de m'exprimer, de m'expliquer sur quelques points et d'élucider certains malentendus. Il me permet aussi de partager mes problèmes, mes inquiétudes et mes espérances. Et s'il trouve le chemin de votre cœur, j'en serais heureuse.

Pour ce qui est de la forme adoptée pour cet ouvrage, il m'a semblé qu'étant donné les circonstances, le mieux était de conserver le ton de la conversation.

RAÏSSA GORBATCHEV<br>Juin 1991

# CHAPITRE PREMIER

## Invitation à une interview

*Dès 1964, j'aurais pu faire la connaissance de la femme de celui qui est devenu le premier Président soviétique. Elle habitait alors non loin de chez moi, à quelques centaines de kilomètres de la petite ville où, orphelin, j'ai grandi, d'abord dans un foyer pour enfants, puis dans une école pour garçons. Mes camarades, tous issus de la classe ouvrière, faisaient à peu près deux fois mon âge et deux fois mon poids. C'est là que j'ai commencé mon métier de « reporter ». Parfois, notre future* First Lady, *naviguant hardiment sur l'océan de boue que sont les chemins de notre région à l'automne, se rapprochait encore de notre ville. Elle explorait alors, dans le cadre de ses enquêtes sociologiques, la vie quotidienne dans les villages russes.*

*Comme le bon agronome, le véritable sociologue de campagne a choisi de faire carrière dans la marche à pied. J'ai devant moi un opuscule en mauvais papier jauni, publié en 1967, sur lequel on peut lire : « R. M. Gorbatchev, Abrégé d'une thèse soumise en vue de l'obtention d'un doctorat en philosophie. » Le titre :* Apparition d'aspects nouveaux dans le mode de vie de la paysannerie des fermes collectives.

*La frêle chercheuse battait la campagne en bottes de caoutchouc : essayez de soulever une botte prise dans la boue, c'est votre pied avec sa grosse chaussette qui vient, pas la botte. Mais, à l'époque, la marche était le seul moyen de locomotion. Raïssa buvait du thé avec les vieilles femmes des villages et les veuves de guerre. Vraiment, je vous le disais, une profession de pousse-cailloux que celle de sociologue de campagne ! A l'époque, pourtant, elle ne se serait sûrement pas présentée comme « sociologue », le terme était trop peu courant. Elle utilisait sans doute d'autres mots, plus intelligibles pour les gens du peuple.*

*C'est des années plus tard, et bien loin de là, que nous nous sommes rencontrés. Cela s'est passé à Moscou. Je viens de recevoir, il y a quelques jours à peine, une lettre me proposant d'interviewer la femme de notre Président pour un livre en majeure partie biographique. Aujourd'hui, j'ai été invité à me rendre en banlieue, dans la résidence présidentielle. Finalement, le trajet n'a pas été trop long...*

*Ayant passé la grille, la voiture s'avance dans l'allée, longeant un bois clairsemé, assez vieux sans doute, une plantation « claire », comme nous disons en russe. La cime des épicéas et des sapins, les branches des tilleuls se découpent sur le ciel qui commence à s'obscurcir, et les plus vieux tilleuls, tout déchiquetés, s'enfoncent dans la neige intacte. Par-delà les arbres, j'aperçois un bâtiment trapu, jaune, à deux étages, qui me fait penser aux datchas de la fin du siècle dernier. La Volga freine, je descends de voiture et je remarque Raïssa Maximovna Gorbatchev, debout sur le seuil de la grande porte-fenêtre.*

*Elle a revêtu un pull-over à motif, vraisemblablement tricoté à la main. Je me rappelle ce vêtement; elle le portait quelques jours plus tôt, pour se rendre à l'Hôpital républicain central des Enfants malades dont elle s'occupe. La visite, non officielle, a duré trois heures. Je l'ai déjà vue en pantalon aussi. Le pull-over, le pantalon et les chaussons de chalet vont bien à la maîtresse de maison. « Bonjour! » lance-t-elle, en me tendant la main. Son regard attentif est chaleureux.*

*Le vestibule est banal. Il est presque trop fonctionnel. A gauche se trouve le vestiaire. Mon pardessus a l'ai perdu, seul là-dedans. Sous les patères, des pantoufles. Je garde quand même mes chaussures aux pieds. Nous empruntons l'escalier raide, d'une propreté immaculée, pour accéder à l'étage. Des gravures encadrées sont accrochées au mur. Mon hôtesse m'en indique une :*

Que pensez-vous de cette chouette ? Les gens m'envoient en souvenir ce qu'ils ont, ce qu'ils peuvent faire, surtout les enfants. Quelqu'un m'a donc envoyé cette chouette. J'ai demandé qu'on l'accroche ici. Je crois que la chouette est le symbole de la sérénité et de la sagesse, n'est-ce pas ?

*Pour ce qui est de la sagesse, je n'en suis pas très sûr, mais la chouette sur le mur a une bonne tête, avec toutes ses couleurs. Visi-*

*blement, la petite personne qui l'a dessinée s'est servie de toutes les couleurs qui lui sont tombées sous la main.*

*Nous entrons dans la bibliothèque, puis dans le bureau du Président, qui est beaucoup plus petit qu'on ne pourrait le croire. C'est une pièce ordinaire, sauf qu'elle est superbement lambrissée. Deux choses me frappent immédiatement en franchissant le seuil : le téléphone rouge vif, d'une forme curieuse, sous une protection transparente, et un agrandissement photographique posé dans un espace entre les rayonnages. Pour le combiné, bien sûr, aucun doute n'est permis en raison de sa couleur. Pour le portrait encadré, il me faudra quelque temps pour le situer.*

*Le Président ressemble à son père beaucoup plus qu'à sa mère, ce que je mets quelques instants à comprendre.*

*L'agrandissement représente un homme au sourire las, comme après un pénible labeur, et à la chevelure clairsemée. Sa tunique, ouverte au cou, est complètement usée, comme on peut s'en rendre compte même sur la photographie en noir et blanc. Des rangées de médailles décorent son large poitrail. Le soldat sur la photo a vu la vie de près, comme on dit. Il frise la trentaine. Il fait partie de ces petites gens qui ont payé le plus cher à la guerre et dans les années qui ont suivi. Apparemment, le document a été pris juste après la guerre.*

*Le téléphone rouge vif et l'agrandissement photographique sont sur la même trajectoire. Lorsque le Président est assis à sa place, il peut échanger un regard avec son père, aujourd'hui disparu.*

*Dans la bibliothèque et le bureau, les livres derrière les vitrines tapissent les murs du sol au plafond. J'ai fait un effort pour me souvenir des titres, cela pourra peut-être me servir un jour. Il y a quelques superbes volumes sur l'histoire russe : Soloviev, Karamzine, Klioutchevsky... A travers une des portes, j'aperçois un bout de papier coincé sur une étagère avec quelques mots écrits dessus : « Mettez-moi ceux-là par ordre alphabétique, s'il vous plaît, les amis... »*

Dans cette pièce, je suis la secrétaire, la libraire et l'employée, *me dit mon hôtesse avec un sourire.* J'essaie d'apporter un peu d'ordre autour de moi.

*Je crois, même si je n'en suis pas certain, que je dois être le premier membre de l'Union des écrivains à avoir passé en revue la bibliothèque du Président. Dans le coin d'une étagère, derrière une pile de livres, je remarque une carte postale en couleurs écrite en français : « Nikolaï Benois, me dit-on. Un souvenir. »*

*la « visite » improvisée se termine. Avec un effort, deux choses me viennent à l'esprit qui pourraient faire figure de luxe : le bureau dans la bibliothèque, avec son plateau en bouleau de Carélie, un meuble impressionnant, d'allure très officielle, et la netteté des lieux. Cette propreté odorante, pleine de ferveur et de vie, qui flotte dans l'air évoque vaguement celle qui règne dans les villages de la Russie méridionale, une ressemblance sans doute accentuée par la présence du soldat dans son cadre. Grièvement blessé, certes, mais revenu de la guerre – une photo qu'on trouve dans presque tous les foyers russes. Aux fenêtres, de magnifiques voilages masquent la vue. Mon hôtesse tire le rideau pour que je puisse regarder dehors. Non loin de la fenêtre, à demi noyés dans la pénombre, les arbres nous font face. Le parc ?*

Ah ! le parc... Le 10 mars 1985. Le jour de la mort de Konstantin Oustinovitch Tchernenko. Une réunion spéciale du Politburo était convoquée à dix heures du soir. Mikhaïl Sergueïevitch est rentré très tard à la maison, nous habitions alors à la campagne, dans les environs de Moscou. Nous sommes allés dans le parc. L'air de la nuit, qui ne sentait pas encore le printemps, avait quelque chose d'oppressant. Trois morts en trois ans... La disparition, coup sur coup, de trois Premiers secrétaires, à la tête du pays. Mikhaïl Sergueïevitch était très fatigué. « Il y a demain une réunion plénière du Comité central, dit-il après un long silence. Il se peut qu'on envisage de me confier la direction du Parti. » En entendant ces nouvelles, tout à fait inattendues pour moi, je fus bouleversée. Mais surtout, je me suis rendu compte que mon mari ne s'y attendait pas non plus. Jamais encore nous n'avions envisagé pareille possibilité. Nous avons fait le tour du parc, là où la neige tenait encore. Mon mari était à nouveau silencieux. Puis il parut réfléchir tout haut : « J'ai travaillé tellement d'années à Stavropol ! C'est ma septième année à Moscou. Mais il est impossible d'accomplir les changements importants, à grande échelle, que le pays espère. C'est comme si on se cognait contre un mur.

Pourtant, la vie le réclame et il le faut... Non! s'écria-t-il. Cela ne peut plus durer. »

C'était la première fois que j'entendais ces paroles.

*Nous sommes assis depuis quelque temps déjà à une petite table de bois ciré. Le magnétophone marche, mon stylo court sur le bloc. Manifestement, mon interlocutrice a préparé la rencontre d'aujourd'hui, mais sans exagération. Elle n'a posé devant elle aucun carnet, juste quelques morceaux de papier disparates, des feuilles arrachées à un calepin et à un cahier d'écolier, pliées en deux ou en quatre, avec quelques pages entièrement écrites ici et là dans le tas. Elle sort le bout de papier suivant, qui peut ne porter qu'une phrase, y jette un coup d'œil pensif, comme s'il s'agissait d'une carte à jouer, l'énonce tout haut lorsqu'elle l'a déchiffrée et, reposant le feuillet, commente son contenu. Ses notes, tout comme ses souvenirs, ne sont pas classées dans un ordre méthodique. Elles ont été prises à la hâte. J'imagine qu'elle a procédé ainsi : une idée lui vient pendant qu'elle vaque à ses occupations dans la journée, une pensée qu'elle a cherché à cerner monte brusquement à la surface, et elle la griffonne rapidement sur ce qui lui tombe sous la main. S'il est vrai que le style fait l'homme, les morceaux de papier reflètent le style non seulement d'une manière de penser, mais d'une vie qui est loin d'être insouciante.*

Oui, c'était la première fois que j'entendais ces paroles. Aujourd'hui, des millions de gens les répètent et elles sont auréolées de toutes sortes de légendes. On peut dire, j'imagine, que cette nuit a marqué le commencement d'une phase nouvelle qui s'est accompagnée de transformations radicales dans la vie de notre pays. Et dans ma vie aussi.

Les années de la perestroïka... Que nous ont-elles apporté ? Tellement de choses, en fait! La démocratisation de chacun des aspects de notre vie, le commencement d'une réflexion nouvelle sur les affaires internationales. En accompagnant le Président lors de ses déplacements chez nous et à l'étranger, j'ai vu émerger, à travers les émotions et les vœux qui s'exprimaient, une foi nouvelle en la possibilité de vivre sans la guerre.

Les années de la perestroïka nous ont beaucoup donné. Et,

en même temps, très peu. A présent, les choses sont dures, pour notre pays, très dures. Nous connaissons des problèmes dont l'origine remonte à des décennies, voire des siècles : la difficulté de trouver des méthodes nouvelles, le manque de biens de consommation. Et, comme l'a dit Dostoïevsky, en période de trouble et de changement, partout on vous jette de la boue. Malheureusement, notre perestroïka n'a pas su éviter cette boue dangereuse, destructrice et corrosive. Comment pourrait-il en être autrement ? Dans l'ensemble, c'est une période d'espoirs et d'inquiétudes, de réalisations et d'échecs. Une période de réflexion et de doute.

Il est difficile de parler de soi. Il en est ainsi, j'imagine, pour tout le monde. Mais cela me semble aujourd'hui particulièrement difficile pour moi.

*Le téléphone sonne. Je ne crois pas que ce soit le rouge ! Il a sans doute une sonnerie différente. En outre, il ne risque pas de sonner dans un bureau dont le propriétaire est absent. Le signal le suit certainement partout, dans son bureau, dans sa voiture ou dans les réunions politiques.*

Comment te sens-tu, Mikhaïl Sergueïevitch ? Fatigué ?

*Je n'entends pas la réponse. Je suis sorti discrètement du bureau pour aller dans la bibliothèque.*

Il est difficile de parler de soi, *reprend mon interlocutrice.* J'ai reçu plusieurs propositions de journaux et de revues pour que je leur accorde une interview. Et des éditeurs, y compris américains, m'ont demandé d'écrire un livre. Je ne l'ai pas fait et, à vrai dire, je n'y ai pas songé. Si je ne l'ai pas même envisagé, il y a plusieurs raisons à cela, principalement subjectives. Cela m'a toujours paru superflu de parler de moi. Je suis sincère. Pourquoi le ferais-je ? Qu'y a-t-il à dire sur moi ? Je ne suis pas une star de cinéma, un écrivain, un artiste, un musicien ou un grand couturier, et encore moins une personnalité politique. Je ne suis pas un homme d'État qui doit prendre des décisions capitales pour le destin de son peuple. Je suis la femme du chef de l'État soviétique, j'aide mon mari autant que je le peux, comme je l'ai toujours fait depuis ces temps lointains où nous avons lié nos existences. Chez nous, il y a toujours eu cette entente : le problème de chacun des membres de la famille est celui de tous.

En 1985, à l'occasion des voyages de Mikhaïl Sergueïevitch et des visites que nous rendaient les chefs d'État étrangers, un problème a surgi. La tradition veut, dans d'autres pays, que les femmes des chefs d'État participent à diverses manifestations officielles. Telle n'était pas la coutume chez nous. Alors, que devions-nous faire ? « Laissons les choses se faire naturellement », décida Mikhaïl Sergueïevitch. C'est ainsi que, adoptant d'une manière tout à fait naturelle une pratique répandue dans le reste du monde, la femme du chef de l'État a commencé à apparaître en public. Il s'agit seulement d'un autre signe de la « libéralisation » introduite par la perestroïka, même si celui-ci est loin d'être le plus important.

Mon comportement aujourd'hui, de même que notre comportement à l'intérieur du couple, est dans le droit-fil des relations qui ont toujours existé entre nous, dans nos professions et dans la vie. Nous n'avons rien cherché à « inventer » en raison de nos responsabilités nouvelles. Aussi, je repose la question : est-il nécessaire que l'on écrive sur moi ou que je parle de moi ? Ce qui compte avant tout, c'est la cause pour laquelle Mikhaïl Sergueïevitch, ses collaborateurs et ses partisans se battent. Cette cause, et rien d'autre, détermine aujourd'hui ma manière de vivre.

Comme je viens de le dire, ce n'était pas la coutume, dans notre pays, que les femmes des dirigeants répondent à des interviews ou publient des livres. Les Occidentaux vont parler de préjugés. Mais les préjugés peuvent être simplement l'expression des traditions, et il appartient à la femme du Président de respecter les traditions, plus encore qu'au Président lui-même, surtout dans ce domaine.

Pourtant, je romps ici une sorte de « vœu du silence » que j'ai respecté depuis 1985. J'y ai été amenée par la logique des choses. J'y ai également été poussée par les réunions et les contacts que j'ai eus, ainsi que par l'intérêt actif, authentique, réconfortant dirais-je, que notre pays suscite dans le monde. J'ajouterai à cela les diverses questions qui m'ont été posées, y compris par lettres, dont celles concernant « la femme soviétique et la perestroïka ». Parmi les innombrables réunions qui m'ont amenée peu à peu à envisager un livre, il y a celles qui se sont tenues en Amérique. La première a eu lieu durant l'été 1990, lorsque j'ai été invitée à me rendre, avec Mme Barbara Bush, dans une université féminine où les jeunes filles m'ont bombardée de questions. C'est cela qui m'a finalement fait changer d'avis.

En outre, vers cette époque, toutes sortes de publications, articles et même livres, ont commencé à paraître sur moi, à l'étranger et dans notre pays. La bienveillance était loin d'aller de pair avec la connaissance des faits, et, à l'occasion, l'exactitude en était totalement absente, pour laisser la place aux inventions, aux mythes, voire aux calomnies. Certains auteurs me pardonneront cette boutade, mais si mon nom n'avait pas été imprimé en toutes lettres dans le texte, je n'aurais jamais pensé qu'il s'agissait de moi.

C'est ainsi que j'ai décidé de raconter moi-même mon histoire, ma propre philosophie de la vie, comment j'ai vécu et ce qui compte pour moi. Je veux parler à ceux qui sont disposés à m'entendre, je vais leur raconter et leur expliquer les choses. Et je vous ai demandé à vous, Gueorgui Vladimirovitch, d'être celui qui m'interrogera.

*Elle repose le bout de papier.*

*Peut-être devrions-nous expliquer pourquoi le sort m'a désigné ? dis-je après un court silence, bien que je n'en connaisse pas moi-même la raison – ce qui explique ma question.*

D'abord, parce que je vous connais. Ensuite, parce que vous êtes de Stavropol, comme Mikhaïl Sergueïevitch. Et enfin, parce que vous avez quatre filles, ce qui veut dire que vous êtes un homme bon, profondément humain. Est-ce que cela vous paraît suffisant ?

*Tout à fait, en ce qui me concerne !*

Non, en fait, la raison principale de mon choix est que tous vos enfants vivent avec vous. Cela en dit long, à mon sens.

*C'est certainement la première fois que cela m'attire des louanges ! A vrai dire, les miens me reprochent suffisamment de ne pas chercher à améliorer notre situation. La vie n'est pas toujours rose, à sept dans un appartement. Dommage que les miens ne soient pas là pour entendre !*

*Mon carnet est rempli, le magnétophone éteint, le thé a refroidi au fond des tasses. Dehors, au-delà des voilages, l'obscurité est totale. Nous remettons tout en place dans le bureau du Président, la table et les deux fauteuils. Nous replaçons le vase en verre taillé sur la table basse. Avant de sortir, je jette un dernier coup d'œil sur la pièce. Près de la photographie de son père s'en trouve une autre, plus petite, de sa femme, prise dans les premières années de leur mariage. Un visage de jeune fille empreint de sérieux, de gravité et dont le regard, bien que braqué sur l'objectif, semble tourné vers l'intérieur.*

J'étais alors en dernière année d'études, *précise la voix de Raïssa Gorbatchev.* Savez-vous ce qui m'a frappée récemment ? Je porte sur ce cliché une veste grise et un corsage bordeaux. Déjà, vous rendez-vous compte ? Et l'on ose encore parler de l'inconstance des femmes.

*Le gris est une de ses couleurs de prédilection, ce gris que l'écrivain Ivan Bounine appelle « gris perle ». La photographie est en noir et blanc, ce qui signifie qu'elle se souvient de ce qu'elle portait à l'époque, juste après la guerre, à l'instar de chacun de nous.*

*Nous redescendons par le même escalier abrupt. Dans le vestibule sans coquetterie, je remarque un détail qui m'a échappé tout à l'heure, une petite maison de poupée décorée, avec un toboggan sur le côté. Un témoignage émouvant de la nouvelle année toute proche en ces lieux très officiels.*

C'est une maison privée dans une résidence d'État. Ceci appartient à mes petites-filles. Malheureusement, j'ai l'impression que toutes les deux ont pris froid.

*Je repars dans la même voiture. Le soldat debout sous l'éclairage de l'entrée me salue au passage. Je n'ai pas remarqué la pré-*

*sence d'autres militaires sur place. En fait, je n'ai vu que trois personnes : l'homme à la grille, mon hôtesse et une femme charmante qui nous a servi le thé et que la compagne du Président, avec une amicale simplicité, a appelée « Choura ».*

*Sur la route de Moscou, nous n'avons pas croisé la voiture du Président. Huit heures du soir, c'est trop tôt pour qu'il rentre chez lui.*

# CHAPITRE DEUX

## Nous avons tous été des enfants un jour

*Raïssa Maximovna, je devine que vous aimez Antoine de Saint-Exupéry. Je vous ai plusieurs fois entendue citer des extraits du* Petit Prince. *Je vais commencer notre conversation d'aujourd'hui par une citation tirée de son œuvre : « Nous avons tous été des enfants un jour... »*

Oui, j'aime beaucoup cet auteur, ainsi que le petit personnage qu'il a créé et qui accomplit tant de bonnes et grandes actions. L'enfance est le monde de la fantaisie et du rêve. L'époque des questions par milliers et des premières tentatives pour y répondre. Chacun de nous a vécu une enfance. Pourtant, lorsque nous étions enfants, nous croyions que nous étions les seuls à connaître cela. C'est pourquoi elle nous est si chère.

Nous sommes allés à l'école, puis dans les groupes de pionniers, ensuite aux réunions des jeunesses communistes. Nous étions fiers des réalisations de notre pays, Magnitka, Dniéprognès, Komsomolsk sur l'Amour, le voyage du *Tchelyouskine*, Valeri Tchkalov, Valentina Grizodoubova. Nous admirions l'héroïsme d'Alexander Matrosov, de Zoïa Kosmodemyanskaïa, la Jeune Garde. Nous lisions ce qui nous tombait sous la main. Nous rêvions de voyages au long cours, de villes et de pays lointains. Je voulais devenir le capitaine d'un paquebot qui franchirait l'océan... Nous rêvions de découvrir un trésor. Nous étions toujours à la recherche d'un trésor !

*Aujourd'hui, mes petites rêvent plutôt de rencontrer des créatures d'autres planètes...*

Jamais nous ne perdions espoir; nous nous obstinions à rechercher notre trésor. Et puis, bien sûr, nous jouions à la guerre. Je sais que tous les enfants jouent à la guerre, d'une manière ou d'une autre. Mais pour ceux de ma génération, ce jeu avait quelque chose de pénible – souvent il était trop proche de la réalité. Nous jouions aussi à la maîtresse et à la poupée, mais la guerre est ce dont je me souviens le mieux. Chacun de nous voulait être un partisan, Tchapaïev ou Anka. Au besoin, même les garçons préféraient faire Anka, l'héroïne du film *Tchapaïev*, plutôt que jouer le méchant. Personne ne voulait être un Blanc, un Allemand ou un fasciste. Nous ne nous rendions pas compte, par exemple, que les Blancs étaient nos propres compatriotes.

En effet, lorsque je me penche sur le passé, que je pense à mon enfance, la mienne et celle de toute ma génération, que je m'attarde sur les photographies que je regardais avant votre venue, c'est la guerre qui me vient à l'esprit. Elle nous suivait partout. La guerre d'Espagne, les détachements de volontaires, la guerre de Finlande, l'affrontement avec les troupes japonaises à Khalkin-Gol. Et, à l'intérieur du pays, dans les années trente, il y avait les « ennemis du peuple ». Je me souviens que, lorsque j'étais dans les petites classes, les photographies de Egorov, Blioukher, Toukhatchevsky [1] étaient oblitérées dans nos livres. Quelle tristesse, quand on y songe ! Puis la guerre patriotique de 1941 à 1945. Des millions de vies perdues, gâchées. Des maisons dévastées, des familles en deuil, des villes et des villages détruits, la politique de la terre brûlée... Des foules se pressaient dans les gares, le pays n'était plus qu'une immense gare. Comme si l'on n'avait le choix qu'entre partir ou attendre. Les visages bouffis par la faim. Le sentiment de peur, la peur de perdre sa carte de rationnement ou sa ration de pain. Je m'en souviens encore à ce jour. On allait glaner dans les champs, et il y avait les pommes de terre gelées. La vie était ainsi, pour moi et pour ceux de ma classe d'âge.

Puis vint la joie de la victoire. Il faut avoir vécu cela. Le bonheur de revoir ceux qui vous sont proches et qui rentrent à la maison, les survivants. Et surtout, cette joie irrésistible que l'on éprouve d'être simplement en vie, physiquement.

Mon père est né en 1907, il était ukrainien. Ma mère, née en 1913, était une Russe originaire de Sibérie.

1. Chefs militaires exécutés durant les purges de 1937.

Gueorgui Vladimirovitch, nous étions bien convenus que mes réflexions ne devaient pas suivre un ordre précis ou trop strict ? Elles composent plutôt une sorte de mosaïque, de ces choses que l'on dit sans réfléchir, qui vous viennent à l'esprit selon votre humeur du moment. Nous n'écrivons pas mes Mémoires, n'est-ce pas ?

*C'est justement cet aspect décousu, le fait que ce ne sont pas vos Mémoires, qui me plaît. Du reste, j'aime votre émotion lorsque vous évoquez vos souvenirs d'enfance et ces années-là. Vous ne vous contentez pas simplement de les aligner posément côte à côte sur l'étagère.*

Mon père a travaillé toute sa vie aux chemins de fer. Lorsque je remplissais des questionnaires, j'écrivais toujours : « Père, cheminot. Non inscrit au Parti. » Eh non, il n'était pas au Parti ! Mon père a trouvé la foi dans le Parti avec Mikhaïl Sergueïevitch, mon mari. Malgré la différence d'âge, mon mari est devenu pour lui le symbole de ce qu'un vrai communiste doit être. Mon père est arrivé en Sibérie au cours du printemps 1929. Il est né à Tchernigov et est arrivé en 1929 en Sibérie.

*Où exactement s'est-il installé ?*

Il était venu pour construire la voie ferrée. La première à laquelle il a travaillé était celle de Roubtsovsk à Ridder, dans l'Altaï. Ses parents – Andrei Filippovitch, son père, et Maria Maximovna, sa mère – ont abandonné leur terre, leur village, pour aller habiter la ville et ils sont allés à Tchernigov. Ils ont quitté la terre parce qu'elle ne pouvait pas les nourrir. Mon père est parti avec ses camarades pour trouver du travail dans la région de la Sibérie occidentale, comme on disait alors – maintenant, c'est devenu l'Altaï. Il a travaillé à la construction du chemin de fer qui devait passer par Vessolaïarsk, le village où ma mère est née... Mais si, je vous assure, ce village existe, je viens de recevoir une carte de vœux de Vessolaïarsk pour le Nouvel An ! Mikhaïl Sergueïevitch a révélé, dans une interview, que j'étais née à Roubtsovsk, en Sibérie, dans la région de l'Altaï. Dès lors, les habitants de cet endroit ont commencé à s'intéresser à moi et à ma mère, ce qui m'a beaucoup touchée. D'autant plus que c'est à Vessolaïarsk que mes parents ont uni leurs vies... Vessolaïarsk est un joli nom. Il n'y en a pas tellement de semblables dans notre pays. D'une certaine manière, nous n'aimons pas attirer l'attention sur ce qu'il y a de mieux dans la personnalité de nos villes et de nos villages. Cela fait-il partie de notre caractère national ? Parfois, en voyageant, on peut être surpris par le nom des lieux qu'on traverse, comme Gryaznoukha ou Tcherny Yar... Alors, Vessolaïarsk [1]...

*Gogol aussi a souligné cette particularité.*

J'étais leur premier enfant. J'ai été baptisée dans la tradition orthodoxe. Pas à l'église, bien sûr – il n'y en avait pas, en 1932, au plus fort de la lutte contre l'Église – mais chez un prêtre. En fait, mon nom n'a pas été choisi dans le calendrier de l'Église, car, vous le savez, la tradition voulait que le prêtre propose un nom qu'il avait trouvé dans le calendrier. En fait, c'est mon père qui a choisi mon nom. Nous avons tellement de jolis prénoms slaves et russes, mais, à l'époque, on en inventait : des prénoms nouveaux pour des temps nouveaux. Parmi les filles de mon âge, beaucoup se sont appelées Oktyabrina, en raison de la révolution d'Octobre, et Vladilena, en référence à Vladimir Lénine. D'autres noms apparaissaient chez les plus instruits : Nelly, Jeanne ou Alla. Pourtant, mon père m'a appelée Raïssa... ou Raïetchka. Il m'a expliqué plus tard que pour lui cela signifiait *raï*, le paradis. La pomme dans le jardin d'Éden.

*Bien que ce prénom soit très répandu dans la région où j'habite, je n'ai jamais entendu pareille explication. Votre père avait beaucoup d'imagination !*

N'oubliez pas que j'étais son premier enfant. Mon père aimait beaucoup tous ses enfants, mais il a toujours été très attaché à moi, la première-née. Il était très fier de moi. Dans les derniers mois de sa vie, lorsqu'il était hospitalisé à Moscou, il m'a confié qu'il ne cessait de penser à sa mère et à moi

1. En russe, *gryaznoukha* signifie « lieu sale », *tcherny yar* « trou noir » et *vessolaïarsk* « ville heureuse ».

lorsque j'étais petite. « J'ai toujours su, toujours senti que tu me sauverais la vie. » Malheureusement, nous n'y avons pas vraiment réussi. Après une opération difficile, il est mort en 1986.

Penser aux moments que j'ai passés à son chevet à l'hôpital et entendre de nouveau ces mots, qui furent en fait ses dernières paroles, cela fait revivre trop d'émotions personnelles. Est-il vraiment utile d'en parler ? Je préférerais m'en abstenir.

*Sa voix est calme, calme et nette. On l'imagine facilement prenant la parole en public. A un moment donné, à Stavropol, les étudiants, dont certains de mes amis, se pressaient à ses cours. Ils étaient d'autant plus nombreux qu'elle était agréable à regarder, étant plus ou moins de leur âge. Maintenant, sa voix a changé, ce n'est plus celle que l'on entend parfois à la télévision. C'est la voix d'une toute jeune fille, qui n'a plus qu'un seul interlocuteur : elle-même.*

Piotr Stepanovitch et Anastasia Vassilevna, les parents de ma mère, *poursuit-elle d'un ton qui peu à peu redevient normal*, appartenaient également à une famille paysanne. Avaient-ils la vie facile ? Certainement pas, ma mère m'en parle à présent. Il ne faut surtout pas croire que les paysans avaient autrefois une vie agréable. Ils travaillaient dur et n'avaient aucun espoir. La terre, le bétail, et pas grand-chose à manger. Ta pauvre grand-mère! s'exclame toujours ma mère, Alexandra Petrovna. C'étaient les travaux forcés, ce n'était pas une vie. Elle labourait, semait, faisait la lessive et devait nourrir six enfants. Sans jamais se plaindre.

Vera, la sœur de ma mère, avait seize ans quand elle est morte. On n'a jamais su vraiment la cause de sa mort. Il faut dire qu'on ne pouvait pas se faire soigner à l'époque. Son frère aîné, Alexandre, est décédé à l'âge de vingt-six ans. De nouveau, sans qu'on puisse l'expliquer.

Lénine a donné la terre à mes parents, c'est ce que ma mère dit toujours. Auparavant, ils ne possédaient pas leur terre. On leur a dit, d'après ma mère, de prendre ce qu'ils voulaient, autant qu'ils pourraient en cultiver. Puis, au début des années trente, la famille de mon grand-père fit figure de « riches paysans ». La terre et la maison leur furent enlevées et mes grands-parents devinrent journaliers. Plus tard, accusé de trotskisme, mon grand-père fut arrêté; il disparut sans laisser de traces.

*Nous y voilà! Notre histoire russe, imprévisible, tombe en plis aussi lourds qu'une capote de soldat trempée de sang. Celle qui se tient en face de moi a vécu une vie complètement différente de la mienne, nous n'avons pas le même âge ni, finalement, les mêmes « origines », comme on disait jadis. Mais, comme le mien, son grand-père a été exproprié et mon père, comme le sien, est parti de chez lui pour aller tenter sa chance ailleurs. Où rencontre-t-on ce genre d'histoire en dehors de notre pays? En Russie, cette histoire douloureuse se croise à chaque pas.*

Ne soyez pas surpris! Ma mère ne sait toujours pas qui était Trotsky et mon grand-père encore moins sans doute. Aujourd'hui encore, ma mère ignore de quoi son père était accusé. Et nous avons survécu à cette tragédie banale... C'est pourquoi, aujourd'hui, j'ai si peur lorsque j'entends les uns et les autres réclamer qu'on « recherche les coupables ». Cela n'amènerait qu'un nouveau bain de sang.

Femme d'un « ennemi du peuple », ma grand-mère est morte de faim et de chagrin, abandonnant à leur destin quatre enfants. Mon grand-père, Piotr Stepanovitch, a tout fait pour que ses fils reçoivent une bonne éducation. L'aîné, Alexandre, qui est mort à vingt-six ans, avait fait des études d'économie. Ivan, le plus jeune, a également eu droit à une bonne formation. Quant aux filles, la tradition russe ne leur accordait aucune attention. Chez les paysans, les femmes étaient presque toutes illettrées. Dès l'âge de huit ans, ma mère labourait les champs et filait la laine. C'est seulement après son mariage qu'elle a appris à lire et à écrire. En revanche, elle a aidé sa sœur à devenir pharmacienne. Ma mère, qui est douée d'une intelligence très vive, n'a cessé, toute sa vie, de regretter amèrement son manque d'instruction. C'est pourquoi elle a voulu avant tout donner à ses enfants des connaissances solides. Et, pour chacun d'eux, elle y a veillé.

Ma mère ne travaillait pas au-dehors, c'était une femme d'intérieur. Les déplacements incessants que nous devions faire en raison du travail de mon père aux chemins de fer, les problèmes posés par les déménagements, les divers appartements que nous avons occupés – seul le ciel sait combien nous avons connu de ces « nids », de la cabane à la maison à charpente de bois !... Dans l'Oural, nous avons réussi à loger dans une belle et grande maison de bois ! Elle nous est échue pendant la guerre à la suite de je ne sais quel coup de chance. Pendant quelque temps aussi, nous avons habité un « appartement », quelques pièces à l'intérieur d'un ancien monastère. Cela vous donne peut-être une idée de la vie que nous menions. Mais c'était la guerre. Après la guerre, nous avons continué de vivre comme des oiseaux de passage. Mon père a dû travailler quarante ans avant qu'on lui accorde, et encore avec combien de mal, un domicile fixe.

Ma mère ne travaillait pas au-dehors, ne serait-ce qu'à cause des trois enfants qu'elle avait déjà à vingt-cinq ans. Mais, depuis ma plus tendre enfance, je ne puis me souvenir d'un jour où je l'ai vue inactive ou prendre un peu de repos. Sa vie durant, elle a toujours été très occupée à coudre, repriser, raccommoder, tricoter, cuisiner, broder ou nettoyer. Elle reprisait chaque chose elle-même, faisait le ménage, travaillait au jardin et, dès que c'était possible, elle avait une vache ou une chèvre pour que les enfants aient du lait frais. Aujourd'hui, malgré les années, elle est restée la même.

Par nature, ma mère est stricte, exigeante. Ainsi, je me souviens d'avoir accompagné avec elle mon père qui partait au front. La gare surpeuplée... J'ai une image si claire, si nette des gares de mon enfance, avec cette ambiance d'une tristesse incomparable, les femmes, les enfants, les larmes. Beaucoup de femmes perdaient connaissance. Ma mère, raidie par le chagrin. « Qui va nous nourrir ? dit-elle. Nous tiendrons le coup. » Nous avons donc accompagné mon père qui partait au front, mais il n'y est pas allé : il est rentré chez nous en uniforme de soldat. L'ensemble du réseau ferré se trouvait intégré à la défense nationale. Il fallait construire à la hâte de nouvelles voies ferrées à des fins militaires. Dans notre famille, le frère de ma mère s'est battu sur le front et sa sœur a été médecin de l'armée.

Que m'ont apporté mes parents ? Que m'a apporté ma famille ? Lorsque je me pose cette question, c'est toujours la même réflexion qui me vient à l'esprit : mes parents et tous ces gens qui ont porté sur leurs épaules le lourd fardeau de ces années-là n'avaient aucune chance de se réaliser eux-mêmes. Aussi n'avaient-ils qu'un but : accomplir au travers de leurs enfants ce qui resterait inaccessible pour l'immense majorité d'entre eux. Nous avons cette expression en russe : « élever les enfants ». Pour moi, cette métaphore est très intéressante. Cependant, nos parents ne nous ont pas seulement donné une éducation. Par leur mode de vie, ils nous ont transmis un sens des responsabilités en ce qui concerne nos actes et notre comportement. Mes parents m'ont surtout fait don de la faculté de comprendre les besoins d'autrui, de partager la peine et la douleur des autres, ils m'ont appris la compassion... Pas une génération ne vit en vain dans ce monde de pécheurs.

Ces images de mon enfance sont incomplètes, elles ne sont qu'une esquisse. Peut-être justement à cause de nos déplacements incessants.

A chaque fois que nous avons déménagé, j'ai dû changer d'école, ce qui n'allait pas sans mal, bien sûr. Chaque nouvel environnement signifiait de nouveaux professeurs, un niveau d'études différent, d'autres exigences et des camarades inconnues. Et, en général, un intérêt accru pour la « nouvelle », comme il est naturel dans ces cas-là.

*Vous étiez déjà la « nouvelle », n'est-ce pas ? N'avez-vous pas l'impression que cette situation vous a poursuivie jusque dans votre vie d'adulte ? Pendant près de deux ans, je vous ai accompagnés, vous et Mikhaïl Sergueïevitch, dans vos voyages officiels, et j'ai pu constater l'intérêt croissant, de la part du public autant que des journalistes. Cette curiosité ne concerne pas seulement le Président, ce qui serait normal, mais également vous. Ainsi, lorsqu'il a visité, au cours de la campagne qui a précédé le Congrès du parti, une fabrique de montres à Moscou, les femmes en blouse blanche qui assemblent les mécanismes s'étaient rassemblées dans l'atelier et demandaient en haussant le cou : « Est-ce que Raïssa est venue ? Où est-elle ? » Pardonnez-moi de les citer sans ajouter votre patronyme. Après tout, quand une femme devient célèbre en Russie, la première chose qu'elle perd n'est-ce pas son patronyme ?*

Que s'est-il passé ensuite ?

*Non, leur ai-je dit, elle ne l'a pas accompagné. Cette réunion ne concerne que des questions de parti.*

Qu'ont-elles répondu alors ?

*Elles étaient déçues.*

Vraiment ? Pourtant, voyez-vous, la curiosité inévitable et une certaine défiance vis-à-vis de la « nouvelle » ont eu un effet sur mes études et sur mon comportement. Dans mon enfance et ma jeunesse, j'ai toujours éprouvé une sorte de gêne, un manque d'assurance, au point de me sentir parfois isolée des autres. Après tout, les enfants ont de drôles de manières.

*Avez-vous complètement surmonté ce manque d'assurance ?*

Je n'en sais rien, et le faut-il vraiment ? Mais le fait d'être toujours la « nouvelle » m'a appris à établir des contacts avec les gens. Je suis simplement devenue plus sociable...

L'école de mon enfance n'avait rien des établissements d'aujourd'hui, avec leur matériel et leur mobilier modernes. Et pourtant, même si l'école a beaucoup changé, les aspects les plus importants sont restés identiques. Des bureaux faits de bric et de broc, des alphabets bricolés et, pendant la guerre, des cahiers de classe également faits main, le plus souvent en papier de mauvaise qualité. Même l'encre, on la fabriquait soi-même.

*L'encre aussi ?*

Absolument, avec de la suie. Il y avait un livre pour quatre ou cinq élèves. Et, pour déjeuner, un bol de bouillon par jour. Nous portions des tricots, des vestes rembourrées ou, mieux, un manteau et un « pardessus » de laine filée à la maison ou de coton. La serge était une étoffe qu'on trouvait à l'époque. Mes parents m'ont offert mon premier vrai pardessus alors que j'étais déjà à l'université. Il avait un petit col de fourrure, un « boston », disait ma mère. Je l'ai porté longtemps! Toute la famille se souvient encore de ce manteau. Mon père avait gagné mille roubles à une tombola et, d'après ma mère, leurs amis les ont aidés pour qu'ils puissent acheter le manteau au magasin du village. Il n'y avait pas pléthore d'articles de ce genre! Personne n'a oublié ce manteau, qui sert de point de repère dans le temps pour chacun de nous. Il faut dire que nous arrivions à l'université avec un peu n'importe quoi, l'une portait le pardessus de sa mère, l'autre la veste de je ne sais qui.

Comme mon enfance, mon lycée reste cher à mon cœur. J'aimais bien mes professeurs et mes amies. Nous chantions à la chorale, nous montions des pièces de théâtre, auxquelles les professeurs et la directrice participaient. J'ai l'impression que cela serait impossible de nos jours, mais je me trompe peut-être.

En gymnastique, nous formions une pyramide humaine. On me perchait toujours au sommet, sans doute parce que j'étais la plus légère. Nous faisions des marches, nous ramassions les bouts de métal et les morceaux de papier, repiquions les pousses dans la cour et publiions un journal à placarder au mur. Nous organisions des fêtes, nous dansions. Et nous recevions nos premières lettres d'amour.

Que me reste-t-il d'autre de mes années d'école? Nous allions aider les familles qui avaient perdu quelqu'un à la guerre. Nous nous faisions des serments solennels, nous jurant fidélité, solidarité, entraide et de tout dire l'un à l'autre. Nous invoquions l'honneur du pionnier ou du komsomol pour sceller nos vœux et mêlions des gouttes de notre sang en pratiquant une petite entaille au bout du doigt. De cela aussi, je me souviens.

Mon père et ma mère ne sont pas allés à l'école. En fait, je ne disais pas « mon père » et « ma mère ». Je n'utilisais pas non plus « Batyouchka » et « Matouchka », cela ne se faisait pas, mais simplement « Papa » et « Maman ». Nous leur disions « vous ». Je ne crois pas que mes parents aient jamais été convoqués à l'école. Ils ne vérifiaient pas nos devoirs. Quelquefois, mon père me racontait comment il avait été élevé. C'était un homme intelligent. Il m'a parlé de la période des « réformes scolaires », lorsque les élèves passaient d'une classe à l'autre en fonction des votes. Les résultats des élections étaient annoncés par les professeurs aux réunions de classe. Il incombait aux enfants de décider s'ils voulaient faire leurs devoirs. « Tu peux voir devant toi un produit impressionnant de ce système », concluait mon père, en se montrant du doigt avec un large sourire.

*Laisser les enfants décider, mais ce serait dangereux, aujourd'hui, de proposer une chose pareille, ne serait-ce que chez moi !*

J'ai fini le lycée dans la ville de Sterlitamak, en Bachkirie. Mon certificat de fin de scolarité porte la mention : « A mérité une médaille d'or pour ses excellents résultats et sa conduite exemplaire. » Cela me donnait le droit, précise le certificat, « d'accéder sans examen d'entrée aux institutions d'enseignement supérieur de l'URSS ». C'était la seconde année que l'on attribuait des médailles d'or, et j'ai choisi d'aller à l'université d'État Lomonosov, à Moscou.

*En quelle année cela se situe-t-il ?*

En 1949, j'avais dix-sept ans.

Comme beaucoup d'autres, je compris très tôt l'intérêt des livres, ce miracle inventé par l'homme. Les livres, les grandes œuvres de la littérature, étaient pour moi un besoin constant et une passion. Certes, j'étais loin d'être la seule à réagir ainsi. C'est précisément à cette époque que notre pays est devenu, comme nous disons aujourd'hui, un « pays de lecteurs ». A vrai dire, il n'y avait pas tellement de livres, le choix était réduit. Mais nous lisions tout ce qui nous tombait sous la main et chaque livre était pour nous une révélation.

Les moments les plus heureux, les plus radieux de mon enfance et qui flottent encore dans ma mémoire, je les ai connus en lisant devant le cercle de famille. J'adorais lire à haute voix. Quelles soirées merveilleuses nous passions ! Le bois crépitait dans la cheminée ou dans le poêle. Maman faisait cuire le souper. Mon frère et ma petite sœur se blottissaient contre moi et je lisais. Mon père était rarement avec nous, très rarement. En ce temps-là, vous savez combien les gens travaillaient dur, il n'y avait ni jours de repos ni congés. Mon père recevait une « compensation » pour ses vacances. Il existait une expression toute faite : « en compensation pour congés non pris ». Il ne partait jamais en congés. On lui payait des heures supplémentaires à la place et il travaillait sans arrêt. Et chaque année, cela recommençait.

Nous lisions tout : *Brousky*, de Panferov, *Les eaux paisibles du Don*, de Cholokhov, *Anna Karenine*, de Tolstoï, *Notre-Dame de Paris*, de Victor Hugo, *Une tragédie américaine*, de Dreiser, *Les trois mousquetaires* et *Le comte de Monte-Cristo*, d'Alexandre Dumas. Nous lisions Gogol, *Soirées dans une ferme près de Dikanka*; *L'histoire d'un homme véritable*, de Polevoï, *La jeune garde*, de Fadeïev, et la poésie de Simonov. Mais lorsque mon père était avec nous, je lisais Tarass Chevtchenko, surtout ses *Pensées*. En voici un exemple :

Mes pensées, mes pensées, quelle douleur vous me donnez!
Pourquoi vous présenter devant moi en rangs lugubres?

Ou ceci :

Que c'est dur, dur, pour l'orphelin solitaire.
L'amère nostalgie et le chagrin me feront sauter du pont
Pour sombrer et que finisse ce vagabondage incessant.
La vie n'est bonne ni aimable, et je ne sais où me cacher...

Ou encore :

A quoi me servent mes sourcils noirs et mes yeux bruns?
Ou ma pudeur virginale qui si vite passe.
Ma jeunesse est gâchée pour rien
Et mes sourcils noirs blanchis par le vent...

Nous aimions beaucoup *Katerina* et *Le grand Dniepr*. Je vous ai lu ces poèmes en russe, mais mon père aimait les entendre dans leur langue d'origine, en ukrainien. Ils ont un tout autre son!

*L'édition du* Joueur de Kobza *qu'elle tient sur ses genoux ressemble à une bible. C'est un volume imposant, avec une superbe reliure. Elle s'y repère facilement, à part une certaine difficulté à passer du russe à l'ukrainien. Cela n'est pas rare chez ceux qui aiment écouter parler ou même chanter dans cette langue. Pour ma part, je ne puis fredonner les chants ukrainiens, car je suis incapable de prononcer correctement.*

Lorsque je m'empare d'un volume de Chevtchenko, je pense à mon père. J'ai pensé à lui la dernière fois que je suis allée en Ukraine. J'y ai rencontré des écrivains, et nous avons parlé de Chevtchenko et de son *Joueur de Kobza*. Mon père l'aimait tellement !

Mon frère a trois ans de moins que moi et ma sœur, six. Chacun de nous a choisi le mode de vie qui lui convient, sa profession et son destin. J'ai toujours considéré ma sœur comme une enfant dont, en tant qu'aînée, je devais prendre soin. Aujourd'hui encore, je continue de l'appeler par son diminutif, « Lioudotchka ». Quand j'ai quitté la maison pour faire mes études à Moscou, ma sœur n'avait que onze ans. J'ai deux souvenirs d'enfance à raconter sur elle, deux souvenirs qui me reviennent souvent. Je jouais avec elle et mon frère à un jeu qui nous amusait beaucoup, il s'agissait de deviner un nom auquel l'un de nous pensait. C'était à ma sœur de penser à quelqu'un, homme ou femme. Pendant un bon moment, nous avons été incapables de trouver. Nous avions beau nous donner du mal, nous faisions chou blanc. On en vint même aux larmes, car nous la soupçonnions de tricher. Ma mère s'en mêla. Finalement, ma sœur nous révéla la réponse : c'était « Byvalotcha », un nom d'homme, affirma-t-elle.

Cela nous a fait rire aux éclats, nous avons immédiatement compris de qui elle voulait parler. A cette époque, il n'existait pas d'hôtels dans les petites villes et dans les villages. Les voyageurs descendaient chez des amis et un des collègues de mon père était souvent invité chez nous. Il avait toujours plein d'histoires à raconter, car il avait beaucoup roulé sa bosse et nous aimions passer la soirée à l'écouter. Et il commençait chaque histoire par ces mots : « Alors, *byvalotcha* [1], nous... » Nous nous

1. En russe, *byvalotcha* signifie « il était une fois ».

moquions volontiers de cette habitude qu'il avait mais, pour notre petite sœur, c'était devenu un nom propre. A présent, je ne me souviens plus d'ailleurs du nom de cet ami de mon père, alors que je me rappelle très bien ses inévitables *byvalotcha*. En fait, après nous être creusé la tête pendant des jours, mon frère et moi, pour essayer de trouver la solution, nous en étions venus à nous accuser les uns les autres, chacun faisant pleurer l'autre, jusqu'à ce qu'elle nous livre enfin la réponse.

*Ce jeu repose sur une honnêteté réciproque. Nous avions un jeu du même genre chez nous.*

Les jeux d'enfants exigent que l'on joue franc-jeu... Voici le second souvenir qui m'est resté. Les prisonniers de guerre étaient assignés à la construction de la voie ferrée. Un incendie éclata là où nous habitions alors, et plusieurs maisons furent ravagées par les flammes. D'autres, partiellement endommagées, ont dû être réparées. Parmi ces dernières figurait la maison que nous occupions. Les Allemands retapèrent le toit et nous aidèrent de diverses manières. Ma sœur, qui était toute petite, blonde aux yeux bleus, attirait constamment leur attention. Un jour où je jouais dans la cour, je vis un Allemand s'approcher d'elle et tendre la main pour lui caresser la tête. Mon cœur défaillit. En un éclair, je fus près d'elle et l'attirai contre moi. C'est alors que, levant les yeux vers l'Allemand, je me rendis compte qu'il pleurait. J'en fus bouleversée. Nous étions là tous les trois, le jeune Allemand qui pleurait, tête baissée, ma petite sœur qui s'accrochait à moi, effrayée, et moi, qui n'étais qu'une jeune fille.

Lorsque je revois cet épisode, aujourd'hui, je pense à nouveau à ces sentiments qui nous agitaient tous en ces jours terribles de l'invasion allemande et à la monstrueuse tragédie qui a touché des millions de gens totalement innocents.

*Je me rappelle à présent vous avoir vue au cimetière des prisonniers de guerre soviétiques de Stukenbrock, en Allemagne.*

Je dois avouer que j'ai éprouvé des sentiments très contradictoires lorsque, avec plusieurs personnalités qui accompagnaient Mikhaïl Sergueïevitch lors de son voyage officiel en Allemagne de l'Ouest, nous sommes allés nous recueillir sur la tombe de nos infortunés compatriotes. Un grand nombre d'Allemands se présentèrent également au cimetière ce jour-là et il m'a semblé que, pour le plus grand bien de tous, les vivants et les morts, un esprit de réconciliation planait en ce lieu de désolation appelé Stukenbrock. Le pardon... On ne peut haïr indéfiniment. Je pense que ces interminables rangées de tombes, à Stukenbrock ou chez nous, nous exhortent non à la vengeance mais à la raison.

Ma sœur a fait des études de médecine. Elle est devenue médecin et son mari est ingénieur. Elle a un grand fils et déjà une petite-fille.

*Et votre frère ?*

Sa vie a suivi un cours complètement différent. C'est un homme doué, plein de talent. Mais il n'a pas réussi à exprimer concrètement ce qu'il portait en lui à l'état latent. Son talent n'a pas su s'imposer et cela l'a démoli. A présent, mon frère boit et passe de longs mois en traitement à l'hôpital. Sa destinée est une tragédie pour mon père et ma mère. Quant à moi, je porte cette douleur dans mon cœur depuis plus de trente ans. Une tragédie qui m'a causé énormément de chagrin, d'autant que nous étions très proches étant enfants, liés par une affection sincère. Tout ceci est très pénible et très éprouvant.

*Raïssa Maximovna se plonge en elle-même. En buvant mon thé, je pense de nouveau à notre mère la Russie. Il existe tellement de cas semblables dans ce pays. Presque chaque famille, quelle que soit sa situation sociale, est déchirée par un drame similaire. Aujourd'hui encore, la même malédiction qui frappait jadis continue de peser sur les Russes.*

*Il est temps de poser une question intéressante qui nous permette de changer de sujet. Mais je ne puis penser à rien. Tant de souvenirs personnels resurgissent, réveillés par notre conversation à bâtons rompus.*

En regardant en arrière, quelque chose m'a surprise, *reprend mon hôtesse sans attendre de question directrice.* Je n'aurais peut-être pas dû m'en étonner du reste, puisqu'il n'y a rien de plus naturel. En effet, tous mes souvenirs d'enfance, d'adolescence, de jeunesse et même d'adulte s'accompagnent invariablement, pour moi, d'impressions fortes et colorées provenant de la nature. Je suis convaincue que cela remonte à mon enfance. J'ai grandi au milieu de la nature. La nature et les enfants procèdent, de mon point de vue, de la même source.

Rien ne peut rivaliser avec la beauté virginale de la nature. Je porte toujours en moi l'odeur du cerisier et des aiguilles de pin, le murmure joyeux des ruisseaux de l'Oural au printemps. Dans la région de Stavropol, le printemps passe très vite, il n'y a pas de ruisseaux. Ils se trouvent dans l'Oural. C'est une vraie joie. La joie des ruisseaux qui dévalent la montagne au printemps et la neige profonde par un jour de soleil glacé. La beauté des lichens couleur d'émeraude et les motifs en dentelle qui se découpent sur fond immaculé, framboisiers, myrtilles et ancolies. Des champignons de toutes sortes qui se cachent, lactaires et mousserons, bolets et russules. Tout cela fait partie de mon enfance. C'est de cette enfance-là que me vient la nostalgie du bouleau blanc, du champ de seigle ou de blé, bordé de bleuets et de camomilles, qui vivent éternellement dans le cœur de chaque Russe. Plus tard, on aspire à revoir la steppe écarlate de Stavropol au printemps, embrasée de tulipes jusqu'au fond de l'horizon, et les tons cramoisis, violets, verts et jaunes de l'automne dans le nord du Caucase.

Je suis convaincue que les dégâts causés à la nature et son appauvrissement conduisent à un appauvrissement inéluctable de l'âme humaine. Ce comportement traduit une poussée de violence dans la société. Sauver la nature aujourd'hui signifie sauver ce qu'il y a d'humain dans l'homme.

Au cours d'une interview, on a demandé un jour à Mikhaïl Sergueïevitch quel était son passe-temps favori. « Marcher dans les sentiers forestiers », a-t-il répondu. En effet, sur les chemins dans la région de Moscou, dans la steppe de Stavropol, sur les contreforts des montagnes du grand Caucase, il a parcouru des centaines de kilomètres. Il leur doit son équilibre psychologique, sa foi et sa force.

« Lorsque je marche près de Moscou, Où l'herbe fleure la menthe, La nature me chuchote tendrement Des mots doux... » est une de ses chansons préférées. Il y a également *La prairie russe* : « La prairie, la prairie russe, La lune luit ou la neige tombe, Dans la joie et la douleur nous sommes ensemble, Je ne l'oublierai jamais. » Il aime beaucoup ces chansons, qu'il chante volontiers.

Vous savez... [*Elle aborde souvent une nouvelle idée en commençant par ces mots, comme si elle jetait d'abord une frêle passerelle dont elle éprouve la solidité avant de s'aventurer dessus.*] Vous savez, le philosophe Georg Wilhelm Friedrich Hegel a écrit que la philosophie est une époque captée par la pensée... Quelle définition étonnante ! Or qu'est-ce qu'une chanson ? C'est aussi une époque, le destin d'une nation ou d'un homme qui, en ce cas, est « capté » par une musique, par la mélodie ou les paroles, mais surtout par la sensibilité. Dans mon enfance, on chantait : « Kakhovka, Kakhovka, mon fusil à moi... », « L'ordre est arrivé, lui à l'ouest, elle à l'est... », « Le pommier et le poirier étaient en fleurs, La brume flottait sur la rivière... », « La nuit sombre, Seules les balles sifflent sur la steppe, Seul le vent murmure dans les barbelés, Pâles, les étoiles scintillent... », « La steppe est partout, Une longue route va droit devant, Dans la steppe lointaine, Un cocher se meurt... » La mort de ce cocher inconnu, si russe, si émouvante, a duré sans doute plus d'un siècle – plus longtemps qu'une vie humaine. « Il est une falaise sur la Volga, couverte de mousse de haut en bas... », « Le feu crépite dans le fourneau, La sève tombe sur les bûches comme des larmes, Et dans la tranchée l'harmonica chante pour moi ton sourire et tes yeux... », « Debout, vaste pays ! Au combat jusqu'à la mort ! Contre les forces sauvages des fascistes, contre la maudite horde... » Une autre chanson, par la suite, a également trouvé le chemin de nos cœurs : « Ce jour de victoire fleure encore la poudre, C'est la fête mais tes cheveux ont blanchi, C'est le bonheur avec des larmes dans tes yeux... » Cet air, arrivé beaucoup plus tard, est devenu inséparable des chansons de ma génération. On dit que le cœur voit mieux que les yeux. Dites-moi quel est le cœur qui, ayant traversé et absorbé tout cela, peut rester indifférent devant la douleur et la bonté humaines ?

Les voix de Rouslanova, Outessov, Choulienko, Bernes, Lozlovsky, Lemechev, comme nous les avons aimées, comme nous écoutions leurs disques! Pendant combien d'années ai-je conservé religieusement, à l'instar de tant d'autres de ma génération, ces enregistrements. De même que j'ai conservé dans ma mémoire les voix d'une indicible tristesse – quoique pas toujours sobres – des aveugles et des invalides de la guerre et de l'après-guerre, qu'on entendait dans les bazars, les foules, les gares et les wagons des grandes lignes et des omnibus. Des voix, plutôt tristes qu'impétueuses, qui chantaient l'assaut et la bataille, la mort et l'amour. La guerre est finie, mais sa mélodie poignante a longtemps flotté autour de nous, nous enveloppant comme la fumée d'un train qui passe. Les gens chantaient partout, dans les trains, les parcs, devant les maisons, et les enfants que nous étions écoutaient avec ardeur.

L'année dernière, comme j'accompagnais Mikhaïl Sergueïevitch en déplacement, j'ai passé quelque temps dans la région de Sverdlovsk, dans l'Oural. On y trouve des pierres semi-précieuses, de la malachite et du cristal de roche, dans un paysage austère mais magnifique. C'est le pays de Bajov, l'auteur d'histoires merveilleuses sur l'Oural, et de Mamine-Sibiryak, auteur des *Millions de Privalo*. Et Verkhotourïe, « lieu saint de l'Oural », ville fondée au XIVe siècle, par laquelle le commerce entre l'Europe et la Sibérie a pris pied sur la rivière Toura. On y trouve des vestiges uniques du passé, une forteresse, des églises et des monastères.

On a construit beaucoup de voies ferrées dans l'Oural au cours des années de guerre et mon père y a participé. Nous devions déménager à mesure que de nouvelles lignes étaient entreprises. Nous voyagions avec des moyens de fortune : en wagon de marchandises, en diable sur des lignes provisoires ou en traîneau à travers la taïga, où il n'y a pas de piste. Mes souvenirs de la taïga sont encore très vifs. La taïga en hiver, avec la terre durcie par le gel, à des milliers de kilomètres de tout. Les enfants dans les traîneaux, emmitouflés dans des manteaux en peau de mouton, les chevaux enfoncés jusqu'à la panse dans la neige, les flocons de neige tombant des branches hérissées des sapins et des cèdres. Et, de temps à autre, venu d'en haut, un rayon de soleil pénétrant, aveuglant. Nos escales pour la nuit ou pour quelques instants de repos, dans des cabanes ou des villages perdus, coupés du monde, que nous rencontrions sur la route. En ces années de guerre, la taïga était dangereuse, non seulement à cause des conditions de vie extrêmes qui y règnent, mais aussi parce qu'elle servait de refuge à toutes sortes de criminels, déserteurs et même prisonniers de guerre en fuite.

Le matériel évacué des centres industriels, fabriques et ateliers situés en Union soviétique occidentale était transféré dans l'Oural, alors que les armes et le matériel de guerre étaient acheminés de l'Oural vers le front. J'ai passé une bonne partie de mon enfance dans l'Oural, dans le district de Sverdlovsk. Dans une vieille église transformée en cercle, j'ai vu le film *Tchapaïev* un nombre incalculable de fois. Nous y avons joué nos jeux de jeunes filles, nous taquinant réciproquement. C'est là, dans la ville d'Apalaïevsk, que je suis allée au théâtre pour la première fois. J'ai vu la pièce *Platon Kretchet*. Cela aussi, je me le rappelle.

*Aujourd'hui encore, vous vous occupez du monde des enfants. Je fais allusion à vos œuvres de charité.*

Nous avons tous été des enfants un jour... Malheureusement, nous l'oublions souvent. Qu'y a-t-il de plus précieux que la santé d'un enfant, sa santé physique, morale et intellectuelle ? Je pense à l'Arménie et aux journées tragiques qui ont suivi le tremblement de terre. Je n'oublierai jamais les ruines pitoyables qui se dressaient à la place d'une maison où une famille avait logé. Le visage des gens... Les cris et les plaintes, le choc, les larmes. Des milliers d'espérances, de rêves et d'idées engloutis en un instant. Des dizaines et des centaines de minuscules cercueils posés dans la rue... J'ai visité les hôpitaux où on s'occupait des enfants blessés. Savez-vous comment j'ai été accueillie par un enfant dont les jambes avaient été broyées, parce que l'école s'était effondrée en pleine classe ? « Tatie Raïa, Tatie Raïa ! Je n'irai plus jamais à l'école ! » a-t-il crié de son lit avant que je sois entrée dans la salle.

Que dire ? Comment le consoler ? Quand il arrive quelque chose à nos enfants, même s'ils sont victimes de la fatalité, nous, les adultes, ne pouvons que les regarder dans les yeux en éprouvant non seulement de la compassion mais aussi de la culpabilité.

*Tout de même, que lui avez-vous dit?*

Je l'ai supplié d'être fort : « Tu es un homme, lui ai-je dit. Et ta mère est près de toi. » J'ai ajouté que nous allions construire de nouvelles écoles, belles et solides, dans la ville, où on n'aurait pas à avoir peur que de pareils malheurs se reproduisent. Je lui ai tenu la main et peu à peu il s'est calmé.

De nos jours, personne n'est surpris de voir quelqu'un faire œuvre de charité et certainement pas un lecteur américain. Je ne souhaite pas m'étendre sur mes « bonnes actions ». Notre préoccupation à l'égard des enfants et notre action caritative dans ce domaine ne relèvent pas dans notre société d'un caprice ou d'une mode, mais d'un besoin pressant. Je n'ai pas hésité à orienter prioritairement mes efforts en ce sens. J'ai choisi sans mal de venir en aide aux enfants. Je fais partie des amis de l'Hôpital républicain central des Enfants malades, qui accueille à Moscou des enfants originaires de pratiquement toutes nos républiques. Mikhaïl Sergueïevitch fait don, principalement aux services de santé, des droits et des prix qu'il reçoit, y compris le prix Nobel. Il me confie souvent la tâche de remettre en son nom l'argent ou le matériel médical. Dans ce domaine, il a fait beaucoup pour les institutions médicales des diverses parties du pays, en Biélorussie, en Ukraine, en Ouzbékistan, au Kazakhstan, notamment l'hôpital du district de la Garde rouge à Stavropol, où il est né.

L'hôpital dont je m'occupe a également reçu, par l'intermédiaire de mon mari, une grande quantité de matériel étranger moderne et une aide en devises fortes. Les médecins, surtout des jeunes, passionnés par leur métier, ont eu la possibilité de travailler dans les meilleures cliniques aux États-Unis et en Allemagne. L'Union soviétique reçoit à présent une aide humanitaire substantielle de divers pays. Je tiens à remercier particulièrement mes futurs lecteurs américains. Une part considérable de cette aide, dont une certaine proportion m'a été adressée, provient des États-Unis. La spontanéité avec laquelle le peuple américain a répondu à nos besoins a fait naître un sentiment de profonde reconnaissance chez le peuple soviétique en général, auquel je m'associe pleinement.

J'ai visité Tchernobyl avec mon mari. J'ai vu beaucoup d'enfants dont la vie a été ébranlée par cette catastrophe. Je me suis rendue dans les bureaux de l'association Hématologistes du monde pour les enfants, dont le but est de soigner les enfants atteints de leucémie, et je suis allée au siège du fonds Aide aux enfants de Tchernobyl, organisé par l'homme d'affaires japonais Sasakavi. Récemment, j'ai effectué ma visite régulière dans le service de radiologie de l'hôpital, où j'ai bavardé avec les patients en observation, et même avec les familles.

Je ne pourrais jamais admettre que les gens sont condamnés. Je vous ai déjà parlé de l'Hôpital central des Enfants malades de Moscou. Les enfants les plus atteints de toute la Russie, de toute l'Union soviétique en fait, sont dirigés là. Malheureusement, certains d'entrer eux sont incurables. Je suis allée avec quelques petits malades voir leur salle de jeux. Bien qu'elle fût pleine d'enfants, le bruit qu'ils faisaient était comme feutré, le genre de bruit que font les enfants très souffrants. Parmi la foule d'enfants – qui appartenaient à pratiquement toutes les nationalités –, il y avait une jeune femme assise sur une chaise basse, les yeux fixés dans le vide, serrant contre elle un garçonnet de trois ans. Quand elle m'aperçut, elle me dit d'une voix sourde, sans colère, à la limite des forces humaines, dans un dernier sursaut comme seul peut en avoir un cœur de mère : « Raïssa Maximovna, aidez-nous! Faites quelque chose ! Nous sommes venus à Moscou sept fois et c'est seulement à la septième que nous avons réussi à avoir une place dans cet hôpital, en hématologie. Mais après nous avoir auscultés, ils ont dit : " Rentrez chez vous, il n'y a aucun espoir pour l'enfant. " Aidez-nous! »

J'ai senti mes jambes se dérober sous moi. J'ai enlevé le petit garçon à sa mère, caressé sa tête et échangé un regard avec cette femme, un regard qui en disait plus que tous les mots.

Plus tard, dans le bureau du chef de service, les médecins ont tenté de me convaincre qu'il valait mieux renvoyer l'enfant chez lui. Il était pratiquement condamné. Si on l'opérait, il succomberait certainement sur la table d'opération et, s'il s'en tirait, il avait une chance sur cent de vivre. « Mais cette chance existe. Alors, qui sait... Je vous en supplie... » Je leur ai demandé de faire l'impossible.

Le garçon s'appelle Dima. J'ai appris hier qu'il n'y a pas eu de miracle. Il est mort.

*En prenant congé ce soir-là, je glisse dans ma serviette une liasse de lettres. Chez moi, je passe une bonne partie de la soirée à les examiner. Les lettres ont été triées. Elles portent de petits bouts de papier épinglés dans le coin, avec quelques mots griffonnés précisant le nom de l'expéditeur et la date d'arrivée. Certaines ont eu droit à une chemise cartonnée avec quelques abréviations officielles. J'examine les enveloppes pour comprendre comment la sélection s'est opérée : les lettres placées dans une chemise sont celles adressées à « Mme Gorbatchev, le Kremlin, Moscou ». Celles portant simplement « Gorbatchev, R. M., Moscou » n'ont pas de chemise, juste une note mentionnant l'expéditeur et la date d'arrivée. Un vrai bureau à domicile.*

*Plus que dans tout autre pays, c'est la coutume en Union soviétique d'expédier des lettres aux personnalités de haut niveau. Ce lien épistolaire entre le peuple et le centre du pouvoir est conforme à notre tradition nationale. Il en va de même de la croyance largement répandue que les gros bonnets sont tous logés au Kremlin, alors qu'il n'y existe plus d'appartements depuis des lustres, à l'exception de celui de Lénine, qui est à présent également inoccupé.*

*Les femmes de nos plus hauts responsables n'ont pas reçu de courrier, je crois, depuis plusieurs décennies, mais je puis me tromper.*

*Pour Raïssa, les lettres sont si nombreuses qu'il lui faudrait un bureau pour les trier. Elle n'en dispose pas encore. Les bouts de papier sont tous de la même écriture familière. Ils ne portent pas de consignes adressées à une employée. Là, il y a un vide.*

*Que disent ces lettres ? Elles présentent une requête ou une autre, non pour satisfaire quelque caprice mais pour pallier les imperfections dont souffre notre société et en raison de l'espoir qu'incarnent les « gros bonnets ». Les auteurs de ce courrier n'attendent rien d'autre de ceux à qui ils s'adressent.*

*Toutes les lettres ont un rapport avec les enfants. Ainsi, les garçons et les filles de l'école de musique de Kemerovo expriment leurs remerciements pour avoir été reçus à Moscou au cours de leur tournée de concerts. D'autres remerciements concernent deux accordéons Asnaïa Polyana fabriqués spécialement par l'association Melodiya de Toula, pour le programme « Nouveaux Noms » du Fonds culturel soviétique et remis en cadeau à l'école. Une longue missive décousue au ton très exalté du metteur en scène et acteur Rolan Bylov au sujet des besoins du centre cinématographique des enfants à Moscou. Une petite enveloppe bleue, à motifs, et même, dirait-on, parfumée, s'échappe du tas; son charme désuet me rappelle celles de l'Institut Smolny. « J'espère vous voir vers la mi-mai pour vous exposer mes projets concernant une association appelée L'Art pour les enfants », écrit Natalia Sats. Le papier, bleu et raide comme un tissu amidonné, est également très chic.*

*D'autres lettres, écrites d'une main ferme, solide, sur un papier épais, s'ornent d'un en-tête, en russe et en anglais : « Bekhtereva, Natalia Petrovna, membre de l'Académie des sciences de l'URSS, directrice de l'Institut de médecine expérimentale, chef du service de Neurophysiologie de l'homme, etc. » Bref, une des femmes les plus « titrées » de notre pays.*

*« Tout récemment, nous avons enfin réussi, en surmontant une interminable série d'obstacles, à signer un contrat avec une entreprise suédoise pour la fourniture d'un appareil de tomographie à positions qui restera pour moi associé à votre nom. Merci de votre aide. Nous faisons le maximum pour explorer les possibilités qui s'ouvrent désormais à nous et pour assurer notre propre production au plus vite... D'après ce que je sais des mécanismes du cerveau, poursuit la lettre, notre société traverse actuellement une phase qui lui permettra, sur le plan socio-politique et économique, d'accéder à un autre niveau... »*

*Dans chaque courrier adressé par cette femme exceptionnelle, il est question, ne serait-ce que brièvement, de ce tomographe, comment il est « perçu » et combien il aidera les services de santé soviétiques. « Je pense à vous, et j'ai quelque raison à cela, conclut la signataire. Lorsque je vous vois sur les écrans, que vous recevez partout un accueil si cordial, je m'inquiète pour vous... » Elle écrit en russe, dans une langue très claire, et les lettres sont si nettes qu'on les croirait imprimées. En me remettant ces lettres, mon hôtessse m'a confié, l'air triste : « Natalia Petrovna a été terriblement éprouvée. Elle a perdu presque en même temps son fils et son mari. »*

*Précisions concernant l'hospitalisation du jeune Valery Ouvarov en Allemagne de l'Ouest.*

*Comme il était impossible de lui apporter en URSS le traitement adéquat pour la maladie du sang qui avait été diagnostiquée, ses parents avaient écrit à Mikhaïl et Raïssa Gorbatchev pour qu'ils les aident à faire soigner l'enfant en Allemagne fédérale. A la suite de cette lettre, le Président avait demandé à Helmut Kohl d'intervenir en faveur du petit malade, ce qui fut fait. Récemment, V. V. Tioutiounov, conseiller à l'ambassade soviétique en Allemagne de l'Ouest, a fait savoir que Valery Ouvarov a été admis à l'Hôpital des enfants de Hanovre. Sous la direction du professeur Hubert Polivoda, le traitement est administré par le professeur Hans-Iurg Rum. Les frais de l'hospitalisation et du séjour de la mère sont pris en charge par l'organisation caritative Care Deutschland.*

*V. Alexandrov, assistant du secrétaire du Comité central du Parti communiste de l'Union soviétique.*

*Depuis notre dernière réunion à l'Hôpital républicain, beaucoup de choses se sont améliorées. Nous avons organisé, le professeur E. B. Vladimirsky et moi, un nouvel institut dans l'enceinte de l'hôpital ainsi que deux services situés en ville, afin de traiter les Moscovites atteints de maladies hématologiques. Nous effectuons des travaux dans deux services situés au même étage que la banque du sang que vous avez visitée. Avec l'aide de confrères allemands et de l'entreprise Stig, nous mettons sur pied dans l'un d'eux le premier service de transplantation de la moelle épinière pour enfants.*

*Vôtre,*

*Professeur A. G. Roumiantsev.*

*Pour moi, il existe un rapport entre ces deux lettres...*

*Un jeune garçon, Ilioucha Malychev, adresse ses remerciements pour la guitare qu'il a reçue et pour l'aide qui a permis à sa mère, à son petit frère et à lui-même d'obtenir l'appartement tant attendu. « Raïssa Maximovna, pendant l'été, j'ai donné des concerts dans des bureaux et des usines. Avec votre magnifique guitare, nous avons gagné 340 roubles dont nous avons fait don à l'œuvre caritative Samantha... Quand les gens entendent " mes " chansons de l'époque de la guerre, ça marche tellement bien qu'ils pleurent... »*

*Je connais bien ce garçon, ainsi que sa mère. J'étais présent lorsque Raïssa Maximovna Gorbatchev les a rencontrés au Fonds culturel. D'après moi, cette lettre n'est pas tout à fait récente, puisque le jeune homme est à présent étudiant à l'école de musique attachée au Conservatoire. Au cours de la réunion, il a présenté une sorte de condensé de ses créations. Ému, je ne l'ai pas été seulement par lui, si mince et si romantique, avec une tignasse impressionnante et des doigts fins, nerveux. J'ai également été touché par la simplicité et la dignité des deux femmes, Raïssa Gorbatchev et Nina Davidovna, la mère d'Ilioucha. Rien n'indiquait dans leur comportement que l'une était la « bienfaitrice » et l'autre la « quémandeuse ». Elles discutaient, avec calme et intelligence, du talent du jeune garçon et de son avenir, bien sûr, mais aussi de la vie trépidante qu'on rencontre sur le boulevard Gogol, où le Fonds culturel soviétique est situé.*

Chère Raïssa, *déclare en italien la signora Fanfani.*

Je regrette infiniment de n'avoir pu vous voir, au moins de n'avoir pu vous serrer la main et vous présenter mes vœux de bonheur pour le Nouvel An. Au nom d'Amintore, j'ai adressé au Président nos vœux de succès les plus chaleureux et les plus sincères pour son œuvre, pour le bien du peuple russe. Le baron von Thyssen, que j'ai rencontré à Rome, vous adresse ses salutations et ses meilleurs vœux.

Je vous envoie le détail de l'aide que nous avons apportée à vos hôpitaux, d'octobre dernier à ce jour. Je suis heureuse d'avoir pu effectuer, sans l'aide du gouvernement et des ministères, cette mission bénévole et d'avoir pu tout rassembler, préparer et distribuer de mes propres mains. Nous avons accompli cela de bon cœur et espérons que l'Union soviétique n'aura plus besoin d'assistance dans un proche avenir. Nous pourrons alors venir voir Moscou uniquement pour le plaisir de découvrir sa culture. De toute façon, je veux que vous sachiez que vous avez une amie en Italie, une amie véritable qui aime le peuple russe et la famille Gorbatchev.

Chère Raïssa Maximovna,

Désormais, j'ai le droit de vous appeler ainsi, car il n'est rien de plus cher pour moi que votre nom. Je vous serai reconnaissant, jusqu'à la fin de mes jours, à vous et à Mikhaïl Sergueïevitch. Malgré vos occupations, vous avez trouvé le temps d'aider mon fils à surmonter une maladie très grave. Je suis déjà allé deux fois le voir à la clinique (l'hôpital de Bourdenko) et je puis vous annoncer que ses jours sont hors de danger. Bien qu'il soit toujours dans un état grave et qu'il ait encore besoin de soins prolongés et importants, le pire est derrière nous. D'après ce que les docteurs m'ont dit, c'est à ce jour le premier cas dans le monde à avoir survécu à une pareille maladie.

Comme je vous suis reconnaissant de votre bonté!

Mon fils avait un abcès au cerveau avec un écoulement de pus. Les mains habiles des médecins et la bonté dont vous avez témoigné à l'égard de ma peine ont accompli un miracle.

Il y a quatre ans, ma femme est morte au cours d'une opération. Elle était ma meilleure amie, ma camarade et je tenais beaucoup à elle. Maintenant, mon fils va mal. Je n'ai pas l'intention d'écrire aux journaux ou de faire de grands discours. Je ne veux vous dire qu'une chose. N'oubliez jamais qu'il y a dans ce pays un homme prêt à tout donner pour vous, même sa vie.

Je suis un ancien pilote, devenu officier de réserve. J'ai deux fils, tous deux officiers, dont l'un vient de subir ce grand malheur. Ce que vous avez fait pour moi et pour mon fils ne peut s'exprimer par des mots de tous les jours. Jusqu'à la fin de ma vie, je me souviendrai de votre bonté.

Ma lettre vous paraîtra peut-être décousue. Mais vous devez me croire lorsque je vous dis que ces mots viennent du tréfonds d'un cœur de père. Encore et encore, je vous remercie, vous et votre mari, pour votre bonté et votre compassion. Il n'est pas donné à tout le monde de pouvoir porter sur ses épaules un fardeau comme celui que vous assumez, et de trouver le temps de partager le malheur qui a frappé autrui. Et pourtant, c'est ce que vous avez fait.

Salutations et reconnaissance infinie! J'ai soixante-six ans déjà et j'ai beaucoup vécu, mais je n'ai jamais connu une telle bonté. Je vous souhaite, à vous et à Mikhaïl Sergueïevitch, santé, joie et bonheur et que tout aille pour le mieux. Encore une fois, un énorme merci chaleureux et paternel. Avec un respect sincère et toute ma gratitude.

Soudakov, Vladimir Dmitrievitch.

*J'ai tenu à citer cette lettre dans son intégralité... Il faisait nuit lorsque je l'ai lue et, au-delà de la nuit, je voyais l'homme, le père, qui l'a écrite. Il y a beaucoup de douleur dans notre pays, et trop peu de cas où elle peut être surmontée. En ce sens, cette lettre m'a paru être un document humain de grande valeur. Qu'elle prenne son envol et sème une lueur d'espoir à tous les malheureux qui souffrent, en Russie, en Amérique, partout dans le monde.*

*Dans le courrier se trouve une feuille portant la traduction d'une lettre de Yoko Ono, la veuve de John Lennon. Elle fait état d'une réunion du Forum international à Moscou dont elle a pensé beaucoup de bien, et propose d'écrire, en collaboration avec Raïssa Gorbatchev, un livre de « femmes ».*

*Puis une autre enveloppe, sans aucun papillon, s'échappe du tas. Elle a également été ouverte et, automatiquement, je sors la feuille de papier. « Chère Raïetchka, je te salue... »*

*C'est inattendu – plus encore, je l'avoue, que le style de la Signora Fanfani. Je relis la première ligne. Pas d'erreur, je ne me suis pas trompé : « Chère Raïetchka, je te salue... » La lettre a dû se trouver collée contre une autre et a atterri par hasard entre mes mains. Au dos de l'enveloppe, un nom : Alferova, I. Sa sœur, une connaissance, une amie ?*

*Sur une photographie de classe que j'ai vue ce soir, elles sont sagement assises, les petites filles des années quarante, assemblées autour de leur professeur. Elles se serrent les unes contre les autres avec un air de curiosité et... et quoi ? Elles s'agrippent les unes aux autres pour avoir plus chaud et se sentir plus à l'abri dans ce monde peu sûr.*

*Le monde d'aujourd'hui n'est guère différent. Il est difficile – en tout temps – de se trouver au centre, d'être le point de focalisation des espérances des autres. D'être le dernier recours pour les suppliques désespérées, les demandes aussi sacrées et aussi fondées que celles que je viens de parcourir. Aucun homme au monde (à l'exception peut-être d'un et d'un seul, et encore ne vit-il pas au Kremlin) n'a la faculté d'accomplir tout ce qu'on attend de lui.*

*Sur cette photographie, un seul trait m'a suffi pour reconnaître Raïssa Gorbatchev, le même qui l'a conduite au sommet de la chancelante pyramide de son cours de gymnastique dans les années quarante. Cherchez la plus fluette et la plus petite des élèves sur la photographie. C'est Raïssa.*

# CHAPITRE TROIS

## Les années d'études

*Je suis de nouveau en route pour la résidence du Président. Finalement, l'hiver est de retour à Moscou, dirait-on, après en avoir été chassé par quelque catastrophe naturelle ou humaine. C'est bon signe. Les forêts environnantes croulent sous la neige. Même sur la chaussée Roublev, que les Moscovites continuent d'appeler par son vieux nom, la route « gouvernementale », les congères grimpent jusqu'aux vitres de l'auto.*

*La nationale est assez bien entretenue et régulièrement réparée. Mais, à vrai dire, elle devient moins « gouvernementale » chaque année. Elle s'est démocratisée sous nos yeux. Je l'ai prise pour la première fois en 1984. Elle se distinguait encore des routes et chemins ordinaires de la région de Moscou par une sorte de distance mystérieuse, aristocratique. En passant sous l'arc de triomphe formé par les sapins qui la surplombent, on se sentait rempli d'orgueil : on roulait sur la route du succès officiel.*

*Usager ordinaire, je me souviens d'avoir été frappé par la stricte application des lois et par leur perfection hiérarchique. Plusieurs fois, notre Volga s'est trouvée contrainte, non seulement de rouler sur le bas-côté, mais de s'enfoncer carrément dans la neige et de se figer, tels les petits insectes face au danger, afin de dégager la route devant de sinistres ZIL blindées – ces voitures servant aux dieux soviétiques dans leurs déplacements terrestres – qui nous doublaient ou fonçaient vers nous sans vergogne. Pendant Dieu sait combien de temps, les datchas de l'élite ont été situées dans la région de Roublev. Et le régime appliqué à la circulation sur la chaussée Roublev a toujours reflété celui en vigueur sur le plan général.*

*J'ai commencé, en 1986, à emprunter cette route assez régulièrement. Je ne puis prétendre que le changement se soit opéré du jour au lendemain, mais pratiquement sous mes yeux j'ai vu dis-*

*paraître plusieurs postes de gendarmerie généreusement pourvus en hommes : bon nombre des petits abris de sentinelles ont été désertés, ce qui m'amène à penser à une démilitarisation du régime même. Certains droits inaliénables ont été supprimés, la route est redevenue une route et non plus une voie privée. Le citoyen moyen possédant une modeste datcha peut charger le matériau de construction tant espéré dans sa petite Zaporojet et filer, comme un poisson dans l'eau, sur cette route où il n'osait autrefois poser le pied. Ensuite, les voitures aux plaques d'immatriculation étrangères se sont multipliées, trop peut-être, parce que, dit-on, des multinationales se sont mises à acheter avec ardeur du terrain et des immeubles dans cette campagne si authentiquement russe pour y installer des bureaux décentralisés.*

*Surtout, le nombre des limousines ZIL a sérieusement chuté, à Moscou comme ailleurs : pendant la période de la perestroïka, non seulement le corps des hauts fonctionnaires soviétiques a été réduit, mais des voitures plus modestes et plus économiques, qui passent plus inaperçues dans les rues de la capitale, ont remplacé les énormes conduites intérieures de l'époque. A titre d'exemple, il suffit d'ajouter que même le Politburo est aujourd'hui équipé de simples Volga –, ce qui aurait été inimaginable en 1984.*

*Les automobilistes ne sont plus poussés dans le fossé par un bâton de police rayé – aucun visage, juste un bâton pointant hors de la vitre d'une voiture d'escorte qui est l'incarnation de l'autorité. J'ai vu à plusieurs reprises la voiture du Président sur cette route. Assis devant, à la place du passager, il lisait le journal et je pouvais distinguer ses traits. Au temps de la glasnost, on dirait que même les ZIL sont devenues plus transparentes.*

*Je ne prétendrais pas que les embouteillages ont diminué sur la Roublevka ces dernières années, mais la manière de traiter les usagers s'est incontestablement améliorée.*

*La route est pleine de virages. On dit que ces tournants ont été aménagés dans les années trente pour donner du fil à retordre à ceux qui auraient voulu jeter un sort. La voiture, qui roule lentement après les récentes chutes de neige, donne l'impression de glisser comme un traîneau plutôt que d'être un engin motorisé, une machine. Quoi qu'il en soit, le trajet prend dix à quinze minutes de plus que la veille.*

*Mais qu'y a-t-il de plus favorable à la réflexion qu'un voyage ? Surtout sur une route qui porte encore le souvenir des traîneaux de jadis, qui s'enfonce dans les plaines enneigées de la Russie centrale, si propices à une lente réflexion.*

*Je pense qu'après tout, le caractère d'un régime peut être influencé par le caractère d'une femme, si ce n'est simplement par son apparence. Et c'est le livre de cette femme-là, lecteur occidental, que tu tiens aujourd'hui entre tes mains.*

*Pourquoi ? Parce que sa présence en 1985 aux côtés des puissants a donné à ceux-ci un air plus séduisant, plus accessible, voire plus heureux – plus jeune aussi, ce qui n'est pas rien, si l'on se rappelle qu'il n'y a pas si longtemps le pouvoir était personnifié par de faibles vieillards chenus sans contact avec la réalité.*

*Krasnoïarsk, Norilsk, Donetsk... Une crèche, une école maternelle, un orphelinat... L'apparition d'un visage de femme, parmi l'habituelle galerie de portraits de hauts fonctionnaires mâles, est agréable parce qu'il est plus aigu et plus frémissant. La joie et le chagrin s'y lisent clairement.*

*Cette mémoire tenace et ces yeux bruns, observateurs, qu'elle tient probablement de l'enfance, lorsque la vie qu'elle menait, pratiquement celle des gens du voyage – avec le kaléidoscope des visages, des lieux, des gares et des arrêts en rase campagne –, l'ont obligée très tôt à observer de près le monde qui venait à sa rencontre.*

*Cette fois, je me présente à la résidence avec un nouveau joujou : un magnétophone Grundig. J'avais apporté un magnétophone avec moi la fois précédente, un petit appareil japonais, qui faisait la moitié de ma main. C'était fort pratique pour bavarder avec Raïssa Maximovna, mais loin d'être l'idéal pour Ira, la dactylo qui est chargée de décrypter les bandes. Me voilà donc équipé d'un Grundig. Il ne s'agit plus d'un gadget japonais, mais d'un solide appareil allemand, qui fonctionne sans piles. On le branche sur secteur.*

*J'ai beau faire, en manches de chemise, je n'arrive pas à brancher la prise du Grundig au-dessus du divan. Je fais alors observer qu'une autre prise se trouve près du bureau du Président, dont un côté est couvert de fils. L'espace entre le bureau et la fenêtre est si étroit que je commence à douter de pouvoir m'y introduire. Avec mes quatre-vingt-cinq kilos... Il serait très incorrect de déplacer le bureau : après tout, c'est le bureau du Président.*

*Raïssa Maximovna remarque mon air dubitatif.*

Vous n'y arrivez pas? Laissez-moi faire... le régime, vous savez.

*J'avais l'impression que c'était naturel chez vous.*

Oh! non, *répond-elle avec un sourire.* Je suis très sévère avec moi-même.

*Heureusement, cela m'aura été épargné: j'ai réussi à passer. La bande du Grundig s'est mise à tourner sans bruit.*

Gueorgui Vladimirovitch, je crois que nous étions convenus de parler aujourd'hui de mes années de jeunesse. Pourtant, même en ce domaine, il me sera difficile de dire « je ». Le « nous » – pour Mikhaïl Sergueïevitch et moi-même – me viendra sans doute plus spontanément. Cependant, au début, ce sera « je », pour évoquer mon enfance, mon adolescence et les plus doux souvenirs de cette époque. La jeunesse, après tout, n'est qu'un moment, mais quel moment! C'est l'étincelle que l'on porte toujours dans son cœur.

Ma jeunesse c'est d'abord mes années d'études. Sans elles, je n'aurais pas eu de jeunesse, telle est ma conviction. Et, qui plus est, sans ces années-là nous ne serions pas devenus ce que nous sommes.

*Si, sans doute, mais différemment.*

C'est juste. La jeunesse est, pour moi, une période de poésie, d'affirmation de soi, de quête de la vérité et de réponses à des questions immuables. Alors, en quoi ma jeunesse a-t-elle été différente d'une autre? Qu'est-ce qui s'y attache?

Elle s'est située dans la première moitié des années cinquante, dans le pays de l'après-guerre. Une période particulière de l'histoire de notre nation. Héroïsme et tragédie sont indissociables de ces années-là. Je n'arrive toujours pas à m'expliquer comment les gens se débrouillaient, comment ils ont réussi à accomplir tout cela dans ces années inoubliables. Où puisaient-ils leur force? Des usines, des stations électriques, des villes et des villages ont été reconstruits et la terre, dévastée par la guerre, a été rendue à la vie.

Seigneur! Quelle joie nous trouvions en chaque chose, comme nous étions fiers! Pourtant, notre vie restait incroyablement dure. Dans les fermes collectives, la paie pour une journée de travail était si faible, si insignifiante qu'on disait : « On travaille pour rien. » On ne trouvait pas les produits les plus essentiels dans les magasins. Le logement posait des problèmes énormes.

Ces années-là ont été terriblement fertiles en événements. Les essais avec la bombe atomique et, plus tard, avec la bombe à hydrogène. La fin du monopole des États-Unis sur les armes nucléaires. Le pacte de Varsovie. De nouvelles menaces pour la paix qui nous avait coûté si cher... Il ne s'agissait pas d'hypothèses abstraites, théoriques, il faut savoir cela pour bien comprendre la jeunesse que nous avons vécue.

Ce n'est pas tout. Il y a eu aussi les « affaires de Leningrad », concernant les responsables du parti, et l' « affaire des médecins de Moscou ». Ces dernières convulsions du stalinisme ont été d'autant plus humiliantes pour un peuple qui s'était battu jusqu'à la victoire et avait surmonté la catastrophe au prix de sacrifices, de souffrances inouïes, pour un peuple qui avait vécu pendant la guerre une authentique expérience morale et sociale...

Staline est mort le 5 mars 1953. Nous étions à Moscou à l'époque.

Que voulais-je dire exactement ? La vie de chacun se compose de circonstances, d'événements extérieurs, et aussi des actes, du comportement individuels. Sans oublier notre vie intérieure. Il est plus facile, bien sûr, de retracer le premier, l'aspect extérieur. L'autre est plus compliqué. Mais vous conviendrez que le sens et l'essence de la vie reposent dans l'union des deux et dans leur interdépendance. L'état d'esprit d'une personne, sa sérénité, la gamme de ses sentiments – autant d'éléments qui pèsent lourdement sur les décisions que nous prenons et sur nos actes. Toutefois, il est très difficile d'y voir clair.

Donc, en 1949, j'ai pris le train pour Moscou. Je suis partie faire mes études.

*En train ?*

Bien entendu. Et quel train ! Les wagons étaient surpeuplés. Toutes les places étaient prises, quel que soit votre ticket, et les filets à bagages étaient également occupés. Aujourd'hui, on y met les bagages, mais à l'époque, les gens grimpaient pour s'y installer. Quels sièges, du reste ! De toute façon, beaucoup voyageaient debout, dans les couloirs et sur les plates-formes extérieures. A l'époque, les trains roulaient lentement, avec des arrêts fréquents et prolongés. Il n'y avait pas de draps pour les couchettes et personne n'aurait pensé à en réclamer. A la place d'un buffet dans le train, il y avait un réservoir d'eau chaude dans les gares et des échoppes où tout le monde se précipitait pendant les arrêts.

*Personne ne craignait de rater le train, j'imagine...*

Il était impossible de rater un train, je pense ! Au pire, si l'on ratait le départ, on le rattrapait. Les paysans apportaient avec eux des produits qu'ils nous vendaient : pommes de terre bouillies, lait, œufs, miches de pain, alcool fait maison, vodka, pommes, et eau du puits à cinq kopeks la cruche. Des concombres à la saumure et des baies. En fait, c'était très cher. Pendant le voyage, il valait mieux compter sur les provisions que votre mère vous avait données.

J'étais triste d'entreprendre un si long voyage toute seule pour la première fois. Triste de me séparer de ma famille, de mes amies d'école. Celles qui m'accompagnèrent à la gare pour me dire au revoir se tenaient là, devant moi. Je me séparais d'un monde où je me sentais chez moi, où l'on me comprenait. J'avais du chagrin et j'étais inquiète. Le début de l'inconnu, de l'indépendance. Mais, par moments, l'incertitude et la tristesse cédaient la place à une bouffée de bonheur, de joie, d'orgueil, quand je me rendais compte que je partais pour aller étudier à Moscou. Moscou, la place Rouge, les monuments, les musées, les théâtres et les bibliothèques, tout cela allait être à moi. J'allais étudier à l'université d'État de Moscou, par où de nombreux piliers du monde des sciences et de la culture de notre pays étaient passés avant moi. Je voyageais en train, mais je me sentais des ailes.

L'université, mon *alma mater*. La mienne et celle de Mikhaïl Sergueïevitch. Savez-vous ce que signifie littéralement *alma mater* en latin ? « Mère nourricière ». En vérité, les universités ont toujours été à court de nourriture matérielle, mais pour ce qui est de nourrir l'esprit... la nôtre est effectivement devenue pour nous une « mère nourricière ». Dans une large mesure, elle a déterminé le développement de nos personnalités et le cours de notre vie.

Nous faisions partie du second recrutement de l'après-guerre. Ma génération, celle des dix-sept ans, est entrée à l'université dès sa sortie du lycée. Parmi le premier recrutement, certains étaient beaucoup plus âgés – trente, trente-cinq ans. Les « Vieux », comme nous disions, avaient dû interrompre leurs études pendant les années de guerre pour diverses raisons : ils se trouvaient en territoire occupé, assuraient un emploi, combattaient avec les partisans, avaient été évacués ou, simplement, n'avaient pas pu suivre des cours plus tôt. La majorité, pourtant, qui rentraient du front et venaient d'être démobilisés, ne quittèrent pas leur vareuse de l'armée de toutes leurs années d'études. Ils n'abandonnèrent pas leurs uniformes. Autant parce qu'ils n'avaient rien de mieux à se mettre que parce qu'ils n'étaient pas pressés de renoncer à leur jeunesse sur le front et à la camaraderie qu'ils y avaient connue. Ceci est très bien décrit dans *Silence*, de Iouri Bondarev, et dans *Les étudiants*, de Louri Trifonov, ainsi que dans d'autres romans et récits de l'époque. Certains qui ont mon âge, lorsqu'ils se souviennent de ces « Vieux », ne manquent pas de souligner qu'ils aimaient beaucoup la vodka – des combattants du front. Ils buvaient, c'est sûr. Mais ils étaient également porteurs de quelque chose de très important. Ils témoignaient d'une assiduité, d'une application dans leur travail, d'un sens des responsabilités et d'une vision réaliste de la vie et des relations humaines. Ils étaient une sorte d'université dans l'université.

L'université nous rassemblait des points les plus extrêmes du pays. Russes, Ouzbeks, Ukrainiens, Biélorusses, Kazakhs, Azerbaïdjanais, Juifs, Arméniens, Lettons, Kirghizes, Géorgiens, Turkmènes et autres : un échantillon de l'ensemble du pays. Des étrangers suivaient également les cours, Albanais, Bulgares, Yougoslaves, Tchèques... Ils logeaient dans les mêmes chambres que nous. Aussi des Allemands, des Espagnols, des Coréens, des Chinois, des Vietnamiens...

Nous étions proches les uns des autres. Nous étudiions dans les mêmes bibliothèques, fréquentions les mêmes salles de lecture. Nous passions les mêmes examens, préparions nos thèses côte à côte et mangions dans les mêmes cantines. Nous sommes devenus amis et nous nous sommes mariés. Une atmosphère de jeunesse et de camaraderie régnait alors entre nous. En outre, en ce temps-là, nous étions unis par le même optimisme. La jeunesse, le sentiment aigu de notre jeunesse, la camaraderie et l'optimisme – allez savoir d'où nous venait cette foi, mais c'était ainsi. Notre optimisme nous liait. A moins que je n'aie été la seule à percevoir la vie ainsi ? Non, même si c'était ma propre perception, l'optimisme était bien de la partie.

Comme les années ont passé ! Mais comme je suis fière, lorsque je me rends compte, par ce que je vois, observe ou entends, que les années se sont enfuies sans détruire le sens de la camaraderie et de la bonté humaine chez ceux qui étaient avec nous.

*Elle se tait un instant et reprend :*

Dans la majorité des cas, ce sentiment a survécu, intact. En tout cas, pour ceux avec lesquels je suis restée en contact. Par exemple, Merab Mamardachvili, récemment décédé. Il a suivi les mêmes cours que moi. Il était géorgien et il est devenu une autorité dans le monde de la philosophie. Il s'est marié avec une fille dont j'ai partagé la chambre pendant des années. Nous étions donc très proches. Merab était de ceux qui venaient souvent dans la résidence des filles. Ceux-là étaient nombreux, d'ailleurs. Nous avions pris le pli de recevoir ces habitués dans notre chambre. Merab a ainsi épousé une de mes amies et le sociologue Iouri Levada une autre.

A l'époque déjà, nous respections Merab pour son intelligence. Je me rappelle qu'il nous a aidées à digérer *Le capital*. Je connaissais Merab très bien. En fait, la vie nous a séparés par la suite. Il a suivi une trajectoire compliquée. Vous rendez-vous compte que, jusqu'à ses derniers jours, il s'est efforcé de calmer les passions nationalistes qui éclataient entre les peuples ? Il a eu le courage de faire front au nationalisme sous ses formes extrêmes. Je suis fière de Merab.

*Cette opposition courageuse à toute sorte d'extrémisme est peut-être la preuve la plus claire que l'on est en présence d'un philosophe ?*

Peut-être. Mais c'est cela qui a fait notre jeunesse. C'est ce qui nous unissait. Et c'est ce qui en est resté, malgré toutes les différences qui ont pu exister entre nous.

Zdenek Mlynar suivait le même cours que Mikhaïl Sergueïevitch. Il était également de nos amis. Comme vous le savez, il est tchèque. En 1955, quand il a passé son diplôme, il a offert à mon mari une photographie de lui et un exemplaire de sa thèse : « La surveillance générale intégrée aux fonctions du Procureur général et les moyens de la mettre en pratique. » L'ouvrage porte également ces mots : « Pour Michka, un bon ami, pour qu'il se souvienne que nous sommes des avocats au profil large. »

*En effet, le profil était large ! Il allait devenir l'idéologue du « socialisme à visage humain » et, au sens figuré, son stratège et son médecin.*

Nous avons de nouveau rencontré Zdenek en 1967. Il est venu à Stavropol.

*Mlynar était à Stavropol à cette date ?*

Oui, il est venu nous voir.

*En 1967 ?*

Certainement, à la veille de tous les événements. Nous avons eu une réunion avec lui. Nous avons revu Zdenek et sa femme plus tard, en 1990.

*Il n'y a eu aucune rencontre entre-temps ?*

Mikhaïl Sergueïevitch a eu quelques réunions récentes avec lui, tout à fait officielles. Autrement, il n'y a pas eu de rencontres privées jusqu'en 1990. Il y a peu, Zdenek a écrit à Mikhaïl Sergueïevitch à l'occasion du prix Nobel de la paix qui lui était attribué. Je vais vous lire sa lettre : « Cher

Michka, nous n'allons probablement pas arriver à nous voir en cette occasion. C'est pourquoi je préfère t'écrire un mot. Tu sais que je n'aime pas les formalités, mais je tiens à te transmettre, en mon nom et en celui d'Irina, nos vœux les plus sincères à l'occasion de l'attribution du prix Nobel. Tu l'as gagné et, ce faisant, tu as fait plus pour notre cause commune qu'il n'est humainement possible de la part d'un seul homme. Bien sincèrement, Zdenek. P. S. : Si tu as besoin de mon aide, je suis toujours à ta disposition... Beaucoup de choses m'inquiètent en ce moment, mais je sais qu'il ne peut en être autrement et je suis du même bord que toi. »

Nos années d'études ne nous ont pas quittés. Nous vivions modestement, bien sûr. Très modestement, pauvrement même, dirait-on aujourd'hui. Les vieux bâtiments de l'université de Moscou, avec les salles de cours que mon mari et moi fréquentions, sont situés au centre de la ville, au coin de la rue Herzen et de la Mokhovaïa. La résidence universitaire se trouvait à l'époque dans le quartier de Sokolniki, sur la rue Stromynka, près de la rivière Yauza. C'était une bâtisse énorme, rectangulaire, à trois étages, assez rébarbative, construite autour d'une grande cour intérieure. Les trois niveaux supérieurs étaient réservés aux étudiants de dernière année et aux « troisième cycle », répartis en fonction de leur discipline, philologie, histoire, philosophie, physique, droit, biologie, etc. Au rez-de-chaussée, il y avait la bibliothèque, la salle de lecture, le cercle, un hôpital, une boutique de tailleur, le restaurant universitaire et un buffet. Dans le bâtiment du coin, à l'opposé de la résidence, un magasin d'alimentation. Il existe encore aujourd'hui. Sur l'autre rive de la Yauza, autour du quartier de Preobrajensky ou, comme nous disions, la « Preobrajenska », c'était un marché de rue.

*Pouviez-vous vous rendre à ce marché?*

Si nous le pouvions? Bien sûr, nous n'avions qu'à passer le pont [*elle sourit*]. C'était un marché d'alimentation, pas pour les vêtements.

Le Stromynka, le square Preobrajenskaïa et la rive du Preobrajenskaïa font partie traditionnellement du Preobrajenskaïa *sloboda*, un quartier indissociablement lié à l'histoire de Moscou. Il a été construit par Pierre I$^{er}$. Il paraît que le bâtiment où se trouvait notre résidence servait jadis de caserne au régiment Petrovsky Preobrajensky. Plus tard, du temps des soviets, on a ajouté deux étages. La station de métro la plus proche de la résidence est Sokolniki. C'est à trois arrêts en tram, si je ne me trompe. Le cinéma le plus proche est le cercle Roussakov. La bâtisse, vous l'avez peut-être remarqué, a une forme très inhabituelle, de style constructiviste.

Dans les premières années, chaque chambre de la résidence universitaire était prévue pour huit à quatorze personnes. Il fallait être en dernière année ou en troisième cycle pour avoir droit à des chambre de quatre ou de six. Le mobilier était des plus rudimentaires, d'un dépouillement quasi monastique. Des lits, une table, des chaises, des tables de chevet, des étagères et une penderie. Il y avait une cuisine commune et des toilettes avec un lavabo à chaque étage.

Notre garde-robe, à l'époque, était également fort modeste, si les vêtements que nous portions à longueur d'année méritent l'appellation de « garde-robe ». Il y aurait beaucoup à dire là-dessus !

*Allez-y, c'est intéressant.*

Alors, ne citons qu'un exemple. Par moins trente, à Moscou – les hivers étaient plus rigoureux alors et le thermomètre pouvait descendre jusqu'à moins quarante –, nous ne possédions pas, à de rares exceptions près, de chaussures fourrées, de sous-vêtements chauds, de bas ou de bonnets d'hiver. Beaucoup n'étaient pas même équipés d'un manteau d'hiver.

Nous économisions sur tout. Sur la nourriture aussi, bien entendu. La tante de mon amie Nina Liakicheva essayait, avec un cœur de mère, d'une manière si touchante, de nous nourrir. Nina était restée orpheline après la guerre et avait grandi dans un orphelinat à Tachkent. Je l'accompagnais chez sa tante à Balachikha, dans la région de Moscou, et celle-ci avait toutes les raisons de croire que nous ne venions que dans un seul but : manger.

Nous faisions aussi des économies sur le transport. Comment ? Simplement, en essayant de voyager gratis. En tram ou en métro.

*En métro aussi?*

Absolument, et nous disposions de toutes sortes de trucs dans ce but. Mais je ne vais pas vous divulguer cela! Ce sont mes petits secrets! Peu importe, du reste, nous avions beau faire, dix jours avant l'arrivée des bourses, nous n'avions plus un sou. « Je tapote ma poche et rien ne résonne, dit le poète Nikolaï Roubtsov. J'essaie l'autre – rien non plus. Si un jour je suis célèbre, je partirai en vacances à Yalta. » Combien d'aventures nous arrivaient parce que nous étions fauchés! Mais il y avait toujours un moyen de s'en tirer. Comme je le dis à présent à Mikhaïl Sergueïevitch, on peut voter de nouvelles lois, il y aura toujours quelqu'un pour trouver un moyen de les contourner. N'arrivions-nous pas à prendre le métro et le tram sans payer?

*Mikhaïl Sergueïevitch aussi?*

Gueorgui Vladimirovitch, là, vous faites de la provocation! Pour le métro, je puis vous dévoiler notre tactique, qui est assez révélatrice. A cette époque, il n'y avait pas de machines automatiques. Nous utilisions des tickets. Les receveurs des trams de Sokolniki acceptaient, bien qu'à contrecœur, de fermer les yeux. Lorsque le matin, un millier d'étudiants – nous étions cinq ou six mille à habiter rue Stromynka – montaient en tram en se bousculant, personne ne leur demandait leur ticket. Seuls quelques receveurs consciencieux bougonnaient, mais les autres, la majorité, ne faisaient pas attention. Ils se résignaient.

Pour le théâtre, nous prenions les places les moins chères. Sur les billets, le tampon mentionnait : « Galerie supérieure, inconfortable. » La galerie, toujours la galerie!.. Aujourd'hui, lorsque j'entre au théâtre, je lève encore les yeux vers la galerie, car c'est là-haut que pour la première fois de ma vie j'ai entendu un opéra interprété par la troupe du Bolchoï, *Carmen* de Bizet, et que, pour la première fois aussi, j'ai entendu la *Première* et la *Sixième Symphonie* de Tchaïkovsky. C'est du « paradis » que j'ai assisté à mon premier ballet, *Don Quichotte*, de Minkus. Ainsi qu'à la représentation des *Trois Sœurs* de Tchekhov au Théâtre des Arts de Moscou.

*Glissiez-vous un coup d'œil du côté de la loge officielle, la loge du « tsar » ?*

Je ne crois pas. Cela ne m'intéressait pas. En ce qui concerne la loge officielle, je puis vous raconter une anecdote moins ancienne. Vous souvenez-vous d'une récente visite à Moscou de cet exceptionnel ténor, Luciano Pavarotti ?

*Certainement.*

Avec Mikhaïl Sergueïevitch, je suis allée l'écouter au Bolchoï. Un aria après l'autre déclenchait une tempête d'applaudissements enthousiastes. Je me penche vers Mikhaïl Sergueïevitch : « Il ne va sûrement pas omettre l'*Ave Maria* », dis-je. « Attends, répond-il. Patience, il va certainement le chanter. » Mais il passe à d'autres morceaux, et pas d'*Ave*... De nouveau, je me penche vers Mikhaïl : « Tu es sûr ?... » « Écoute, fait-il en souriant, s'il ne le chante pas pour telle ou telle raison, tant pis... Je chanterai l'*Ave Maria* ici pour toi. » Et d'ajouter : « En vérité, je crains que ce ne soit ma dernière apparition publique. Imagine, l'*Ave Maria* interprété dans la loge officielle...! »

*Je ne puis l'imaginer... Alors, l'a-t-il chanté ?*

Qui ?

*Si le Président avait chanté, non seulement Moscou l'aurait su, mais... le monde entier en aurait parlé.*

J'ai un disque où Pavarotti chante l'*Ave Maria* de Schubert : « Les plus grands succès de Pavarotti ».

*J'ignore si le Président sait chanter, mais j'ai remarqué, et je ne suis pas le seul, qu'il possédait un incontestable sens de l'humour.*

Certes, il n'a pas le temps de chanter en ce moment. Mais pour ce qui est de son sens de l'humour, vous avez raison, c'est une de ses caractéristiques. Une heureuse disposition, dirais-je. Souvent, d'une manière inattendue et soudaine, cela peut réduire la tension interne, la fatigue ou régler une situation embarrassante. Deux exemples me viennent à l'esprit. Le premier se situe à l'occasion d'une visite en Allemagne de l'Ouest, en novembre dernier. Nous avions pris de nuit l'hélicoptère pour nous rendre à l'aéroport de Francfort. Nous étions assis en silence, accablés par la tension de la journée. L'hélicoptère a atterri. Les gens qui nous attendaient à terre essayaient de se protéger contre les coups de vent qui accompagnent toujours le décollage ou l'atterrissage de ce genre d'engin. « Maintenant que nous avons coiffé le comité d'accueil, déclara Mikhaïl Sergueïevitch, nous pouvons lui serrer la main. » Cette petite plaisanterie nous a beaucoup aidés, comme si elle avait allégé notre fatigue.

Vous souvenez-vous de Barcelone et du musée aménagé dans la maison de Picasso ? Il possède une collection des premières œuvres de l'artiste, des céramiques, une série de variations inspirées des *Ménines* de Velazquez, qui nous ont beaucoup impressionnés, Mikhaïl Sergueïevitch et moi, et une enfilade de salles sur le thème « Pablo et Jacqueline ». Il y avait uniquement des portraits, peintures ou croquis, de la belle Jacqueline, sa femme. Une centaine de Jacqueline vous contemplent du haut des murs. Felipe, le jeune héritier du trône d'Espagne, n'était pas toujours à son aise lorsqu'il devait arrêter devant certains tableaux le cortège nombreux et très officiel que nous formions. « Si je peignais Raïssa Maximovna de cette manière, déclara Mikhaïl Sergueïevitch lors d'une de ces haltes, elle ne pourrait plus jamais se rendormir. » Et tout le monde a ri.

Mais revenons à nos années d'études. Nous étions des « étudiants-travailleurs » : nous prenions tous les travaux possibles. Décharger des camions de légumes et de charbon au port sur la Khimki et dans les gares de Moscou faisait partie des emplois que recherchaient les garçons. Dans notre groupe, bien sûr, il y avait aussi des jeunes gens dont les parents étaient des lauréats du prix Staline, des gens de mérite ; certains d'entre nous disposaient vraiment de ce dont ils avaient besoin. La société moscovite est composée de multiples couches, comme dans aucune autre ville du pays. Ceux-là ne logeaient pas à la résidence, ils bénéficiaient de conditions tout à fait différentes. Ils avaient d'autres passe-temps et s'habillaient autrement. Mais je ne me souviens pas que ceux de mon groupe ou moi-même se soient sentis diminués ou moins bien lotis à cause de cela. Au contraire, j'irais plus loin. Nous étions heureux. Heureux de notre jeunesse et de notre foi en l'avenir. Ne serait-ce simplement que d'être en vie, de faire des études. C'est cela qui avait de la valeur à nos yeux et qui passait avant tout.

Nos professeurs étaient des sommités, conformément à la tradition. J'espère qu'il en est toujours de même, du reste. Les plus grands esprits de notre pays étaient invités à nous donner des cours. Des auteurs de livres connus, par exemple. Les cours de logique étaient dispensés par Asmus, qui avait écrit des ouvrages de logique et d'histoire de la philosophie. Rubinstein, Leontiev et Lourye nous enseignaient la psychologie. Des cours de philosophie étaient assurés par Oizerman, Narski et d'autres. Nous étions obnubilés par l'acquisition des connaissances et ne pensions à rien d'autre.

*Vous aviez des professeurs hors pair.*

C'est juste, ceux qui nous enseignaient étaient la fine fleur de l'intelligentsia russe. Parmi nous se trouvaient nombre de jeunes gens brillants et très doués. Quelquefois, les deux tiers des étudiants étaient formés de jeunes ayant terminé le lycée avec une médaille d'or ou d'argent. Dans cette période de l'après-guerre, le pays aspirait à reprendre vie et il était étonnant de voir surgir tant de jeunes talents de ses profondeurs, apparemment taries par la guerre. D'après moi, ce n'est pas un hasard si l'université d'alors a donné le jour aujourd'hui à autant d'académiciens, docteurs ès sciences, professeurs et hommes d'État célèbres, politiciens, journalistes, écrivains, économistes et philologues.

Une association d'étudiants fonctionnait dans les différentes facultés et apportait sa quote-part à l'atmosphère intellectuelle qui régnait dans l'université. Nous appartenions tous à une association scientifique.

Le programme de nos cours nous amenait à étudier un champ très large de disciplines et de matières, auxquelles s'ajoutaient la littérature classique et les ouvrages spécialisés. Nous passions des heures en bibliothèque et en salle de lecture.

Dès qu'on ouvrait les yeux, au Stromynka, le matin, il fallait avant tout réserver sa place en salle de lecture, avant même de s'occuper de son train-train quotidien. D'abord, on « se gardait » une place, on vaquait à ses affaires, puis on retournait à la bibliothèque pour le reste de la journée. Il était impossible d'étudier dans les chambres, nous étions trop nombreux. Le travail se faisait en salle de lecture et en bibliothèque et, plus tard, en fin d'études, à la bibliothèque Lénine. Mais nous passions beaucoup de temps à la bibliothèque de la Stromynka. La « quête de la vérité » se poursuivait à travers des séminaires, conférences et même des réunions. Je me souviens avec quelle joie triomphante, lors d'un meeting au komsomol de la faculté, nous avons « découvert » la loi de la négation de la négation – la loi de la dialectique de Hegel « non reconnue » dans les œuvres de Staline. Les meetings étudiants de cette période ! – ils étaient les précurseurs du « dégel ». La coque de l'inertie, du silence et de la peur absolue commençait à se fendre, du moins dans les réunions estudiantines. L'aphorisme de René Descartes, « Je pense, donc je suis », était notre mot d'ordre.

En ce temps-là, il n'était pas question d'autonomie chez les étudiants. Mais la répartition des places dans la résidence, le maintien de l'ordre et l'organisation des loisirs se décidaient avec la participation active des étudiants. Nous défendions – et avec quelle ardeur ! – les droits de la famille étudiante. Lors d'une conférence des Jeunesses communistes universitaires, un journal satirique a publié un dessin du recteur piétinant sous une grosse botte un certificat de mariage, ni plus ni moins ! Il n'y avait pas de place pour les jeunes couples et certains avaient des enfants avant la fin de leurs études. Il leur fallait disposer d'un coin à eux. C'est un problème séculaire, qui sévit encore de nos jours. En ce temps-là, pourtant, il était particulièrement aigu.

Des années plus tard, alors que je faisais de la recherche et enseignais, donnant des cours de philosophie, d'histoire de l'athéisme et de la religion, et d'éthique, j'ai compris que le système et les méthodes en vigueur dans les écoles et dans les universités étaient paralysés par des dogmes et des contraintes variés. A cause de cela, je n'ai pas eu accès à certaines connaissances concernant l'histoire de la culture russe et mondiale.

Nous étions obligés d'apprendre par cœur, par exemple, le discours de Staline au XIXe Congrès du Parti, mais passions en vitesse sur l'histoire de la pensée humanitaire russe. Soloviev, Karamzine, Berdiaïev et Florensky, ces philosophes, historiens et écrivains ne nous sont réellement devenus accessibles que depuis peu. L'enseignement était trop souvent schématique et sans vie. En outre, nous étions privés de la possibilité d'acquérir la maîtrise d'une langue étrangère. A l'université, nous apprenions l'allemand et le latin. Et, plus tard, nous n'avions pas l'occasion de pratiquer. Cela manque terriblement, d'après moi, à toute ma génération.

*Lorsqu'on s'est rendu compte qu'il était possible de communiquer en anglais avec la femme de Mikhaïl Sergueïevitch Gorbatchev, membre du Politburo et Secrétaire général du Comité central du Parti communiste de l'Union soviétique, les réactions de surprise n'ont pas manqué. Elle avait accompagné son mari à l'occasion de ce qui était pratiquement son premier voyage à l'étranger. Cela aussi était inhabituel. Les femmes des dirigeants soviétiques étaient ordinairement incapables de parler anglais, allemand ou toute autre langue étrangère, et elles étaient encore plus tenues au silence que leur mari.*

*Il m'est arrivé de voir Raïssa Gorbatchev entamer une conversation en anglais à l'étranger. En fait, cela s'est produit souvent, non pas avec des personnalités ou leur « moitié », mais avec, comme on dit, « l'homme de la rue », enfants, simples ménagères ou passants qui l'avaient reconnue et faisaient cercle autour d'elle, dans les rues, les jardins ou les musées. Là, dans ce genre de milieu, elle n'a pas honte de parler en anglais. De même, son « public » n'a pas peur de mettre en pratique le peu de russe qu'il sait. « Raïssa, Raïssa », entend-on de tous côtés. Lorsqu'ils brandissent des affiches ou des bannières, elle les lit à haute voix. Cela plaît aux gens et, j'imagine, à elle aussi.*

Je n'ai jamais éprouvé de jalousie parce que quelqu'un portait un vêtement, un bijou plus beau que le mien. Mais j'envie vraiment ceux qui parlent couramment des langues étrangères. J'ai appris l'anglais trop tard... J'ai fait de mon mieux pour rattraper le temps perdu.

*Nous parlions de l'atmosphère qui régnait à l'université de Moscou de votre temps.*

Certes, en dépit des obstacles, on y recevait un enseignement novateur et créatif et, en raison de ces obstacles mêmes, il y régnait une ambiance incomparable. En fait, l'enseignement et les activités sociales de cette université, contrairement aux autres institutions supérieures, étaient plus stimulants et plus progressistes, ce qui compensait en quelque sorte les défaillances du système.

Grâce à l'université et à son ambiance, j'ai conservé un amour pour la salle de lecture et la compagnie des jeunes. Je m'y sens différente, j'en ai gardé à jamais la nostalgie. L'atmosphère d'une salle peuplée de jeunes, l'air qu'on y respire, peut à tout moment se transformer en un éclat de rire, ce qui fait sans doute qu'elle est à nulle autre pareille...

*Dès que je descends les marches du métro, je suis envahi par l'odeur de ma jeunesse. Ceux qui savent tout disent que cela sent le caoutchouc chaud et la poussière, mais cela reste pour moi l'odeur des années soixante. L'odeur du métro est liée pour moi à celle de ma jeunesse étudiante. Plus jamais je n'ai autant circulé en métro qu'en ce temps-là.*

Peut-être mon attitude (envers la vie universitaire) s'explique-t-elle du fait que j'ai moi-même enseigné pendant des années. Possible. Pourtant, je crois qu'elle me vient de ce que j'ai vécu à l'époque, pendant mes années d'études. La jeunesse est une éternelle source de vie – ses préoccupations, sa plénitude et sa diversité. Partout où j'ai travaillé, étudié, dans tous les lieux que j'ai visités, y compris lors des déplacements officiels du Président soviétique, c'est la même atmosphère que j'ai rencontrée chez les jeunes. Avec des jeunes, on se sent plus jeune. J'ai éprouvé ce sentiment lors de conférences à Stavropol, à l'université de Moscou, à l'université Charles de Prague, à l'université Humboldt de Berlin et à Stanford.

J'ai ressenti la même émotion au Wellesley College, à Boston. Au cours du voyage présidentiel aux États-Unis, en juin 1990, je me suis rendue, en compagnie de Mme George Bush, dans cette prestigieuse université féminine. Nous avons assisté à la cérémonie de remise des diplômes. Une jeune fille, Christine Bicknell, était chargée de prendre la parole au nom des diplômées. Je vais vous lire un extrait de son discours imprimé dans une revue, qui a également publié le discours de Barbara Bush et le mien.

« Espérons, a dit Christine, que dans les années que nous connaîtrons après Wellesley, nous aurons le courage d'être nous-mêmes et de venir à bout des questions difficiles qui surviendront dans notre vie. Je crois que nous sommes des femmes fortes, des femmes instruites, des femmes qui se sont engagées à améliorer le monde dans lequel nous vivons et je crois que nous saurons relever les défis que le monde nous présentera. »

Vous voyez comme nos démarches sont identiques ? Tel est manifestement l'esprit qui règne parmi les jeunes.

*Il me semble que vous et Mme George Bush présentiez aux étudiantes un choix difficile.*

Que voulez-vous dire ?

*Vous incarnez l'une et l'autre deux voies différentes. L'une est celle de l'abnégation au service exclusif de la famille. L'autre passe par l'affirmation de soi sur le plan professionnel associée à une gestion familiale. A mon avis, les jeunes diplômées, pétries d'ambition, ont dû être impressionnées par votre doctorat que n'a pas manqué de mentionner la directrice de l'université.*

Autre chose me revient. La vague d'applaudissements déclenchée par Barbara Bush, qui a assuré que, dans cet auditorium, peut-être au dernier rang, se trouvait sans doute assise la future épouse du futur Président des États-Unis – voire la future Présidente.

*En fait, vous vous complétiez très bien, et pas seulement sur l'estrade.*

J'éprouve des sentiments très cordiaux et un grand respect à l'égard de Mme Bush. Je suis impressionnée par sa manière d'être, naturelle et directe, avec les gens.

Les jeunes abordent la vie avec la foi ancestrale de pouvoir apporter du nouveau, de pouvoir accomplir autre chose et changer ce qui est. Voilà pourquoi j'aime le corps étudiant éternellement jeune, animé par une audacieuse confiance en soi.

J'ai fait la connaissance de Mikhaïl Sergueïevitch à l'université. C'est là que nous avons fondé notre famille.

On me demande souvent comment nous nous sommes rencontrés et comment Mikhaïl Sergueïevitch m'a fait la cour. C'est sans doute un souvenir important dans la mémoire de chacun. Cependant, pour moi, il existe quelque chose de plus important, de plus précieux. Dès le début, nous avons perçu nos relations et nos sentiments... [*Elle repose le morceau de papier :*] Je me suis longtemps demandé comment exprimer cela plus précisément. Car, pour moi, voici ce qui est le plus précieux. Nos relations et nos sentiments, dès l'origine, nous ont semblés une part naturelle, inséparable de notre destin. Nous avons compris que notre vie était impensable l'un sans l'autre. Nos sentiments constituaient l'essence de notre vie même.

Vous souvenez-vous de la poétesse Natalia Krandieskaïa ? La femme d'Alexeï Nikolaïevitch Tolstoï ? Elle a écrit ces lignes :

On dit que le ciel est bleu,
On dit que le soleil est d'or,
On dit que le temps est irréversible,
On dit que la mer est infinie,
On dit qu'une femme est aimée,
On dit que la mort est inévitable,
On dit que les vérités sont sacrées,
On dit que les passions sont fatales.
Que dire alors de mon amour
Pour ne point répéter les autres ?

Notre première rencontre a eu lieu lors d'un bal au cercle des étudiants, rue Stromynka. Mikhaïl Sergueïevitch avait accompagné des amis, Volodya Liberman et Youri Topiline. A l'époque, Gueorgui Vladimirovitch, nous n'interrogions pas nos horoscopes. A vrai dire, nous ne savions même pas que cela existait, alors que c'est la mode à présent. Nous ignorions totalement le sens du Capricorne, le signe du zodiaque sous lequel je suis née, ou de celui des Poissons, qui est le signe de Mikhaïl Sergueïevitch. Nous ne savions pas si nos relations devaient durer d'après les étoiles, ou si notre mariage serait harmonieux. Nous n'y songions même pas, cela ne nous inquiétait pas. Les considérations financières ne nous préoccupaient pas davantage : héritages, relations sociales de la famille, situation de l'un ou de l'autre, protectionnisme... Non, héritages et relations sociales ne nous concernaient pas. Nous n'avions que nous-mêmes. Nous avions avec nous toutes nos possessions. *Omnia mea mecum porto* : « Tout ce que j'ai, je le porte avec moi. »

*Je croyais que c'était un dicton anglais.*

C'est un proverbe latin. *Dum spiro, spero* : « Tant que je respire, j'espère. »

*Dans son discours, toujours correct, un mot latin se glisse parfois, révélant peut-être ce qui l'a jadis attirée dans le giron de l'université.*

Nous sommes restés amis longtemps avant de nous marier. Je n'oublierai jamais les longues promenades que nous faisions autour de Moscou, de l'université et de la Mokhovaïa jusqu'à Sokolniki et la rue Stromynka. Vous vous rendez compte de la distance à pied ! Des balades sur la rue Gorki, la Petrovka et la Neglinnaïa. C'étaient les parcours qui nous plaisaient. Depuis la bibliothèque Lénine jusqu'à l'Arbat, la Kropotkinskaïa et la Volkhonka. De la place Preobrajensky (qui se trouvait aussi sur notre trajet préféré pour aller à Sokolniki) jusqu'à l'ancien théâtre Mossoviet. Telle était notre leçon en géographie romantique de Moscou.

Il ne faut pas oublier nos excursions pour aller au théâtre ou au cinéma, ou voir des expositions. Il y avait aussi des concerts avec Lemmechev, Kozlovsky, Alexandrovitch, Zvezdina, Ognivtsev. Des pièces avec les acteurs Mordvinov et Maretskaïa. Des représentations de Nabatov.

Je ne voudrais pas passer sous silence le parc de Sokolniki, avec l'étang aux cerfs – j'ignore s'il existe toujours. Et la patinoire ! Êtes-vous déjà allé à une patinoire à Moscou ? Laquelle ?

*Il y a dix ans, j'ai emmené les enfants à Sokolniki.*

A l'époque dont je parle, on n'y passait qu'un seul et même disque. Attendez, j'essaie de m'en souvenir. Je ne sais pourquoi, je ne l'ai jamais entendu ailleurs... Ah oui, c'était « Des flocons blancs tombent, Rattrape-moi, rattrape-moi... » On jouait inlassablement cet air-là à la patinoire.

*Je me souviens de ce refrain...*

Je ne l'ai plus jamais entendu, me semble-t-il. Mais c'est à la patinoire de Sokolniki qu'on le jouait.

Je me souviens aussi comment nous avons fêté le Nouvel An 1954 dans la salle des Colonnes. Le sapin et la musique. Des visages jeunes partout, nous y étions aussi. Les gens avaient l'air de nous remarquer.

*Vous formiez certainement un beau couple.*

Les gens étaient comme attirés par nous, ce qui déclenchait en nous un sentiment chaleureux et amical. C'était peut-être une grande fête, celle de la jeunesse, du bonheur d'être jeune. Ah, cette fête du Nouvel An dans la salle des Colonnes, en 1954!... Peut-être cela tenait-il précisément au fait que nous étions en 1954 – que l'ancienne vie était restée derrière nous, en 1953?

Nous nous sommes mariés au cours de l'automne 1953. Notre mariage a eu lieu à Sokolniki, sur l'autre rive de la Yauza. Lorsque nous sommes revenus plus tard à Moscou, nous n'avons pas pu retrouver le bureau d'état civil qui l'a enregistré. Il avait été transféré au Palais du mariage, une sorte d'agence municipale qui existe à présent. Mais, à l'époque, ce bureau se situait en face de notre résidence universitaire, de l'autre côté du pont.

*Parfaitement logique, en un sens : la résidence universitaire et, juste en face, le bureau des mariages.*

La bâtisse existe toujours. C'est un grand bâtiment. Sur l'autre rive, à Preobrajenka, d'énormes constructions ont vu le jour. L'état civil se trouvait au rez-de-chaussée.

Nous avons fêté notre mariage au Stromynka. Ce fut une célébration estudiantine, très gaie ; on a chanté, on a bu et on a dansé. Mikhaïl Sergueïevitch avait gagné l'argent nécessaire pour le mariage de manière à pouvoir se payer un nouveau costume et, pour moi, une « robe de mariée » – pas une vraie robe de mariée, il faut mettre l'expression entre guillemets, on ne faisait pas de robes spéciales sur mesure à l'époque. Il n'existait pas d'alliance non plus. Mais au moins la robe était neuve... A vrai dire, nos parents ne savaient rien de nos projets. Nous ne les avons informés qu'à la dernière minute. Cela montre combien les jeunes se soucient peu de l'opinion de leurs parents, aussi bien en ce temps-là qu'aujourd'hui. Nous leur avons dit simplement : Nous allons nous marier, nous n'avons pas besoin d'argent, nous en avons. C'est tout. De leur côté, nos parents n'avaient guère d'argent. Mais nous éprouvions constamment un sentiment de responsabilité à leur égard. Par exemple, j'ai toujours essayé de ne pas peser sur ma mère et mon père, de ne jamais leur demander plus qu'ils ne pouvaient donner et de leur en prendre le moins possible. Après tout, j'était l'aînée, il y avait deux enfants derrière moi et ils n'avaient pas la vie facile.

Mikhaïl Sergueïevitch avait gagné de l'argent pendant l'été en conduisant une moissonneuse-batteuse. En fait, nous n'avions pas assez pour me payer une nouvelle paire de chaussures. J'ai dû en emprunter à une amie. Mais j'avais la robe, notre première acquisition commune. Elle avait été fabriquée dans une vraie boutique de tailleur moscovite ; je m'en souviens très bien, c'était près de la station de métro Kirovskaïa. Pendant l'été de 1953, nous nous sommes séparés durant trois mois. Le stage nécessaire à sa formation d'avocat devait avoir lieu pendant les vacances. Mikhaïl Sergueïevitch l'a fait dans son propre district de la Garde rouge, qu'on appelait à l'époque le quartier Molotov. Nous avons passé ces mois-là à guetter le facteur.

*J'avais depuis longtemps remarqué que Raïssa Maximovna tenait une liasse à la main. Je l'avais remarqué dès que nous avions mis le magnétophone en marche et nous étions installés pour reprendre le fil de notre conversation, elle à la table et moi occupant un siège de l'autre côté. Depuis longtemps mes yeux étaient braqués sur ces pages tirées d'un cahier d'écolier, du genre de ceux qu'on appelle « cahier de cours ». J'étais sûr que c'était une correspondance. Quel que soit le papier, une lettre se reconnaît infailliblement à je ne sais quoi d'indéfini. Si tout ce qui passe entre les mains d'une personne porte une empreinte humaine, une missive est doublement marquée. Surtout une vieille lettre, si fine qu'on peut voir à travers. J'ai conservé, moi aussi, quelques-unes de ces feuilles flétries par le temps. Cependant, je n'en possède aucune de ma mère : quand elle est morte, elle était toujours illettrée.*

*J'avais déjà deviné de qui étaient les lettres posées sur la table. J'avais déjà louché dans leur direction mais n'avais pu, jusque-là, y poser la main. Mon interlocutrice avait évidemment remarqué que j'étais intrigué, mais ne m'avait nullement proposé d'y jeter un coup d'œil ni de les prendre, même sans les lire. Au contraire, tout au long de notre conversation, sa main, consciemment ou non, n'avait pas quitté le petit paquet aux tranches maculées par le temps.*

*Que dit Vissotsky ? « Je n'aime pas que les autres lisent mes lettres, c'est comme s'ils regardaient par-dessus mon épaule... »*

*En l'occurrence, cet homme de caractère chantait parfaitement les sentiments de cette femme de caractère.*

Quand je relis aujourd'hui ces lettres de Mikhaïl Sergueïevitch, ces lignes griffonnées tantôt à l'encre, tantôt au crayon, tantôt dans la steppe sur la moissonneuse-batteuse, tantôt dans le bureau du procureur du district pendant sa pause de midi ou tard, après le travail, sur des bouts de papier jaunis – combien d'années ont passé ! –, je ne songe pas seulement au sentiment qui nous a conduits l'un vers l'autre dans notre jeunesse. Je pense aussi à la vie que nous avons choisie. Le chemin que nous avons décidé de suivre dès ces lointaines années n'est pas le fruit du hasard.

Je voudrais citer quelques passages de deux ou trois lettres de Mikhaïl Sergueïevitch. Non pas la totalité des lettres, qui contiennent des pages qui ne sont destinées qu'à moi – et qui disparaîtront avec moi. Certaines choses ne sont, aujourd'hui encore, que pour moi, malgré les années. Mais je vais vous lire des extraits. Regardez, celle-ci porte la marque « Bureau du procureur, région de Molotov ».

*Je croyais que vous aviez apposé ces cachets.*

Absolument pas. Personne n'a touché à ces lettres. Je viens juste de décider de les relire. Regardez : « Bureau du procureur du district de Molotov. » Même la date : 20 juin 1953. Il travaillait au bureau du procureur et m'a écrit sur le premier bout de papier qui lui est tombé sous la main.

« ... La situation, ici, me déprime tellement. Ce sentiment est encore plus fort à chaque fois que je reçois tes lettres. Elles sont si bonnes, tendres, proches, compréhensives. Et elles me font ressentir d'autant plus profondément combien ce qui m'entoure est écœurant. Surtout la manière de vivre des cadres locaux. L'acceptation des conventions, de la subordination, tout est prédéterminé, l'impudence sans fard des représentants du régime et leur arrogance. Quand on regarde un de ces cadres, on ne voit rien de remarquable à part sa panse. Mais quel aplomb, quelle arrogance et quel ton condescendant, suffisant ! Le mépris de la science. Et, par conséquent, une attitude méprisante à l'égard des jeunes spécialistes. J'ai lu récemment dans un journal quelques lignes écrites par un expert en bétail, un certain Movsistian, diplômé de l'Institut d'agronomie de Stavropol. C'est vraiment une honte ! Ce qui lui est advenu nous montre ce qui nous guette. Il est arrivé ici avec des grands projets et a entrepris son travail avec enthousiasme. Et, très vite, il s'est rendu compte que tout le monde s'en fichait. On se moquait de lui ouvertement. Tant de passivité, de conservatisme... »

*Elle interrompt sa lecture.*

Trente-sept ans ont passé. Ai-je jamais songé à l'époque que je lirais cette lettre à voix haute... ?

*Au ton de sa voix, je commence à craindre qu'elle ne renonce à poursuivre. Pourtant, une minute plus tard, elle reprend, s'emparant d'une autre lettre :*

« J'ai bavardé avec nombre de jeunes spécialistes. Ils sont très mécontents. Comme toujours, j'ai beaucoup, énormément de travail. Je reste généralement très tard à mon bureau. La nuit, j'écris mon " journal ", qui comprend de brefs commentaires. Plus tard, ceux-ci seront contresignés par le procureur. Je ne suis allé nulle part ailleurs. A vrai dire, il n'y a nulle part où aller, tout est sans intérêt. S'il n'y avait le travail... »

*Quand je vous écoute, je crois voir un jeune homme, plein de ce que vous appelez son ardeur radicale, ses « idées » et son enthousiasme, qu'on vient d'expédier après ses études à Moscou au fin fond des provinces – au pays des songes.*

Le pays des songes ? Je n'en suis pas si sûre... Où en étions-nous ? Ah ! oui. « Je t'en prie, écris-moi. Tes lettres, je les attends toujours avec impatience. C'est comme si tu venais me voir. Et j'ai tant besoin de toi ici. A toi pour toujours, Mikhaïl. » Quant à ceci, *dit-elle en saisissant quelques feuillets posés sur la table,* c'est une lettre des champs. Il travaillait sur la moissonneuse-batteuse et, apparemment, a dû s'interrompre à deux ou trois reprises. « Raïetchka ! Nous commençons juste à rentrer la moisson, à toute allure. C'est très difficile dans ces conditions... »

*C'est sans doute parce qu'il travaillait aux champs qu'il a écrit au crayon ?*

Sans doute. [*Elle prend une autre missive.*] « La récolte de blé est bonne et abondante, mais avec beaucoup de mauvaises herbes. C'est dur, de travailler sur la moissonneuse-batteuse. Une journée sur cet engin se passe de la manière suivante. On se lève bien avant l'aube. On prépare la machine pour la journée en effectuant les réparations nécessaires, ce qui prend trois ou quatre heures. Puis on commence à moissonner le grain... On continue aussi longtemps que possible, c'est-à-dire tant que le blé est sec. Pour moissonner la nuit, on utilise une lampe spéciale... Chaque jour, on passe vingt heures debout. En plus, on se démène dans une poussière horrible et sur du métal brûlant. Le soleil est intolérable. Nous avons souvent des journées très chaudes, trente-cinq ou trente-six degrés. Cela donne envie d'arracher tout ce qu'on a sur le dos. On étouffe. Je finirai ici... Je ne sais pas comment j'arriverai à expédier cette

Ma mère, Alexandra Petrovna.

Mon père, Maxime Andreïevitch, décédé en 1986.

Ma première rentrée scolaire.

Mon frère, Evguéni, 1953.

Ma sœur cadette, "Lyudochka".

1949 : j'achève mes études secondaires.

Étudiante de dernière année à Moscou.

En compagnie des familles d'enseignants à Stromynka. Je suis au deuxième rang en partant de la droite, à côté de ma meilleure amie, Nina Lyakisheva *(au centre de la photo)*.

A l'institut agronomique de Stavropol, au département de philosophie où j'enseignais *(troisième en partant de la gauche)*.

Étudiante à l'université Lomonossov en 1953.

Le père de
Mikhaïl Sergueïevitch,
Serge Andreïevitch.

Entre Mikhaïl et moi, sa mère, Maria Panteleyna,
dans la ville natale de Mikhaïl, Privolnoye.

Mikhaïl étudiant, en 1953.

Le Tchèque Zdenek Mlynar, qui devint l'ami de Mikhaïl pendant leurs études à Moscou avant d'être l'un des leaders du printemps de Prague en 1968.

Lida et moi en 1982.

Irina à la fin de ses études secondaires.

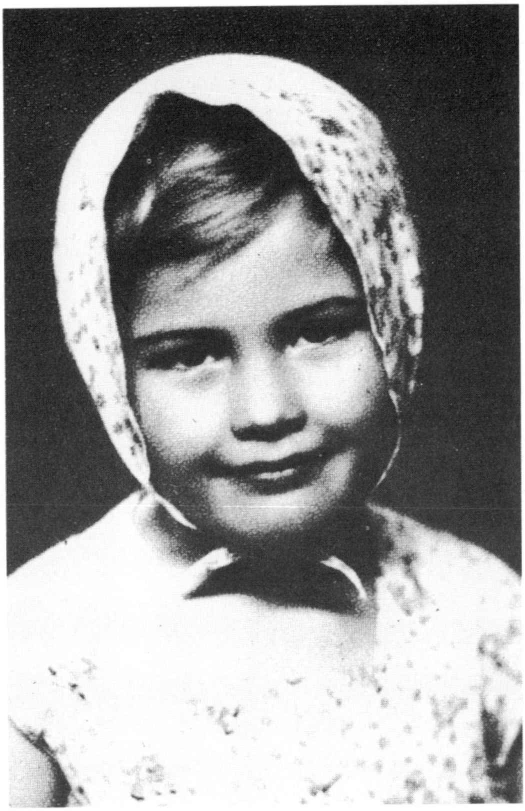

Ma fille Irina à trois ans.

Mon gendre Anatoly avec ma première petite-fille, Xénia.

En famille avec
Mikhaïl, Irina, Xénia
et Anastasia.

Mes petites-filles, Xénia
et Anastasia ont grandi.

Mikhaïl en visite dans une usine chimique proche de Stavropol, après sa nomination à la tête du parti communiste local en 1970.

Les steppes et les montagnes de Stavropol. L'un des plus beaux paysages du monde, selon moi.

Mikhaïl et moi en vacances avec Youri Andropov, à l'époque (1976) chef du KGB.

Nous profitons de ces vacances pour multiplier les randonnées.

Andropov joue les photographes amateurs.

En 1972, Mikhaïl avec Alexis Kossyguine, Premier ministre d'Union Soviétique de 1964 à 1980.

Réunion de la direction du Fonds d'action culturel en 1987.

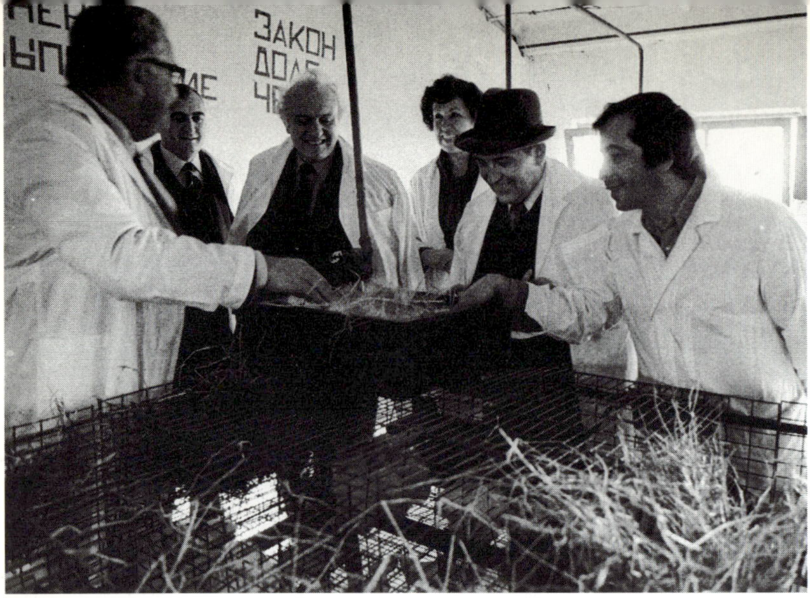

Mikhaïl en compagnie d'Edouard Chevardnadze, qui devait devenir son ministre des Affaires étrangères de 1985 à 1990.

Mikhaïl aime bien les discussions prolongées et décontractées.

En visite sur le fleuve Ienisseï, en 1988.

lettre. J'ai écrit le dix-sept. J'ignore quand j'arriverai à la faire partir... » Enfin, inutile d'en lire plus.

*A-t-il également conservé vos lettres ?*

Croyez-vous que les hommes conservent les lettres comme les femmes ? Pour ma part, je les ai toutes gardées, chacune d'elles... Je vais vous lire un dernier passage. Même cahier d'écolier, même crayon. Apparemment, elle a été écrite quelques jours plus tard : « Tu me poses des questions sur la construction de la maison... Je ne peux pas vraiment appeler cela une maison... Ce n'est qu'une simple cabane de paysans. Le toit a été couvert de tuiles et les fenêtres sont mises. C'est à peu près suffisant pour vivre. Le problème est que je n'ai pas réussi à me procurer du bois d'œuvre pour le sol... »

*Très couleur locale !*

Malheureusement. Notre vie durant, nous avons souffert de restrictions. D'ailleurs, c'est un ami de mon père qui travaillait au soviet du village qui l'a aidé à m'acheter mon premier manteau. Mais nous nous écartons du sujet.

[*Elle reprend sa lecture de la lettre de Gorbatchev.*]

« Nous sommes même allés à Stalingrad, pour rien. Le crépi des murs est terminé et on les badigeonnera plus tard. Entre-temps, nous sommes tous dans l'appartement, ce qui est très incommode pour diverses raisons. Maman surtout en a assez.

« Je sais, Raïetchka, je ne t'ai pas écrit. L'équipe de travailleurs est presque entièrement composée de la famille Gorbatchev. Papa est l'opérateur de la machine, je m'occupe du pilotage et Semen Grigorievitch Gorbatchev est le conducteur du tracteur. Une fille, Anna Mikhaïlovna Gorbatchev, se trouve sur le collecteur de paille et le grain est transporté en camion par Vassili Alexeïevitch Gorbatchev. Tout le monde nous appelle " les Gorbatchev ". Papa, Semen et Vassili sont cousins... Je dois m'arrêter là... Meilleures salutations de la sphère de production à la sphère de l'intellect. »

*Vous a-t-il envoyé cela chez vous ou étiez-vous en vacances ?*

J'étais à l'université. Il était parti en stage de travail, mais j'avais encore des examens à passer.

Cette même année 1953, nous avons obtenu une chambre dans une autre résidence universitaire, sur les monts Lénine. Construite dans les années cinquante, elle faisait partie de l'université et comprenait des salles de lecture, des bâtiments administratifs et des salles communes, des bibliothèques, des cercles, des cantines, une polyclinique ; c'était à nos yeux une résidence étonnamment confortable, réservée aux étudiants en fin d'études et de troisième cycle. Tout était très bien fait. Chacun avait une chambre meublée individuelle, bien que minuscule. Il y avait une douche et un lavabo pour deux.

Notre emménagement dans ce nouveau bâtiment a coïncidé avec la fin de nos études à l'université de Moscou. Nous franchissions un nouveau stade dans notre vie d'étudiants. Dès lors, nous pouvions vivre ensemble, Mikhaïl Sergueïevitch et moi. Nous rédigions notre thèse et préparions nos examens. Nous lisions énormément. Nous étudiions l'allemand. Nous avons même traduit ensemble certains des textes sur lesquels nous travaillions. J'ai eu alors l'occasion d'observer de près l'enthousiasme avec lequel Gorbatchev, inscrit à la faculté de droit de Moscou, faisait ses études, essayant toujours d'aller jusqu'au fond des choses, jusqu'au cœur même du problème. Nous avons réfléchi sérieusement à notre avenir. Durant mes dernières années d'études, j'étais souvent souffrante : un rhume mal soigné compliqué de rhumatismes. Les médecins préconisaient un changement de climat. Après mon diplôme, on m'a proposé de poursuivre pour présenter une thèse de doctorat. J'ai été reçue à l'examen et j'ai commencé les études. Entretemps, Mikhaïl Sergueïevitch s'était vu proposer un autre choix : un emploi à Moscou ou poursuivre des études de troisième cycle. Nous avons décidé de tout laisser tomber et d'aller travailler à Stavropol, la ville natale de mon mari.

*Raïssa Maximovna se tut, plongée dans ses pensées.*

Bien sûr, il y a comme un secret. Le secret des sentiments et des lois qui unissent deux personnes. Surtout deux personnes qui deviennent indispensables l'une à l'autre. Et il est hors de portée des hommes ou de la science de pénétrer ce secret. Heureusement, du reste, qu'il existe quelque chose d'impénétrable dans ce monde.

Lorsque je me penche sur notre passé, je me demande : à quoi ressemblait alors Mikhaïl Sergueïevitch, dans sa jeunesse, quand il est entré dans ma vie ? Quel genre d'homme était-il ? Un ami intelligent, fiable ? Certainement. Un homme ayant ses propres idées, et capable de les défendre avec force ? Sans le moindre doute. Dans ma jeunesse, je me suis heurtée au fait – et ce fut une amère désillusion pour moi – que certaines personnes ne sont pas capables de défendre leurs points de vue, et parfois même n'en ont pas. Alors que Mikhaïl Sergueïevitch sait se faire une opinion personnelle et qu'il est capable de se battre pour elle, avec dignité. Mais ce n'est pas tout.

Aujourd'hui, Gueorgui Vladimirovitch, je pense à autre chose. Dans la lutte acharnée qui se livre entre le bien et le mal, la loyauté et la trahison, l'espoir et la désillusion, la générosité et la vénalité, la vengeance, je pense à son amour inné pour l'humanité. A son respect pour les gens. Ce sentiment est véritablement inné chez lui. Cela n'est pas de l'ordre de ce qui peut s'éduquer, s'apprendre, j'en suis convaincue. Les études ne peuvent vous enseigner le respect des individus et de la dignité de tout être humain... Quand je pense à son incapacité (combien de fois y ai-je songé !) à s'affirmer aux dépens des autres, de leur dignité et de leurs droits ! Il se refuse à faire son chemin en écrasant quelqu'un sur son passage, d'avancer au détriment de son voisin.

Je vois son visage, ses yeux. Nous avons vécu trente-sept ans ensemble. Tout change dans cette vie. Mais je garde dans mon cœur un seul espoir : qu'il reste tel qu'il était lorsqu'il est entré dans ma vie durant nos jeunes années. Viril et ferme, fort et bon. Et qu'il puisse finalement chanter de nouveau ses chansons préférées (je vais vous dire une chose : il sait chanter, et il adore cela). Et qu'il puisse lire ses poèmes préférés et rire, ouvertement et de bon cœur, comme il l'a toujours fait.

*La conversation s'achève. Je remets les bandes dans leur boîtier et les numérote. Pendant quelques instants, Raïssa Maximovna reste assise en silence, après avoir repoussé d'une main la liasse de papiers couverts de notes et de gribouillages. Songeuse, elle regarde dans le vague et porte une main à sa tempe. Son visage est devenu très pâle. Ses derniers mots résonnent comme une prière...*

*Au cours du mémorable Congrès des députés du peuple, en décembre, les députés ont profité des pauses pour l'interpeller à plusieurs reprises : « Raïssa Maximovna, pourquoi restez-vous ici à écouter les débats ? Uniquement pour le plaisir de souffrir ? Vous feriez aussi bien de rentrer chez vous et de les suivre à la télévision. »*

*Elle n'est pas partie, bien entendu... On a dit plus d'une fois qu'elle est presque toujours présente lorsque son mari prend la parole en public, en Union soviétique comme à l'étranger. Lors de conférences de presse à l'étranger, elle prend place au premier rang. Dans notre pays, elle ne s'installe pas au premier rang, devant les caméras de télévision, mais quand il parle, il n'a pas d'auditeur plus attentif. Cependant, elle n'écoute pas que lui, elle prête aussi une oreille à la salle autour d'elle. Ce n'est pas une tâche facile, surtout en Union soviétique – avoir tous les regards braqués sur vous, être le point de mire tandis que les gens vous parlent et expriment leurs opinions.*

*Alors qu'il ne semble voir que son opposant immédiat, il sent sans doute sa présence parmi le public tandis qu'il argumente ; je ne crois pas que la scène politique soviétique ait connu d'orateur plus inspiré depuis le temps de Lénine.*

*« Un secret qui échappe au jugement d'autrui... » Comme pour n'importe quel couple. Mais le sort a décidé que cet homme et cette femme auraient une audience beaucoup plus large qu'il n'est donné au commun des mortels. Autrement dit, ils seront soumis à un jugement plus sévère.*

*Lorsque des journalistes américains ont demandé à Gorbatchev de quelles questions graves il débattait avec sa femme, celui-ci a réfléchi un instant avant de répondre : « Toutes. »*

*Rares sont ceux qui se seraient permis une telle franchise, bien que l'on puisse à vrai dire se demander s'il existe des questions graves dont nous ne discutons pas avec notre femme. Évidemment non. Seuls quelques-uns d'entre nous l'admettent, alors que les autres préfèrent le nier, croyant ainsi paraître plus virils et plus indépendants aux yeux de leurs interlocuteurs.*

*Gorbatchev se conduit avec beaucoup de courtoisie envers sa femme. Je n'aurais pas la stupidité de prétendre que c'est là un effet de la perestroïka. Je ne cherche pas à établir un tel rapport. J'y vois simplement un symbole, un signe. Bien qu'en Russie, l'attitude envers les femmes, et surtout envers la sienne propre, puisse également être le fruit de la perestroïka; afficher un changement de cette attitude peut demander un certain courage de la part d'un homme. Dans* ma *Russie, celle que je connais le mieux, celle où je suis né et où j'ai grandi, l'attitude traditionnelle envers la femme est restée la plus répandue.*

*Raïssa Maximovna se permet d'exprimer sa propre personnalité en revendiquant ce qu'elle est. Mikhaïl Sergueïevitch répond en affichant le même respect tranquille. Il semble que le respect compte pour beaucoup dans le code de l'honneur qu'il observe avec un sang-froid impressionnant, dans des situations qui, chez d'autres, auraient déclenché une crise de colère. Si j'en avais l'audace, je dirais que les relations entre ces deux êtres issus du peuple témoignent d'une sorte d'aristocratie, que j'ai souvent observée dans des familles paysannes traditionnelles.*

*Dans l'une des lettres adressées à Raïssa Gorbatchev, je lis : « Merci ! Grâce à vous et à votre mari, l'image de la femme soviétique change en Russie et dans le monde. Elle retrouve sa dignité... »*

*Gorbatchev paie au peuple des dettes que d'autres ont contractées il y a longtemps; ce sera peut-être son problème le plus tragique. Il paie aussi pour une dette qu'on appelle « la dignité humaine ».*

*En partant, je dis quelques mots aimables au sujet de sa fille, qui m'avait été présentée peu auparavant. Peut-être parce que, moi aussi, j'ai tendance à juger si les gens sont bons ou mauvais sur un seul indice : leur comportement à l'égard de mes enfants.*

Merci. Voulez-vous que je vous raconte une histoire drôle ? Lorsque notre première petite-fille est née, mon mari et moi sommes allés voir Irina à la maternité. Comme nous entrions dans le hall, j'ai dit à l'infirmière : « Ouvrez plus grand la porte, c'est Mamie ! » L'infirmière a ouvert la porte, a regardé qui se trouvait derrière moi : « Où est la grand-mère ? » a-t-elle demandé. [*Ses yeux noisette pétillent de gaieté.*]

*Vous voyez ? Et vous prétendez que c'est votre régime.*

C'était il y a longtemps. [*En souriant, elle se lève et quitte la table.*]

*Pour ce qui est du dernier Congrès dont nous avons parlé, il s'est terminé à l'avantage du Président. Après le premier jour, le ton des débats a complètement changé et Raïssa est restée, non seulement pour assister à certains des moments les plus difficiles du Président, mais aussi pour le voir surmonter la crise. L'enchaînement de cause à effet est extrêmement complexe, mais il me semble vraiment que le courage, la loyauté et la patience méritent d'être récompensés.*

*« Nul n'est prophète en son pays », dit-on. Pour mettre fin à ce chapitre, je citerai une dernière lettre :*

*« Permettez-moi, Monsieur le Premier secrétaire, de vous remercier de votre hospitalité et de vous souhaiter une bonne santé, à vous comme à Mme Gorbatchev, dont la présence à vos côtés a permis de donner de votre pays une nouvelle image, une image de charme et de culture. Il a été particulièrement agréable pour moi et ma femme de la voir ici...*

*François Mitterrand. »*

# CHAPITRE QUATRE

## L'épreuve de la vie

*Lors de notre dernier entretien, Raïssa Maximovna, nous en étions arrivés au moment où vous aviez décidé de ne pas poursuivre vos études et de vous établir à Stavropol.*

Oui, j'avais renoncé à préparer une thèse, alors que j'avais passé les examens et m'étais déjà inscrite aux cours. Mikhaïl Sergueïevitch avait lui aussi refusé un poste à Moscou. Nous avons choisi Stavropol, où il est né.

Stavropol... Il paraît que tout être humain porte en son cœur sa petite patrie, le lieu qui l'a vu naître et où il a grandi. Si tel est le cas, imaginez quelle serait ma « petite » patrie ! L'Union soviétique entière, tous ces lieux où j'ai vécu pendant mon enfance errante. Mais la patrie de Mikhaïl Sergueïevitch est bien entendu la région de Stavropol.

Que vous dirai-je de Stavropol ? C'est une région fantastique ! Un pays inondé de soleil, du blé et des jardins à profusion. Et les tournesols qui s'orientent selon le soleil, pendant les chaudes journées. Un pays de merveilleuses montagnes et de steppes odorantes. Quel est le parfum de la steppe de Stavropol ? Vous devriez vous en souvenir, Gueorgui Vladimirovitch.

*Dans mon pays, la steppe sent les herbes.*

Oui, les herbes et le thym. Dans la région, il y a aussi de nombreuses sources d'eaux curatives, de précieuses eaux minérales filtrées par les sables du désert et les glaciers des montagnes. Si vous êtes allé à Kislovodsk, vous avez certainement vu ces mots de Lermontov gravés dans le roc : « J'aime le Caucase, douce mélodie de ma patrie. »

C'est à Stavropol, capitale de la région, que Mikhaïl Sergueïevitch et moi sommes arrivés. Nous sortions de l'université : deux jeunes spécialistes emplis de projets et d'espoirs. C'était le début de notre vie active, le début d'une existence totalement nouvelle dans un environnement totalement différent.

Vous m'avez demandé, Gueorgui Vladimirovitch, ce que je pensais de Stavropol après avoir vécu à Moscou. L'une et l'autre sont des villes, mais quelle différence ! Il paraît que la première impression que l'on a d'une personne est la plus durable. Je me le demande – mais en ce qui concerne les villes, c'est certainement vrai. Je n'ai jamais oublié ma première impression de Stavropol.

Stavropol m'a frappée par ses jardins. C'est un océan de verdure ; la ville entière semble couverte d'un luxuriant habit vert. Il y a des peupliers d'Italie, d'innombrables châtaigniers. Des saules, des chênes, des ormes. Et du lilas. Des fleurs partout. En automne, tout n'est que pourpre et or, la ville devient d'une douceur mélancolique. Elle est alors la quintessence même de l'automne. Je ne connais pas de lieu où l'automne soit plus beau, et je crois qu'il est de loin la plus belle saison dans la région de Stavropol. Lorsque j'étais enfant, je préférais le printemps – le printemps dans l'Oural, avec les ruisseaux qui murmurent et les eaux qui montent. Mais dans la région de Stavropol, j'ai appris à aimer l'automne. Le printemps n'y dure pas longtemps, alors que l'automne est long, doux et empli de mille couleurs.

La ville elle-même, centre de la région, m'a impressionnée par son caractère calme et paisible. La grande place, les rues et les maisons semblaient avoir préservé quelque chose de l'esprit de nos ancêtres – les Russes et les Cosaques s'y sont établis il y a deux cents ans.

Ah oui ! en parlant de la végétation, j'ai oublié un détail. Au début, j'avais surtout été impressionnée par sa beauté et par son exubérance, mais je devais apprendre que préserver cette beauté était devenu une solide tradition que partageaient tous les habitants de Stavropol. Par la suite, c'est avec joie que j'ai participé à l'effort commun pour que la ville reste verte et fleurie.

*Dans la région de Stavropol, la moindre petite ville est soignée comme un jardin.*

Je me souviens que l'on avait même tourné un film sur Stavropol, *La ville la plus verte de Russie.* Ce qui m'a frappée ensuite, c'est la lenteur de la vie et le calme patriarcal de cette ville, qui était après tout le centre d'une des plus vastes régions du pays. Le rythme de l'existence quotidienne était dicté par le fait que les gens allaient toujours à pied. A l'époque, il n'y avait pas de problème de transports, pas d'« heure de pointe » à Stavropol. Où que vous alliez – au travail, dans les magasins, aux bains, chez le coiffeur, à la polyclinique ou au marché –, vous pouviez vous y rendre à pied. Seule la place centrale et quelques rues étaient pavées. Seuls quelques bâtiments administratifs et immeubles d'habitation avaient le chauffage central. Il fallait aller chercher l'eau potable à des bornes-fontaines. En plein centre de la ville, face à l'École normale, s'étendait une véritable mer de boue. En toute saison. Il était impossible de la traverser, que ce fût à pied, à vélo ou en voiture. Comme le « Mirgorod » de Gogol. Bien entendu, Stavropol a beaucoup changé depuis.

Plus de trois décennies ont passé. L'industrie moderne est arrivée, de nouveaux établissements scientifiques, pédagogiques et culturels ont été construits, et la population a presque doublé. A lui seul, ce dernier fait a modifié l'apparence de la ville, les habitudes et le rythme de la vie. Mais à l'époque dont je parle, pour la capitale d'une vaste région de l'URSS, qui comportait alors deux régions autonomes, Stavropol était une ville excessivement provinciale.

Comme dans toutes les petites villes, le cinéma s'appelait bien entendu Le Géant. Il y avait également un théâtre, Le Lermontov, dont nous connaissions par cœur le répertoire au bout de deux à trois mois. La ville possédait aussi une bibliothèque régionale, un orchestre, un musée d'histoire locale et deux autres cinémas – L'Octobre et Le Patrie –, ainsi que quelques clubs et salles de projection. Dans le domaine de la culture, c'était tout.

*Vous êtes arrivée à Stavropol en tant que diplômée de l'université de Moscou, capitale du pays. C'était très rare à l'époque. Com-*

*ment vos collègues ont-ils réagi à votre égard ? Quelles étaient vos relations sur votre lieu de travail ?*

Il n'y en avait pas.

*Je ne comprends pas, Raïssa Maximovna.*

Il n'y a rien à comprendre. J'ai eu beaucoup de mal à trouver un emploi à Stavropol. Les premiers mois, je suis tout simplement restée sans travail. Ensuite, pendant un an et demi, j'ai eu un poste qui ne correspondait pas à mes compétences. Après cela, j'ai travaillé deux années durant dans ma spécialité, mais sans droits réels. Soit j'étais rémunérée à l'heure, soit j'étais payée pour un mi-temps, et lorsque les effectifs ont été réduits, j'ai été congédiée. Et voilà votre « diplômée de l'université de Moscou », une « rareté pour l'époque ». Oui, je suis restée quatre années sans avoir un poste fixe.

*Pourquoi ?*

Pour deux raisons, je pense. En ces années, il y avait si je ne me trompe un problème d'emploi dans tout le pays pour les diplômés de lettres et de sciences humaines. Je savais par exemple qu'environ soixante-dix pour cent des enseignants de Stavropol travaillaient à temps partiel. Mais à mes yeux, la seconde raison n'est pas moins importante.

C'est vrai, à cette époque, il n'y avait à Stavropol pratiquement pas de spécialistes de niveau universitaire, et encore bien moins de diplômés de l'université de Moscou. Comme je n'en suis pas tout à fait certaine, je mets l'accent sur « pratiquement ». Peut-être y en avait-il deux ou trois. Dans les facultés où mes connaissances auraient pu être utiles, les disciplines en question étaient fréquemment enseignées par des gens qui avaient fait leurs études par correspondance. En règle générale, ils sortaient de l'École normale de Stavropol. Je ne veux en aucune façon mettre en doute leur qualification professionnelle. Lorsque j'ai travaillé avec eux par la suite, j'ai rencontré des hommes et des femmes qui poursuivaient d'importantes recherches scientifiques en témoignant de grandes capacités, qui donnaient d'excellents cours et conférences, jouissaient de l'estime méritée de leurs étudiants, et qui se consacraient entièrement à leur métier. Mais il y en avait aussi beaucoup qui étaient tout simplement incapables de se livrer à une quelconque recherche, et qui n'y tenaient pas. Cela ne les intéressait pas, et ils n'étaient pas compétents. Ces gens donnaient des cours ou des conférences préparés par quelqu'un d'autre, se servaient des matériaux d'autrui, et avaient manifestement du mal à formuler des catégories ou concepts philosophiques. Beaucoup de mal. Mais l'institut les considérait comme « ses » gens – des habitués, en quelque sorte, qui connaissaient son fonctionnement et qui ne causaient pas de problèmes. Financièrement parlant, c'était avantageux. Dans notre pays, en effet, le salaire reste stable ; il dépend de la position et du titre, non de la quantité de travail que l'on fournit, et certainement pas de sa qualité.

Il m'est même arrivé de rencontrer des gens parfaitement incapables de faire une conférence, et qui n'en étaient pas moins payés en qualité de maîtres de conférences. Ils touchaient leur salaire, mais d'autres personnes donnaient les conférences et les cours à leur place. Les concours que passaient les candidats aux postes vacants étaient de pure forme. L'institut faisait tout son possible pour garder son personnel. De plus, les spécialistes venus de l'extérieur devaient être logés. Comment faire ? Toutes les collectivités avaient de longues listes de personnes en attente d'un logement. Et si les étudiants n'étaient pas satisfaits de la qualité des cours et des séminaires, ce n'était pas jugé bien grave. Ils étaient obligés de les suivre, même si l'enseignement ne leur convenait pas.

La qualité de l'enseignement, le système en vigueur et l'organisation des études affectaient la formation des spécialistes – dans tout le pays, pas seulement à Stavropol. Les établissements d'enseignement supérieur étaient régis par des règles rigoureuses. Ce qui était autorisé et ce qui ne l'était pas, dans tous les domaines : relations entre étudiants et professeurs, composition du corps enseignant, nombre d'heures de cours, répartition du temps entre les diverses disciplines... Le nombre de spécialistes et de professeurs employés par les établissements d'enseignement supérieur était toujours déterminé par le nombre des étudiants. Il était avantageux d'admettre le plus possible de nouveaux étudiants et d'en libérer exactement autant. Autrement, il aurait fallu réduire le corps enseignant. Ce seul fait suffit à expliquer certaines péripéties de ma carrière de professeur ; par exemple celle-ci que je tiens à vous raconter.

Un étudiant par correspondance tentait pour la troisième fois de passer l'examen. J'ai eu un entretien avec lui, en m'efforçant d'obtenir au moins des réponses aux questions les plus simples, les plus élémentaires. J'ai essayé de lui faire dire ce qu'était la philosophie. Hélas, tous mes efforts furent vains. J'étais déjà exténuée, lorsqu'il m'a soudain dit, d'une voix vibrante d'émotion : « Je suis vraiment désolé pour vous, Raïssa Maximovna. » « Désolé pour moi ? lui ai-je demandé, stupéfaite. Pourquoi vous mettre dans cet état ? Vous perdez votre temps. C'est la troisième fois que vous essayez. » « Mais je fais pareil avec tous les autres, me répondit-il. C'est la même chose dans toutes les matières. Et je vous assure, ils me donnent tous un " trois ". Je suis reçu, et tout le monde est content. Qu'est-ce que cela peut bien faire ? »

*Et quelle note lui avez-vous donnée ?*

Je lui ai également mis « trois ». J'ai agi contre ma conscience – ce n'était pas la première ni l'unique fois.

Je me réjouis qu'aujourd'hui l'on réfléchisse sérieusement aux problèmes qui se sont accumulés en Union soviétique dans le domaine de l'enseignement, à chaque niveau – général, professionnel et supérieur. Nous nous efforçons de le rendre plus démocratique, de le faire progresser dans toutes les disciplines, d'améliorer le niveau de l'enseignement, ainsi que le statut des études supérieures dans notre pays. Tant de choses étaient devenues de simples formalités. Nous avons formé des spécialistes, sans savoir dans quel but. Le nombre incroyable de diplômes que nous avons créés ! A l'institut, j'ai demandé à maintes reprises pourquoi nous délivrons un diplôme à une personne dénuée de toute formation sérieuse dans sa spécialité et même de culture générale. Lorsqu'elle commencera à travailler, munie de son diplôme, elle exigera les mêmes droits qu'un spécialiste recherché qui a fait des études sérieuses. C'est un cercle vicieux, vous comprenez : l'on produit des indésirables.

Dans ce domaine, des changements majeurs sont indispensables, et il est bon qu'ils aient déjà commencé. Prenez par exemple la récente décision du Président accordant l'autonomie aux établissements d'enseignement supérieur. Ces mesures visent à améliorer un système qui était en pleine stagnation. Même dans le passé, bien sûr, l'on tirait la leçon de certaines expériences, et des progrès étaient faits, mais il y avait aussi énormément d'inertie.

*S'il vous plaît, Raïssa Maximovna, revenons à Stavropol.*

Désolée de cette digression. Le sujet de l'enseignement supérieur est ma grande faiblesse ; une maladie professionnelle, en quelque sorte... Stavropol. Mikhaïl Sergueïevitch y est arrivé l'année même où il a achevé ses études à Moscou, un peu avant moi. Muni de ses diplômes de droit, il devait se présenter aux services du procureur régional. Mais il n'y est resté qu'une dizaine de jours. Il m'a écrit : « Non, travailler au bureau du procureur, ce n'est pas pour moi... J'ai rencontré quelques camarades avec lesquels j'avais travaillé au komsomol. » Dans une autre lettre, il disait : « Compte tenu de mon expérience au sein du komsomol, au lycée puis à l'université, ils m'ont proposé un poste dans l'organisation régionale du komsomol. Travailler pour le komsomol, tu connais mon attitude à cet égard. » Il ajoutait : « J'ai eu avec le procureur régional un entretien aussi long que déplaisant. » Et dans une autre lettre encore : « Après de nouveaux entretiens, et après m'avoir fait la leçon tant et plus, ils ont fini par accepter que je les quitte pour le komsomol régional. » Tout de suite après, il précisait : « J'ai reçu confirmation que j'étais nommé directeur-adjoint du service de l'agitation et de la propagande. »

A propos, le procureur régional était alors B.N. Pethoukov, l'homme avec lequel Mikhaïl Sergueïevitch avait eu cet « entretien aussi long que déplaisant ». Pethoukov est un homme remarquable. Il a consacré plus de cinquante ans à sa tâche de procureur et d'enquêteur, et a écrit nombre d'intéressants témoignages sur son travail. Il a envoyé à Mikhaïl Sergueïevitch des exemplaires dédicacés de deux de ses livres, respectivement parus en 1970 et en 1981. Dans une lettre, il a également écrit, je cite : « Je constate aujourd'hui avec une immense satisfaction que j'avais agi correctement en ne m'opposant pas à votre carrière. »

*Quel homme perspicace!*

Le salaire de Mikhaïl Sergueïevitch était de mille roubles par mois, en « ancienne monnaie », comme nous disons.

*Ce qui fait, si je ne me trompe, cent roubles en « nouvelle monnaie ».*

Après avoir payé les impôts et les cotisations à diverses organisations dont il faisait partie, il nous restait huit cent quarante roubles. Je m'en souviens parfaitement, car, compte tenu de ma longue période de « chômage », cette somme a longtemps été notre seul revenu. Les parents de Mikhaïl Sergueïevitch nous envoyaient quelques colis de nourriture de la campagne, mais c'était tout ce qu'ils pouvaient faire pour nous aider. Dans le cadre de son travail pour le komsomol, Mikhaïl Sergueïevitch devait fréquemment se déplacer dans la région. A l'occasion d'un de ces « voyages d'affaires », il m'a écrit...

*Il vous écrivait pendant ces déplacements?*

Oui – cela vous paraît surprenant?

*De nos jours, pour autant que je sache, les hommes n'écrivent pas à leur femme, même quand ils vont à l'étranger. Et il n'était pas loin – il ne faisait que se déplacer dans la région.*

Tout dépend du genre d'homme. Dans une de ses lettres, donc, il m'écrivait : « ... Je ne sais combien de fois, à Privolnoïe, je les ai entendus discuter à propos d'une vingtaine de roubles – comment allaient-ils réunir une pareille somme? Alors que mon père travaille jour et nuit d'un bout à l'autre de l'année. Je suis tout simplement submergé de honte. Honnêtement, j'ai du mal à refouler mes larmes. Et en même temps, l'on ne peut s'empêcher de penser qu'après tout, ils ne vivent pas trop mal.

Mais tous les autres ? Il reste beaucoup de travail à faire. Nos parents, et des milliers de leurs semblables, méritent vraiment un sort meilleur... »

*J'avais l'impression d'écouter un extrait de la* Routine provinciale *d'Ovietchkine.*

Il observait avec une attention passionnée la vie qui l'entourait, comme s'il en avait soif après toutes ces années d'études à Moscou. Ses préoccupations ne le laissaient pas en paix, et il avait constamment besoin de s'exprimer, ce qui explique sans doute en partie pourquoi il m'écrivait si souvent lorsqu'il était en déplacement. Ces lettres étaient en fait des études sur la « routine provinciale ».

La vie n'était pas tellement bon marché. Sur nos huit cents roubles, nous en payions deux cents pour notre logement, une petite chambre louée dans une maison individuelle.

*Où se trouvait-elle ?*

Je vais vous en montrer une photo. Essayez de deviner où elle était, puisque vous dites être originaire de Stavropol.

*Raïssa Gorbatchev retire un petit cliché d'une pile de photos qu'elle avait préparée. Il a beaucoup pâli. Au premier plan, il y a des arbres – lorsqu'on prend une photo à Stavropol, il y a toujours des arbres au premier plan –, derrière lesquels l'on devine une typique maison individuelle de Stavropol, construite en calcaire local. J'avais une fois loué un logement dans une maison toute semblable à celle-ci. Même de mon temps, à la fin des années soixante, les trois quarts de Stavropol consistaient en maisons de ce genre, toutes couvertes de houblon et de vigne vierge. Comment deviner où est située celle-ci – sur l'Osetinka, sur la Tachla, près du marché du bas ?*

*Je dois être un mauvais enfant de Stavropol, Raïssa Maximovna. Ou alors, j'ai quitté la région depuis trop longtemps – en 1973. Je ne reconnais pas cette rue. Dites-moi où elle se trouve.*

Est-ce vraiment utile ? La maison existe toujours. Pourquoi attirer l'attention sur elle et troubler la quiétude de ceux qui l'habitent – des parents de notre ancien hôte. Non, je préfère vous décrire en détail la petite chambre que nous habitions, et que je revois si nettement.

*Si tel est votre désir...*

Nous avons eu du mal à caser toutes nos « possessions ». Un lit, une table, deux chaises et deux grandes caisses pleines de livres. Au centre de la pièce trônait un énorme poêle. Nous devions acheter notre bois et notre charbon. Je faisais la cuisine sur un réchaud à pétrole, dans un étroit couloir.

Notre « appartement » avait tout de même des avantages. La petite chambre était très claire, avec trois fenêtres donnant sur le jardin. Un grand et magnifique jardin. De plus, les propriétaires étaient extrêmement gentils, ce qui constituait un avantage supplémentaire. C'était un couple d'instituteurs en retraite. Le vieil homme était très à cheval sur les principes, et guère loquace, contrairement à sa femme et à sa fille. Mais quand il avait bu un verre de trop, il perdait son sérieux, et m'expliquait, précisément, qu'il faut « considérer la vie avec sérieux ».

C'est dans cette chambre, le 6 janvier 1975, la veille de la Noël orthodoxe, qu'est née notre fille Irinka. A la maternité, ils avaient marqué sur sa fiche : « poids à la naissance : 3,300 kilos; taille : 50 centimètres : poids au départ de la maternité : 3,100 kilos. Enfant en parfaite santé. » Je m'en souviens par cœur; en ces jours de bonheur ces mots étaient une douce musique à mes oreilles.

La même année, grâce aux efforts des collègues de Mikhaïl Sergueïevitch, nous avons obtenu un « appartement gouvernemental » dans un immeuble dont les deux étages supérieurs étaient divisés en logements. Le rez-de-chaussée devait abriter des bureaux. Mais à cause de la crise du logement, il a également fini par être habité. Notre deux-pièces, qui servait auparavant de bureau et de salle d'attente, a été le dernier bastion à tomber. Plus précisément, pour quelqu'un d'autre ou pour un quelconque service, c'était une défaite, mais pour notre famille, c'était une victoire. En fin de compte, le rez-de-chaussée tout entier est devenu un grand ensemble de huit logements, avec une cuisine commune au bout du couloir, et des toilettes communes.

*Vous habitiez donc un appartement collectif?*

Oui. Nous avions pour voisins un lieutenant-colonel démobilisé, un mécanicien d'une manufacture de vêtements, un soudeur de tuyaux de gaz, un agent hospitalier... Tous avaient des enfants. Il y avait aussi quatre femmes seules, deux qui partageaient un logement, et deux qui avaient des chambres séparées. Et nous – Mikhaïl Sergueïevitch et moi – avions pour la première fois de notre vie un appartement à nous.

C'était un petit État souverain, avec une grande variété de « sujets souverains », pour utiliser la terminologie moderne. Cet État avait ses propres lois, non écrites mais acceptées de tous. Les gens y travaillaient, s'y aimaient, se séparaient, buvaient comme des Russes, se querellaient comme des Russes et se réconciliaient comme des Russes. Le soir, nous jouions aux dominos. Nous fêtions les anniversaires en commun. Il était hors de question de dire du mal des autres ou de se montrer arrogant. C'était un monde direct, humain, naturel.

Mikhaïl Sergueïevitch aimait me taquiner. Détail intéressant, il utilisait déjà ce genre de jargon parlementaire qui est en usage aujourd'hui. Dans une lettre – il m'écrivait si souvent parce que nous ne pouvions pas nous téléphoner; à l'époque, peu de gens avaient le téléphone –, il écrivait : « Il t'incombe de maintenir de bonnes relations diplomatiques avec les autres entités souveraines. J'espère que tu seras fière de diriger notre politique étrangère. Mais n'oublie pas le principe de l'intérêt mutuel. »

*A coup sûr une façon de s'exprimer très actuelle!*

Dans cette maison, j'ai fait la connaissance de gens avec lesquels je suis restée en bons termes durant tout notre séjour à Stavropol. Il y avait notamment Zoïa Vassilievna Karetnikova, la femme du lieutenant-colonel, qui n'avait pas eu une vie facile, mais était très douée. Ils étaient venus de Lvov parce que son mari, Piotr Fedorovitch, avait des ennuis de santé. Il nous a quittés – qu'il repose en paix.

Son mari étant dans l'armée, Zoïa Vassilievna n'avait pu terminer ses études de géologie. Elle était de Moscou. Elle avait des doigts de fée, et un goût très sûr. Il faut préciser qu'à Stavropol, il n'y avait ni tailleur, ni magasin de vêtements; vingt années durant, Zoïa Vassilievna a réalisé ou transformé tous les vêtements de ma famille. Nous étions amies, et pendant tout ce temps, je suis restée sa fidèle cliente.

*Je crois savoir que vous avez continué à lui commander des vêtements même après être devenue l'épouse du « premier ».*

En effet.

*Stavropol est une relativement petite ville, et j'ai entendu dire que l'épouse du Premier secrétaire était toujours bien habillée.*

Cela ne fait que confirmer que Zoïa Vassilievna avait réellement des doigts de fée.

*Elle était donc votre couturière attitrée?*

En quelque sorte. A Stavropol, je connaissais également Xénia Mikhaïlovna Efremova, qui travaillait dans une manufacture de vêtements. Lorsque son fiancé mourut pendant la guerre de Finlande, elle s'était retrouvée seule. J'ignore évidemment si mes ex-voisins, qui m'ont si gentiment aidée, liront ce petit livre – mais je tiens à les remercier tous. En particulier Xénia Mikhaïlovna, pour son assistance en une période très difficile de ma vie, où je devais à la fois travailler, rédiger ma thèse et entreprendre de longs voyages, alors que ma fille était souvent très malade.

*Nous sommes tous issus du peuple. Au début des années soixante-dix, j'ai entendu une suite inattendue à cette citation: « Comment allons-nous retourner au peuple? » Les relations entre ceux qui ont « percé » et leur environnement, le « peuple » dont ils ont émergé, sont souvent très complexes. Trop souvent, le facteur dominant est une aliénation réciproque presque totale. Certains grands patrons, ou leurs épouses, n'aiment pas qu'on leur rappelle d'où ils viennent. Et les autres se rendent compte de cette répugnance. Pour je ne sais quelle raison, ce sont souvent non les patrons eux-mêmes mais leurs épouses qui n'aiment pas s'entendre rappeler leurs origines.*

*Dans le cas présent, la situation est toute différente. J'ai depuis longtemps remarqué que Raïssa Maximovna avait la capacité – sans effort particulier et sans essayer de se faire bien voir – de comprendre le monde au sein duquel elle est née. Des relations naturelles avec ce monde et un certain sentiment de gratitude à son égard caractérisent depuis longtemps l'intelligentsia russe. Je ne m'attends pas à ce que vous soyez influencés par ces remarques, mais je vous demande de ne pas oublier les locataires de l'« appartement collectif » de 1975. Trop souvent, lorsque nous allons de l'avant et « montons dans la hiérarchie », nous rejetons nos amis d'antan comme des vêtements usagés.*

Pour moi, le travail n'était pas seulement un moyen de gagner de l'argent. C'était également une cause, sans laquelle j'aurais considéré ma vie comme un échec. Les cours, les séminaires, les conférences universitaires, les réunions et les débats – pouvez-vous imaginer ce que tout cela exigeait d'efforts, de temps, de tension intellectuelle et même de nuits blanches ? Mais en retour, cela me donnait beaucoup. Cela me donnait un incomparable sentiment de satisfaction morale.

A cela s'ajoutaient les discussions que nous avions en dehors du travail – à la résidence des étudiants, ou à la ferme collective où nous devions tous aller, professeurs comme étudiants, pour récolter le maïs, le raisin ou les pommes de terre. Elles se poursuivaient dans mon appartement, où les étudiants venaient eux aussi. Nous parlions de tout : les nouvelles productions du théâtre, les films récents, les événements dans la vie de l'institut, de la région ou du pays. Nous parlions aussi, bien sûr, et jusqu'à ne plus avoir de voix, du sens de la vie – pas de débat avec les étudiants sans aborder cette « question clef ». En bref, nous discutions de tout, et en premier lieu des éternels problèmes humains.

Les fleurs et les lettres que m'ont envoyées des étudiants depuis longtemps indépendants, qui ont fondé une famille et ne sont plus tellement jeunes, sont les présents les plus précieux que j'aie jamais reçus. De même, j'accorde la plus grande importance au jugement sévère mais juste qu'ils portent sur moi-même et sur mon travail.

Je me souviens très bien de la toute première conférence que j'ai donnée dans un grand auditorium. J'étais encore étudiante à Moscou. L'association Savoir m'avait demandé de faire une conférence dans un club d'usine. La conférence devait être suivie d'une soirée dansante – telle était la tradition. Le public était nombreux; il y avait beaucoup de jeunes, qui étaient surtout venus pour la danse, je suppose. Mes notes à la main, je suis montée sur le podium et me suis approchée du micro.

*Étaient-elles écrites sur des petits bouts de papier, comme ceux que vous tenez en ce moment?*

Certainement pas. Tout était fait dans les règles. En regardant le public, j'aperçois au premier rang un vieil homme avec une énorme barbe grise. Je le vois encore! Je n'étais pas rassurée. Le sujet de ma conférence était « Le sommeil et le rêve dans l'enseignement de I. P. Pavlov ». Je l'avais préparée avec le plus grand soin, en effectuant de nombreuses recherches à la bibliothèque Lénine. Je devais être consciente de ma connaissance insuffisante du sujet et des faiblesses des concepts théoriques que j'avançais. Compte tenu de mon jeune âge, je me sentais encore plus vulnérable face à ce vieux monsieur cultivé, que je pensais certainement capable de faire lui-même une conférence sur les rêves. J'ai lu le texte de ma conférence, une page après l'autre, sans lever une seule fois la tête. Lorsque j'eus terminé, j'ai attendu, terrifiée, la réaction – non du public, mais du digne vieux monsieur, du « magicien ». Mais dans la salle, c'était le silence complet. Pas un son, pas un seul commentaire. Pas une seule question, ni pendant la conférence ni après. Le vieux monsieur gardait lui aussi le silence. Apparemment, tout était parfaitement clair, pour lui comme pour les autres membres de l'assistance. Peut-être attendait-il avec impatience que la danse commence? Il est cependant plus probable [*elle sourit*] que le public s'était rendu compte de l'épreuve que cela représentait pour la jeune conférencière, et qu'il avait eu pitié d'elle.

Je voudrais expliquer au lecteur étranger ce qu'est la société Savoir. Son but est de diffuser les connaissances scientifiques et politiques. Bien que je ne me sois pas montrée très brillante à cette première occcasion, j'ai gardé pendant de longues années avec cette association des contacts qui se sont révélés à la fois utiles et très intéressants.

*Pourquoi dites-vous que vous ne vous en étiez pas bien tirée ? L'absence de questions signifiait que vous aviez tout expliqué clairement...*

Comme je vous l'ai dit, j'attribuais cela à la danse. En tout état de cause, à Stavropol, j'étais une des conférencières attitrées de la société, et de surcroît membre de son présidium régional. Cela m'a permis de connaître de nombreux représentants du monde de l'art et des sciences à Stavropol : des chercheurs et des poètes, des écrivains, des acteurs, des compositeurs, des artistes et des enseignants. Je connaissais fort bien certains d'entre eux, et je les voyais souvent.

Je me souviens aussi de la première conférence que j'ai donnée à titre de professeur d'université. C'était à l'Institut médical de Stavropol; mon sujet était l'histoire de la philosophie. Or, ce jour-là, une importante commission est arrivée à l'improviste à l'institut, officiellement pour un « échange d'expériences avec les professeurs de sciences sociales », en fait pour voir ce qui se passait dans notre département, qui avait été le théâtre de querelles mesquines. La commission comprenait les doyens de toutes les facultés de la ville, ainsi que les meilleurs spécialistes de sciences sociales de Stavropol à l'époque.

*Et cela coïncidait avec votre première conférence ?*

Oui. En fait, ils n'étaient pas venus pour moi, mais pour inspecter l'institut et le département. C'était un assez grand département, mais pour quelque raison, le directeur a pensé que la meilleure solution était d'envoyer toute la commission dans ma salle de cours. Alors que j'étais toute nouvelle à l'institut ! Inutile de préciser que j'étais terrorisée.

En règle générale, j'ai une bonne mémoire. Je ne lis presque jamais mes cours ou conférences. A l'occasion, je consulte mes notes pour trouver une citation, des faits ou des chiffres. Comme vous le savez, un conférencier travaille en deux temps – d'abord à son bureau, pour préparer sa conférence, ce qui lui permet d'être parfaitement à l'aise durant le second stade, lorsqu'il est face au public. Je vois les visages, j'entends ce que disent les élèves, j'observe leurs réactions; au besoin, je m'étends davantage sur un point précis, j'ajoute ou je répète quelque chose, ou je présente mon raisonnement d'une autre façon.

Mais c'était le premier cours magistral que je donnais à des étudiants : je n'avais encore aucune expérience. Je n'avais aucune idée du temps qu'il me faudrait pour exposer mes arguments, ni du matériau nécessaire pour une conférence de deux ou trois heures. Je n'avais pas encore trouvé le rythme d'élocution idéal. Je n'avais pas d'arguments « de rechange » pour continuer à parler si j'avais épuisé le sujet avant l'heure prévue. Tout cela est venu par la suite. J'ai oublié de dire que j'avais un bon auditoire, environ deux cents étudiants et étudiantes. Mais j'ai fini mon premier cours une demi-heure avant la sonnerie. Je ne savais que faire de ces trente minutes, ni que faire de moi-même pour échapper aux étudiants et à la commission!

La conférence terminée, un débat s'est engagé. La commission a examiné les points habituels. La conférence avait-elle atteint son objectif? Les problèmes essentiels avaient-ils été correctement identifiés? La conférence avait-elle réussi à établir un lien entre la philosophie et les sciences naturelles? Et ainsi de suite.

Soudain, le directeur d'un des départements de l'Institut d'agronomie a posé une question : « Excusez-moi, mais depuis combien de temps donnez-vous des conférences? » A demi morte de peur, j'ai répondu : « C'était ma toute première conférence. »

Afin que vous ayez une meilleure idée de la situation, je vais vous dire à quoi je ressemblais, face à ces vénérables professeurs et à cette terrifiante commission. Je pesais tout juste cinquante kilos et je portais une robe verte avec un petit fichu. Au cours de mes premières années de travail, vous savez, j'essayais toujours de m'habiller de manière à paraître plus adulte et plus substantielle. Pendant mon enfance, j'avais déjà cette habitude, ce qui déplaisait fort à ma mère. Je mettais sur moi tous les habits que je possédais, et Maman me grondait : « Que fabriques-tu encore? Veux-tu ôter cela tout de suite! » A l'institut, je faisais pareil, je mettais des vestes et des pulls, sans doute de nouveau pour avoir l'air plus imposante. A l'époque, la mode voulait que les jeunes filles ressemblent aux femmes des tableaux de Deineka.

« Vous dites que c'était votre première conférence ? » Le directeur du département se leva. « Vous devriez avoir honte, chers collègues. » Sur ce, il se leva et sortit.

L'année suivante, le directeur m'a attribué un poste fixe à temps complet. Il a réduit ses propres heures d'enseignement, et a suggéré à un autre professeur de faire de même, ce qui libérait un poste. Il répétait souvent la remarque de Khrouchtchev, qui était alors à la mode : « La fête est terminée, camarades. » Il ajoutait en riant, et en me montrant du doigt : « Et il faut aider les jeunes spécialistes. » A l'institut, j'étais devenue une sorte de symbole, la « jeune spécialiste » ; je m'efforçais, bien entendu, de me montrer digne de la confiance du directeur. Mais il est mort peu après, soudainement.

*Vous souvenez-vous de son nom ?*

Bien sûr. Nikolaï Ivanovitch Khvorostoukhine. Il a été emporté par un cancer, et j'ai perdu mon poste suite à des réductions d'effectifs.

*Une grosse déception, sûrement.*

Et une situation bien typique. Trop souvent, hélas, un avantage dépend d'une seule personne bien intentionnée !

Pour ne rien vous cacher, tout au long de ma carrière d'enseignante, je ne suis jamais devenue une conférencière « professionnelle », dans le sens que cette activité n'est jamais devenue une routine quotidienne. Chaque cours que je donnais était pour moi comme un examen de passage. En commençant une conférence, j'étais toujours nerveuse, surtout face à un auditoire inconnu. Le calme et la confiance en soi ne venaient que lorsque le contact s'établissait, lorsque je sentais que j'avais éveillé l'intérêt de l'auditoire et qu'il m'écoutait avec attention.

Compte tenu de la matière que j'enseignais – la philosophie – et de la nature des recherches que je poursuivais –, lesquelles étaient plus proches de la sociologie –, les sujets de mes cours étaient très variés.

Je puis dire sans me vanter que parfois les femmes avec lesquelles je m'entretiens sont étonnées de l'étendue de mes connaissances dans les domaines les plus divers, souvent très éloignés les uns des autres. C'est simplement dû au fait que ma spécialité couvre un champ très étendu. La dialectique, par exemple, exige une connaissance des sciences naturelles, de la physique, de la chimie et des lois qui gouvernent leur évolution. Et le matérialisme historique ? Mes recherches en sociologie appliquée m'ont énormément servie. En plus des cours réguliers que j'assurais, je donnais des conférences à des étudiants déjà diplômés qui suivaient des cours du soir : des hommes et des femmes hautement qualifiés, qui avaient des années d'expérience derrière eux, et qui ne se seraient pas satisfaits de truismes élémentaires.

Comme je l'ai déjà fait remarquer, mes sujets étaient très variés. Cela allait de l'histoire de la philosophie – la *Science de la logique* de Hegel, Kant et la *Critique de la raison pure*, les théories de Lénine sur la réflexion et sur les méthodes de la connaissance scientifique, le problème de la conscience... – au rôle de l'individu dans l'histoire, aux structures et aux formes de la conscience sociale, aux concepts sociologiques contemporains, aux courants philosophiques dans les pays étrangers, et ainsi de suite.

Nous étions bien entendu tributaires des conditions qui régnaient dans les provinces, et du manque de spécialistes dans l'enseignement supérieur. Les efforts pour spécialiser davantage l'enseignement de la philosophie et le programme des conférences publiques se révélaient vains, notamment à cause du manque de personnel compétent. Il fallait tout faire à la fois. Un universitaire enseignant dans un grand centre comme Moscou ou Leningrad se spécialise généralement dans quelques sujets, ceux qui constituent l'objet de sa recherche. Mais dans une université de province, vous êtes toujours chargé de donner des cours ou des conférences sur quantité de sujets différents, surtout lorsque vous êtes jeune. Souvent, les professeurs plus âgés s'y refusent, et ce sont les jeunes qui doivent le faire. J'étais l'un de ceux que l'on exploitait de cette façon. En plus de ma spécialité, j'enseignais l'éthique, l'histoire de l'athéisme et de la religion. Pas très longtemps, certes, mais je l'ai fait. Cela avait d'ailleurs des aspects positifs... Au cours des années soixante, l'Ancien Testament, les Évangiles et le Coran ont fait leur entrée dans ma bibliothèque ou, plus précisément, dans ma vie... Combien j'ai eu du mal à me les procurer! Par quels étranges détours! Mais je les avais, et je les ai lus. C'était la première fois que je réfléchissais sérieusement à la foi, à la tolérance, aux croyants et à l'Église.

Mon intérêt pour la sociologie a joué un rôle essentiel dans ma carrière professionnelle. Dans notre pays, la sociologie avait pratiquement cessé d'exister en tant que science au cours des années trente. Il était apparu – ici, je tiens à être précise, car c'est important – qu'elle était « indésirable », voire « dangereuse » à une époque où l'on commençait à instaurer le système bureaucratique autoritaire. La sociologie est l'incarnation même de ce que nous appelons le « feedback »; pour cette seule raison, un système autoritaire lui est organiquement étranger. De même qu'elle constitue un corps étranger au sein d'un tel système.

Tout à la fin des années cinquante et surtout au début des années soixante, l'on a assisté à un renouveau de la sociologie. Les débuts ont été lents, difficiles, et souvent contradictoires. Cette science, dont l'objet est la nature de la société, les diverses formes qu'elle affecte, ce qu'elles ont en commun et leur interaction, a connu de graves difficultés dans les années soixante et soixante-dix, face au dogmatisme aveugle de la pensée sociale théorique. Aux yeux de nombreux spécialistes, cependant, dont moi-même, la sociologie est un phénomène absolument essentiel à la réflexion sociale, car elle permet de jeter un pont entre la théorie et la pratique.

La recherche sociologique m'a ouvert tout un monde d'idées nouvelles sur la société, et m'a fait connaître les noms de nombreux chercheurs de grand talent, tant soviétiques qu'étrangers – philosophes, économistes et sociologues. J'ai pu entrer en contact avec des personnes remarquables, avec les plus grands sociologues de notre pays, des gens emplis d'enthousiasme et de foi en leur cause. Ils n'avaient pas une vie facile. Il fallait beaucoup de force et de courage pour faire front à la résistance à tout ce qui était nouveau, puis à sa suppression pendant les années soixante-dix et au début des années quatre-vingt – période que l'on a appelée par la suite les années de stagnation.

*Trop souvent, la sociologie révèle des faits déplaisants, qui ne cadrent pas avec la doctrine officielle.*

Oui, *reprit-elle pensivement,* je pense qu'il est très important que j'aie choisi le milieu rural comme sujet de mes recherches sociologiques. Nous avons tous nos racines dans le village russe; il est la source de toute notre force, peut-être aussi de nos faiblesses. C'était important pour mon évolution de jeune universitaire, pour la formation de ma personnalité, et cela a marqué mon attitude à l'égard de la vie. Et il ne faut pas oublier que mon étude de la paysannerie et de son rôle réel était fondée sur des matériaux collectés dans la région de Stavropol, région traditionnellement connue pour son importante participation à la production agricole russe.

Pour étudier la vie dans les villages, nous faisions appel à toute la documentation disponible et à tous les moyens d'investigation utilisables: statistiques, documents variés, archives, questionnaires et entretiens. J'ai personnellement recueilli quelque trois mille questionnaires en ces années. Qui plus est, j'avais dans une certaine mesure le sentiment de participer au processus et aux événements de la vie rurale. Je ne me sentais pas étrangère. Dans les fermes collectives, je visitais les habitations des ouvriers agricoles, les brigades de travail, les fermes, les écoles, les bibliothèques et les magasins, les centres médicaux, les écoles maternelles et garderies, les maisons de retraite. C'est à cette époque que les premiers foyers pour personnes âgées sont apparus dans notre région. A Grigoripoliskoïe, par exemple.

*Je me souviens de Grigoripoliskoïe. Il y avait une maison d'enfants. Mon frère cadet y a séjourné quelque temps. J'allais le voir. C'était également dans les années soixante.*

Le monde est petit, n'est-ce pas. J'ai également vu des foyers de personnes âgées, ce qui m'a donné une idée très précise de leur condition à cette époque. Je ne me contentais d'ailleurs pas de les visiter; j'essayais de les aider lorsque cela m'était possible. Je donnais des conférences et, le soir, j'organisais des débats. J'avais aussi de nombreuses réunions avec les cadres intellectuels des villages; la plupart témoignaient d'un incroyable dévouement, surtout si l'on tient compte de leurs conditions de vie et de leurs ressources limitées.

Je prenais également la parole à des réunions régionales, à des conférences et séminaires scientifiques, pour analyser la situation et faire des recommandations et des propositions en vue de réformer ou d'améliorer certains aspects de la vie rurale.

Le sujet de mes recherches personnelles, qui m'ont fourni les matériaux sur lesquels j'ai par la suite fondé ma thèse, était la famille paysanne : conditions matérielles, vie quotidienne, nature des relations au sein de la famille, besoins culturels. En collaboration avec d'autres chercheurs de Stavropol et de Moscou, je me livrais également à des enquêtes approfondies sur les fermes collectives de la région : économie, main-d'œuvre, système de rémunération, conditions de vie, équipement de loisirs, structure et fonctionnement de l'administration.

Évidemment, tout n'allait pas toujours comme nous l'aurions souhaité. Je peux néanmoins dire sans exagérer que notre travail a été stimulant pour la région, pour les autres chercheurs, ainsi que pour les efforts entrepris par les agronomes et dirigeants de kolkhozes ou de sovkhozes. Diverses entreprises commençaient à demander à l'institut des projets concernant le développement social des coopératives de travail. Notre département a beaucoup fait dans ce domaine, et je sais qu'il a persévéré dans cette voie après mon départ pour Moscou.

Les enquêtes sociologiques auxquelles j'ai participé de longues années durant m'ont permis des contacts très proches et très instructifs avec le peuple et sa vie; c'est une expérience que je n'oublierai jamais. Les centaines de personnes que j'ai interrogées sur les sujets les plus divers, avec leurs souvenirs, les histoires qu'elles racontaient, leurs opinions sur l'actualité, sont restées vivantes dans ma mémoire. Je connais leur vie quotidienne, je sais quels sont leurs problèmes. J'ai parcouru des centaines de kilomètres sur les routes de campagne, profitant d'une voiture qui passait, à moto ou en charrette, parfois même à pied, chaussée de bottes de caoutchouc.

*Un directeur de ferme collective de ma connaissance dit qu'un bon agronome se déplace toujours à pied. Pas nécessairement pieds nus, précise-t-il, les temps ont changé. Mais il faut que ce soit à pied. C'est précisément parce que mon hôtesse faisait ses enquêtes sur le terrain à pied que sa thèse, en dépit de son titre optimiste – « Apparition d'aspects nouveaux dans le mode de vie de la paysannerie des fermes collectives » –, ne s'écarte pas trop de la réalité.*

*Comme l'a dit je ne sais plus qui, en Union soviétique, la vérité voyage toujours comme dans le bon vieux temps : à pied. Dieu merci, elle ne voyage pas pieds nus.*

Ma « sociologie appliquée » est une sociologie à visage humain, littéralement, avec des visages et des destins qui font désormais partie de ma vie. Cela a considérablement élargi ma conception de la « vie réelle » et approfondi ma compréhension de la vie et des hommes. Et c'est à l'occasion de ces rencontres avec des personnes réelles, non par le biais de livres ou de journaux, de pièces de théâtre ou de films, que j'en suis venue à comprendre nombre de nos malheurs, ainsi que la nature douteuse de bien des affirmations incontestées et concepts solidement enracinés.

C'est au fin fond des campagnes que j'ai retrouvé la douleur poignante de la guerre, dont les conséquences continuaient à peser sur la vie de la nation, alors que la guerre était terminée depuis vingt ans. En effectuant des études sociologiques approfondies sur la vie familiale, j'ai découvert que dans la région de Stavropol, un foyer sur quatre ou sur cinq se composait d'une femme seule. Pouvez-vous imaginer cela ? Une femme qui a tout perdu, dont la vie a littéralement été détruite par la guerre. J'avais évidemment mentionné ces faits dans des articles et des conférences, mais je n'y avais sans doute pas réfléchi sérieusement. Plus précisément, je ne percevais pas la situation d'une façon aussi forte et directe, ou aussi douloureuse. Mais lorsque j'ai commencé à enquêter dans les villages, et que j'ai constaté qu'une maison sur quatre ou cinq abritait une femme seule, ces femmes et ces maisons, je les ai vues de mes propres yeux. Des femmes qui n'ont jamais connu les joies de l'amour et de la maternité. Des femmes qui ont passé toute leur vie dans de vieilles maisons délabrées, qui arrivaient elles aussi au terme de leur vie. Réfléchissez-y, nous parlons de personnes que la nature a destinées à donner la vie, à être au centre de la vie. Et il était extraordinaire de se rendre compte que dans leur majorité, ces femmes n'étaient pas devenues amères, qu'elles ne haïssaient pas l'univers entier et ne s'étaient pas repliées sur elles-mêmes, mais qu'elles étaient restées généreuses et sensibles aux malheurs d'autrui, qualités de cœur qui ont de tout temps caractérisé la femme russe. C'est vraiment stupéfiant!

*Pensez-vous que le destin vous ait en quelque sorte choisie pour tenter d'améliorer le sort de ces femmes?*

*« Je n'en sais rien », a-t-elle répondu en me jetant un rapide coup d'œil. Mais son ton et son expression indiquaient manifestement qu'elle ne désirait pas s'étendre sur ce sujet.*

*Maintenant que je me retrouve seul face aux notes prises pendant notre conversation, cette question me trotte dans la tête. Une fois encore, je revois en esprit le visage de ma propre mère, devenue elle aussi, du fait de la guerre, une femme seule. Combien existe-t-il de ces femmes dont les fiancés ont été emportés par la Seconde Guerre mondiale, ou par ce qu'un poète a nommé « la guerre contre votre propre peuple »? Que leur restait-il à faire, sinon avoir des enfants avec des maris « illégaux », afin d'accomplir leur destin de femmes sur cette terre russe dont les souffrances ont duré si longtemps? Sur mon certificat de naissance, l'espace réservé au nom du père est vide, tandis que sur celui d'un de mes amis, l'on a porté ce mot si triste et éloquent: « illégitime ».*

*J'aimerais croire que la femme avec laquelle j'ai eu cet entretien est non seulement consciente du sort de personnes telles que ma mère, mais qu'il lui arrive souvent de porter sur le monde qui naît devant ses yeux le regard attentif de ces femmes.*

*Il n'y a pas une once d'envie dans mon attitude à son égard. Peut-être est-ce dû au fait que je sais maintenant un peu mieux que les autres ce qu'elle ressent en se trouvant à des hauteurs aussi dangereuses, au sommet du pouvoir. Le pouvoir et les hauteurs sont une seule et même chose, et être proche du pouvoir est encore plus périlleux, car les hauteurs donnent toujours sur un précipice. Peut-être, aussi, est-ce parce que je suis un homme, et ce sont après tout les femmes qui ont le plus tendance à l'envier. Je pense qu'elles constitueront la majeure partie, et la plus perspicace, des lecteurs de ce livre. Ou alors, c'est simplement parce que je crois que le destin l'a choisie au nom de toutes ces femmes inconnues, qui ont tragiquement dû renoncer à tant de joies de l'existence.*

Ce n'est pas tout. Je suppose qu'une personne qui a souffert ressent davantage de sympathie envers les autres. Je me souviens en particulier d'une femme chez laquelle je suis arrivée tard le soir avec mon questionnaire, avec toutes ces questions auxquelles il fallait répondre. Nous parlions depuis un moment, et elle avait répondu à mon interrogatoire serré, lorsqu'elle a poussé un soupir et m'a demandé : « Comment se fait-il que tu sois si maigre, ma fille ? – Oh non, ai-je répondu, c'est mon poids normal. » Elle a insisté : « Je suppose que tu n'as pas de mari ? – Si, j'en ai un », ai-je dit. Elle a de nouveau soupiré : « Je suppose qu'il boit ? – Non. – Il te bat ? – Certainement pas. – Allons, ma fille, m'a-t-elle dit alors, pourquoi essaies-tu de me tromper ? J'ai vécu longtemps, et je sais que les gens ne vont pas de porte en porte à moins que quelque chose ne les y pousse. »

*A deux reprises, la voix de Raïssa Gorbatcheva a tremblé au cours de cette longue soirée : une première fois, lorsqu'elle me parlait de cette paysanne qui, après avoir répondu aux questions de la jeune sociologue, s'est mise à poser elle-même des questions – très précises et plus proches de la réalité que celles de n'importe quel questionnaire. Une seconde fois, en parlant de sa fille. Je devais bientôt comprendre que cette femme la poursuit tout autour du monde, littéralement. Son souvenir ne s'est pas effacé.*

Lorsque je réfléchis à mon passé, je pense souvent à cette femme, qui représente tant de choses pour moi : le destin de notre pays, le sort des travailleurs de nos villages, et – ce qui n'est pas moins important à mes yeux – une sorte de regard porté par la nation sur notre activité sociologique, qui était alors pratiquement bénévole. « Les gens ne vont pas de porte en porte... » a-t-elle dit, comme pour confirmer mes observations. Oui, c'était après tout une activité désintéressée, que nous menions en dépit de bien des difficultés et problèmes, une tentative d'améliorer notre connaissance de la vie et de découvrir la vérité, pour déplaisante qu'elle fût. Quant à ma thèse, elle était en partie basée sur ces milliers de questionnaires.

De nos jours, à l'ère de la perestroïka, de la démocratisation et de la glasnost, lorsque j'observe l'évolution de la sociologie et le travail des services sociologiques, je me demande si la sociologie actuelle utilise pleinement tous les moyens qui lui sont offerts. Assiste-t-elle vraiment les prédictions scientifiques et la gestion des processus sociaux ? Ou est-elle de nouveau tombée sous le contrôle de la volonté subjective d'une autre entité (et il importe peu qu'il s'agisse du gouvernement, du Parti ou des intérêts particuliers d'un groupe), et devient-elle plus que jamais politisée, en oubliant l'objectivité et les buts supérieurs que poursuivent toutes les disciplines scientifiques : aider les hommes et éclairer, non obscurcir, la route qui s'étend devant nous ?

*Vous voulez dire qu'elle sert de nouveau quelques personnes, et non l'ensemble de la société ?*

Oui, c'est un point important. Dans ce domaine aussi, le besoin de vérité se fait sentir. J'ai suivi les travaux du Congrès de sociologie ; les débats étaient fort laborieux.

Revenons plutôt à notre vie quotidienne à cette époque. Notre fille grandissait. Après la maternelle, elle est allée à l'école communale du quartier. Elle étudiait également la musique. Pendant les vacances, elle allait chez ses grands-parents à la campagne. Nous avons toujours vécu entre nous, sans la vieille génération. Notre fille partageait nos joies et nos peines. Elle participait à l'entretien de la maison, nous aidait à faire la cuisine et les courses. Je lui ai appris à constituer un fichier pour notre bibliothèque, et même à classer mes innombrables questionnaires sociologiques et autres documents. Oui, elle a appris très jeune à répertorier une bibliothèque. C'est une tâche importante dans notre famille, car nous avons toujours eu énormément de livres.

Mais Irina n'était encore qu'une enfant, et j'ai toujours eu le sentiment – encore maintenant – qu'à un moment donné de son évolution, je ne me suis pas assez occupée d'elle. Je ne lui ai pas donné tout ce que j'aurais pu lui donner – plus précisément, tout ce dont elle aurait eu besoin. A l'époque où elle est née, le congé maternité légal n'était que de deux mois. Compte tenu de nos difficultés matérielles et des problèmes d'emploi, il ne nous était pas possible, même pour une brève période, de vivre avec le seul salaire de mon mari. Je n'oublierai jamais ces jours où, de bon matin, à peine réveillée et après m'être habillée à la hâte, je l'amenais à la garderie, presque au pas de course. Elle ne cessait de répéter : « Comme c'est loin de la maison! Comme c'est loin! » Je n'oublierai jamais ses yeux emplis de larmes de désespoir, lorsqu'elle me guettait, le nez pressé contre la porte vitrée de la garderie, quand je rentrais tard du travail. « Tu ne m'avais pas oubliée ? répétait-elle en pleurant. Tu ne vas pas m'abandonner ? » Eh oui, c'était ainsi.

*C'est alors que sa voix a tremblé une seconde fois.*

Elle était souvent malade, gravement. Nous l'emmenions chez des médecins, chez des spécialistes, qui établissaient divers diagnostics et nous faisaient des recommandations souvent contradictoires. Tout cela ne laisse pas une mère insensible. J'hésitais à demander trop souvent un congé, car il n'y avait personne pour me remplacer. Par la suite, Irina restait seule à la maison. Mais quand elle était petite, il m'est souvent arrivé, je l'avoue, de l'emmener à l'institut. Elle jouait tranquillement dans la salle des professeurs, en attendant la fin des cours. Les gens qui passaient lui posaient des questions, et obtenaient souvent des réponses surprenantes. « A qui ressembles-tu, ma petite fille ? – A papa : les paumes de nos mains sont identiques. – Et comment t'appelles-tu ? – Zakharenych. – Vraiment ? Et comment s'appelle ta maman ? – Zakharyk. »

*Curieuse réponse, en effet.*

Lorsque j'étais une jeune étudiante de dix-huit ans, l'on avait pris de moi une photo sur laquelle Mikhaïl Sergueïevitch trouvait que je ressemblais à Zakharka, modèle d'un tableau de Venetsianov, peintre russe du XIX$^{e}$ siècle. Souvent, il m'appelait ainsi en plaisantant ; ce nom a fini par être accepté au sein de la famille. Maintenant, la génération suivante l'a remis en usage. Nastenka, notre dernière petite-fille – elle a quatre ans – a récemment répondu à Mikhaïl Sergueïevitch, qui lui demandait « Où est Raïssa Maximovna ? » « Ta Zakharka est montée au premier. » Nos invités – des hôtes de marque – ont échangé des regards surpris et amusés. Il a fallu leur expliquer qui était Zakharka et pourquoi l'on m'appelait parfois ainsi.

En seconde année, Irina avait fait une rédaction sur le sujet « Pourquoi j'aime ma Maman ». Elle expliquait que c'était parce que j'avais « plein de livres », et que « tous les étudiants aiment Maman parce qu'ils lui disent bonjour », mais surtout parce que « Maman n'a pas peur des loups ». Je l'ai précieusement gardée.

*Vous êtes une parfaite archiviste, je vois.*

C'est sans doute dû à mes activités de sociologue et de conférencière. Un sociologue sans archives est pareil à un homme sans mémoire.

A la fin de l'école, Irina a obtenu une médaille d'or. Tout au long de ses dix années de scolarité, elle a eu, je m'en souviens, une seule note inférieure au maximum – et c'était en dessin. Elle a terminé ses études de médecine de la même façon, sans un seul « quatre ». Je n'en suis pas peu fière, vous savez.

Pendant sa jeunesse et son adolescence, ma fille lisait beaucoup; elle m'a avoué depuis qu'il lui arrivait souvent de lire la nuit en cachette. Elle a précisé : « J'appréciais beaucoup que personne ne me dise ce que je pouvais lire ou non, ou que j'était trop jeune pour lire tel ou tel livre. Tous les livres de la maison étaient à mon entière disposition. » Elle aime toujours beaucoup les romans. Elle a lu je ne sais combien de fois certaines œuvres de Tolstoï et de Gogol, les nouvelles de Somerset Maugham, les pièces de J. B. Priestley, et *Autant en emporte le vent* de Margaret Mitchell. Je suis presque sûre qu'elle le connaissait par cœur.

*Mes filles font pareil. Elles se parlent avec les dialogues de Scarlett O'Hara et de Rhett Butler.*

Cela n'a rien de surprenant, vous savez. Les héros de ces livres sont passionnants; certains sont réellement remarquables. Il y a de merveilleux personnages féminins, et aussi masculins. Les qualités telles que la noblesse et la force de caractère ont de tout temps attiré les femmes.

*Je vous crois volontiers.*

A seize ans, ma fille et ses amies avaient leurs idoles : Alla Pougatcheva, les Beatles, Joe Dassin, Demis Roussos, et *Jésus-Christ Super Star*. A ce qu'elle dit, Irina préfère maintenant les tangos des années vingt et trente. De même que Mikhaïl Sergueïevitch et moi-même, elle aime aussi Tchaïkovsky – les symphonies et la musique de ballet. Elle adore l'*Ave Maria* de Schubert, *Paillasse* de Leoncavallo, la *Norma* de Bellini. Les goûts des générations finissent par se ressembler.

En 1974, elle est entrée à l'Institut médical de Stavropol. Dans une interview qu'elle a récemment accordée à un correspondant des *Nouvelles médicales*, elle dit qu'après avoir terminé ses études, elle est restée à Stavropol parce qu'elle ne voulait pas nous quitter. Quels parents ne seraient pas touchés par un tel aveu ?

Au cours de sa première année de médecine, elle a rencontré son futur mari Anatoli. Ils étaient dans le même groupe d'études. La mère d'Anatoli est également médecin, plus précisément neurologue. Son père, un grand et bel homme, était passionné par son travail de géomètre. Il est mort prématurément d'un cancer, à l'âge de cinquante-six ans. Il a beaucoup souffert avant de mourir. Il a été opéré à deux reprises à Moscou, où nous vivions alors. C'est un souvenir très pénible.

Irina et Anatoli se sont mariés en 1978. Anatoli est devenu un membre à part entière de la famille. Lorsque l'on me demande combien j'ai d'enfants, je réponds « quatre » : Irina, Anatoli, Xénia et Anastasia. Mais j'ai élevé une seule fille; notre famille avait un unique enfant. De nos jours, l'on dit qu'une femme qui travaille et qui a deux enfants a largement assez à faire. Il n'est pas facile d'allier les obligations professionnelles et sociales avec les devoirs familiaux, avec le rôle de mère et d'épouse.

Le droit à un salaire égal pour un travail égal, à l'indépendance matérielle et sociale, le droit à l'accomplissement personnel – autant de conquêtes majeures pour les femmes de notre temps. J'ai mené des enquêtes d'opinion auprès des femmes, en leur demandant si elles abandonneraient leur travail au cas où les revenus de leur mari suffiraient largement aux besoins de la famille. La majorité des femmes a répondu par la négative.

Par ailleurs, la famille, cette entité sociale et morale créée par les liens du sang, a toujours été, et demeure, la plus importante des institutions humaines, source du bien-être et du bonheur des êtres humains, ou de leur malheur.

Prenez par exemple l'éducation des enfants. Selon moi, l'expérience prouve de façon concluante que, en dépit des énormes possibilités qu'offre l'éducation publique, qui est évidemment nécessaire, il est indispensable qu'elle soit secondée par une bonne éducation au sein de la famille. C'est essentiel! Rien ne peut remplacer les liens affectifs entre l'enfant et ses parents. Ni les garderies ou écoles maternelles, ni les pensionnats ou homes d'enfants.

*Mon expérience personnelle des pensionnats confirme certainement ce que vous dites. Les enfants qui ont été privés de l'amour de leurs parents, en particulier ceux qui ont été confiés à des institutions publiques, ont souvent tendance, devenus adultes, à se venger sur la société de la façon dont ils ont été traités quand ils étaient petits.*

Je suis convaincue que, tant que l'Homme lui-même existera, il continuera à éprouver les sentiments naturels que sont l'amour maternel et paternel. Ces mêmes enquêtes d'opinion ont révélé que seule une très faible proportion de femmes ne voulait avoir aucun enfant. Comment réconcilier l'aspiration des femmes à travailler, à exercer un métier, et leur désir de fonder une famille ? Je pense que, de nos jours, ce problème se pose dans le monde entier, et qu'il est très difficile de le résoudre. En Union soviétique, la situation du travail féminin et sa rémunération, ainsi que l'aide apportée aux familles par l'État, laissent beaucoup à désirer, c'est le moins qu'on puisse dire.

Ajoutez à cela les conditions sociales qui règnent dans notre pays, le fonctionnement des services publics et des services de santé, la situation du logement... Sans oublier les éternelles pénuries. Dans le domaine des denrées alimentaires et des produits manufacturés, notre pays connaît actuellement de graves difficultés. Mais, d'aussi loin que je me souvienne, il en a toujours été ainsi. Quand nous vivions à Stavropol, par exemple, nous faisions la plupart de nos achats – en dehors de l'alimentation – ailleurs : à Moscou, à Leningrad, ou à l'occasion de voyages à l'étranger. En un mot, partout où nous trouvions ce qu'il nous fallait. Dès que nous prévoyions un voyage d'affaires à Moscou ou un déplacement analogue, nous faisions une liste de nos besoins et de ceux de nos amis. Il y avait de tout sur cette liste : livres, pardessus, stores, sous-vêtements, chaussures, collants, casseroles, détergents, médicaments... Vous savez combien Moscou « apprécie » tous ces acheteurs venus d'ailleurs.

*Même à l'étranger, les gens sont au courant. Dès que vous arrivez, ils vous demandent où est votre liste!*

Je peux vous montrer une dizaine de lettres de Mikhaïl Sergueïevitch, écrites, disons, de Moscou ou de Sotchi, où il annonce qu'il a réussi à acheter des chaussures. Cette course sans fin pour trouver des choses!

L'ensemble de toutes ces difficultés bien réelles a créé une situation dans laquelle chaque femme résout à sa façon le problème consistant à réconcilier ses obligations professionnelles et familiales. Compte tenu de ses priorités et préférences personnelles, elle met tel facteur au premier plan, au détriment de tel autre. Il en résulte souvent, à mon avis, un renversement de l'échelle des valeurs.

Je suis certaine que le complexe et problématique équilibre entre le travail et les obligations familiales est l'une des raisons du faible niveau de qualification professionnelle des femmes, et de la lenteur de leur promotion. Après tout, un nombre proportionnellement égal de femmes et d'hommes ont fait des études secondaires. Et il y a tout autant, voire plus, de femmes que d'hommes à l'université. Mais ensuite, les femmes commencent à prendre du retard. Voyez par exemple dans les disciplines scientifiques, domaine que je connais particulièrement bien. Parmi ceux qui ont dépassé la licence, l'on trouve évidemment moins de femmes que d'hommes. Une proportion encore plus faible parvient au doctorat. Et parmi les académiciens en titre, combien y a-t-il de femmes ? Vous pouvez les compter sur les doigts.

Nous retrouvons exactement la même situation dans la hiérarchie du pouvoir. Au sommet, la proportion de femmes est honteusement faible, alors qu'aux niveaux inférieurs, il y a de très nombreuses femmes dans l'administration. Mais plus l'on monte dans l'échelle, plus le pourcentage de femmes diminue. La responsabilité n'en incombe en aucune façon aux lois de la nature, mais, encore et toujours, aux mêmes imperfections de notre société. Je ne doute pas, d'ailleurs, que ces imperfections soient aussi, du moins en partie, responsables de la baisse du taux de natalité et de l'adoption par notre société de l'idéal de la « famille à enfant unique ».

Je ne pense pas que les femmes soient les principales responsables de ce refus volontaire d'avoir des enfants, refus que je considère comme une tragédie. Elles ne sont du moins pas seules à en porter le blâme. Chaque foyer a besoin d'une Lysistrata, l'héroïne de la comédie d'Aristophane, qui a à elle seule mis fin à une guerre. Chaque famille en a besoin, pour se préserver. Les familles peuvent elles aussi connaître des guerres dévastatrices. Pourtant, Lysistrata elle-même a besoin d'aide et de protection.

La notion fort répandue, et dans l'ensemble séduisante, de la femme, gardienne du foyer, ne me semble pas vraiment idéale de nos jours. L'époque exige que les femmes aient un rôle plus actif. La femme d'aujourd'hui peut sans doute jouer autant de rôles que sa force et son imagination le lui permettent.

Avez-vous vu le monument de Garibaldi à Rome, Gueorgui Vladimirovitch ?

*Pas que je me souvienne.*

Je le connais. A Rome, donc, il y a une statue de Garibaldi. Savez-vous qui est représenté aux côtés de Giuseppe Garibaldi, sur la frise entourant le monument ? Anita Garibaldi. C'est un monument à Garibaldi et à sa femme, qui l'a accompagné dans toutes ses campagnes de libération et a trouvé la mort au cours d'une de ces campagnes. Elle a partagé en égale les hauts et les bas de sa carrière. Elle était, après tout, une « gardienne du foyer domestique ».

Mais revenons à Stavropol. Mikhaïl Sergueïevitch est resté cadre du komsomol jusqu'en 1962, puis a commencé à travailler pour le Parti. En tant qu'organisateur du Parti, il était responsable de la gestion de la production agricole des kolkhozes et sovkhozes d'un des districts de la région de Stavropol. Par la suite, il est devenu premier secrétaire du comité du Parti pour la ville de Stavropol, puis second secrétaire, et enfin, premier secrétaire du comité du PCUS pour la région de Stavropol.

Cette évolution couvre une longue période, qui a été à la fois très difficile et très nouvelle pour le pays et pour le Parti. Ce furent des années d'espoir, mais aussi de déception. C'était l'ère du « dégel », qui a vu s'écrouler nombre d'idées reçues et de clichés, tandis que se développaient de nouvelles idées et de nouvelles approches. Mais c'était aussi une époque où il était impossible de concrétiser pleinement ces idées et ces approches. Au cours de cette période, les processus et initiatives démocratiques étaient encouragés, mais elle a aussi connu l'échec des plus importantes de ces réformes et initiatives, et finalement leur abandon complet.

En avril 1958, Mikhaïl Sergueïevitch m'a parlé dans une lettre du XIII^e^ Congrès du komsomol, durant lequel Nikita Sergueïevitch [Khrouchtchev] avait pris la parole : « Le congrès a fait une très forte impression... des conclusions que nous ne tirons pas toujours chez nous... la justification de toutes mes préoccupations, de tous mes efforts... » Il poursuivait sur une note plus personnelle : « Je m'efforce de satisfaire toutes tes demandes... Je ne te dirai pas ce que j'ai acheté. Je regrette seulement de ne pas avoir davantage d'argent... J'ai pris en ton nom des souscriptions à une Histoire mondiale – en dix volumes –, à la *Petite Encyclopédie soviétique* et aux écrits philosophiques de Plekhanov... Je serai de retour bientôt, peut-être même avant cette lettre, car il est possible que je prenne l'avion. »

Il serait sans doute utile de récapituler la chronologie des principaux événements qui ont pris place entre le milieu des années cinquante et le milieu des années soixante-dix. Février 1956 : XX^e^ Congrès du Parti, discours de Khrouchtchev, résolution concernant le « culte de la personnalité » et les moyens de lutter contre celui-ci. Octobre 1956 : les événements de

Hongrie. Juin 1957 : plénum du Comité central et résolution concernant le « groupe anti-Parti » de Malenkov, Kaganovitch et Molotov. Octobre 1957 : lancement du premier Spoutnik. Avril 1961 : Iouri Gagarine, à bord du vaisseau spatial Vostok, fait le tour de la Terre. Nous avons célébré cela comme il se devait !

Octobre 1964 : le Comité central du Parti retire à Nikita Khrouchtchev le poste de Premier secrétaire et désigne Leonid Brejnev pour le remplacer. J'ai conservé une coupure de la *Pravda* du 17 octobre 1964. Dans un éditorial, l'on pouvait lire :

« Le Parti est opposé au subjectivisme et au déviationnisme dans la construction du Communisme... La réalisation du Communisme est une cause vitale et créatrice. Elle ne tolère pas les méthodes bureaucratiques, les décisions prises par un seul homme, ou le refus de prendre en compte l'expérience concrète des masses. » Quelle différence entre les paroles et les actes !

Mars et septembre 1965 : réunions du Comité central consacrées à la situation de l'agriculture et de l'industrie. Août 1968 : les événements de Tchécoslovaquie ; envoi de forces soviétiques et alliées sur le territoire tchécoslovaque. 1972 : signature du premier traité sur la limitation des armements stratégiques (SALT) ; le monde reconnaît que le potentiel nucléaire de l'URSS est égal à celui des États-Unis. Cette période a exigé la révision de nombre de notions fondamentales. Bien entendu, une telle révision n'est jamais facile. C'est bien pourquoi les philosophes qualifient le processus d'acquisition du savoir de « supplice de Tantale ».

Dans les années soixante, Mikhaïl Sergueïevitch a obtenu en tant qu'étudiant externe un certificat à l'Institut d'agronomie de Stavropol ; il estimait nécessaire d'approfondir sa connaissance de l'économie pour faire son travail correctement. Cela complétait heureusement ses études de droit et son expérience civique et professionnelle.

*Si je ne me trompe pas, vous étiez alors professeur à cet institut. Avez-vous jamais fait passer un examen à Mikhaïl Sergueïevitch ?*

Non. J'évitais ce genre de situation.

Au même titre que ses études, un facteur à mon avis très important pour son évolution d'homme d'État a été son entrée dans les cercles dirigeants du pays – le Comité central du PCUS et le Soviet suprême de l'URSS. Cela lui a ouvert toutes sortes de possibilités, y compris des contacts personnels avec les dirigeants du Parti et de l'État.

*J'ai entendu dire que, lorsque Khrouchtchev a visité Stavropol et sa région, Mikhaïl Sergueïevitch faisait partie de ceux qui l'accompagnaient. Il semble qu'à cette occasion, Nikita Sergueïevitch lui ait accordé quelque attention. Il lui aurait même donné sa bénédiction. Est-ce exact ?*

C'est la première fois que j'en entends parler. Je pense que ce n'est rien de plus qu'un on-dit, si ce n'est que Khrouchtchev s'est effectivement rendu dans la région de Stavropol.

L'important, c'était la diversité des contacts qu'il avait, non seulement avec des dirigeants du Parti et de l'État, mais tout autant avec ses collègues de l'époque. Cela autorisait un utile échange d'expériences, et permettait de partager d'innombrables questions et idées, ainsi qu'une inquiétude qui commençait à se manifester, voire un sentiment d'absolue stupéfaction. Vous pouvez me croire, ses réflexions personnelles, le processus de sa pensée, ne lui laissaient pas un instant de répit. Il est de ces hommes qui ne sont jamais satisfaits d'eux-mêmes ni de ceux qui les entourent.

En avril 1970, Mikhaïl Sergueïevitch a été élu premier secrétaire du comité de région du PCUS. Cela faisait de lui, comme l'on disait alors, le « premier homme de la région de Stavropol », territoire comparable à n'importe quel État fédéré d'Amérique du Nord.

Le père de Mikhaïl Sergueïevitch, Sergueï Andreïevitch, un paysan qui avait eu une existence très dure, lui a écrit à cette occasion : « Toutes nos félicitations pour ton nouveau poste. La joie qu'éprouvent ta mère et ton père est sans bornes. Puisse cette joie durer toujours ! Nous te souhaitons une bonne santé et beaucoup de forces afin de travailler pour le bien du pays. » Cette lettre toute simple me fait encore monter les larmes aux yeux.

Je regrette beaucoup que le père de Mikhaïl n'ait pas vécu assez longtemps pour voir son fils devenir Secrétaire du Comité central. Il me semble que la fierté qu'il en aurait éprouvée aurait accru ses forces et son désir de vivre.

Vous avez fait observer que Mikhaïl Sergueïevitch ressemblait à sa mère. Vous ne serez peut-être pas d'accord, mais je trouve que ce n'est pas tout à fait exact. Ses traits sont indubitablement ceux de son père. Et il a les yeux de sa grand-mère Vassioutka. C'était sa grand-mère maternelle, la femme de grand-père Panteleï. Son nom était Vassilissa, mais tout le monde l'appelait Vassioutka, et elle avait de magnifiques yeux noirs au regard envoûtant. Oui, Mikhaïl Sergueïevitch a hérité des yeux de grand-mère Vassioutka.

Mikhaïl Sergueïevitch et son père étaient très proches; ils étaient de vrais amis. Sergueï Andreïevitch n'avait pas fait d'études. Il avait suivi des cours pour analphabètes et avait eu une formation de mécanicien. Mais il avait en quelque sorte une culture innée, une grande dignité, et des intérêts relativement diversifiés. Il s'intéressait toujours à ce que faisait Mikhaïl Sergueïevitch, et à ce qui se passait dans le pays et dans le monde. Lorsqu'ils se voyaient, il ne tardait pas à inonder son fils de questions parfaitement pertinentes, qui allaient parfois au vif du sujet. Mikhaïl Sergueïevitch devait répondre à ses questions, et même rendre compte de ses actes à son père, le simple paysan et mécanicien. Sergueï Andreïevitch écoutait attentivement et sans s'impatienter ce que son fils disait. Il est mort à l'âge de soixante-six ans, en 1976, juste avant le XXV$^{e}$ Congrès du Parti. Mikhaïl Sergueïevitch était déjà à Moscou; lorsqu'il a appris que son père était gravement malade, il a aussitôt pris l'avion. Nous avons passé deux jours au chevet de Sergueï Andreïevitch, mais il n'a pas repris connaissance. Nous l'avons enterré le 23 février 1976.

*A ce point, je me permettrai une nouvelle digression. Le portrait de son père, face auquel Gorbatchev travaille lorsqu'il séjourne dans sa résidence des environs de Moscou, peut également être vu dans un autre lieu fort éloigné de la capitale : au cimetière du village de Privolnoïe. Sur la tombe de son père, l'on a fixé un agrandissement de cette même photographie d'amateur.*

*En ce qui concerne la mère de Gorbatchev, l'anecdote qui suit ne vous paraîtra peut-être pas dénuée d'intérêt. Je la tiens de mon frère cadet.*

*Mon frère vit non loin de Privolnoïe, et travaille dans un central téléphonique. Lorsque le Président téléphone à sa mère, qui habite toujours Privolnoïe, son appel passe par ce central. Un jour, le chef du central dit à mon frère de se rendre à Privolnoïe pour vérifier le fonctionnement du téléphone de Maria Panteleïevna, car son fils ne parvient pas à obtenir son numéro.*

*Une heure et demie plus tard, mon frère se présente à la maison de Maria Panteleïevna et demande à celle-ci si son téléphone est en dérangement. Elle lui répond qu'à son avis il fonctionne parfaitement. Dans ce cas, pourquoi est-il impossible de l'obtenir de Moscou ? C'est alors qu'elle a compris la situation. Elle n'était pas chez elle : elle avait passé toute la matinée au jardin. Il fallait profiter d'un temps aussi magnifique !*

*Il faisait effectivement très beau pour fin mars; le soleil brillait, réchauffant la terre dont s'élevait une légère brume. Ayant accompli sa mission, mon frère a regagné le central.*

*La mère du Président habite une maison de village et cultive son potager... Elle vit selon son rythme biologique, ou simplement rural – un rythme naturel qui n'est même pas sujet à l'influence magnétique de la carrière de son fils. Dites maintenant que l'Union soviétique est un pays dont les fondations sont minées ! Non, nous ne sommes pas simplement de la poussière dans le vent.*

*Maria Panteleïevna a deux fils qui vivent à Moscou : Mikhaïl Sergueïevitch et Alexandre Sergueïevitch. Ce dernier est né en 1947, au lendemain de la guerre; il a seize ans de moins que son frère aîné, et est officier dans l'armée soviétique.*

L'élection de Mikhaïl Sergueïevitch au poste de premier secrétaire de la région de Stavropol était un événement inhabituel pour l'époque. En premier lieu, il était un fils du pays. Pour autant que je me souvienne, aucun des premiers secrétaires qui l'avaient précédé n'était originaire de la région. Tous étaient des « étrangers ». Soit dit en passant, parmi les centaines de messages de félicitations que nous avons reçus, il y en avait un du poète Volodia Gneouchev. Vous le connaissiez ?

*Bien sûr. Il m'a aidé dans ma jeunesse.*

Sa lettre est datée du 14 avril 1970. Il faisait lui aussi observer que Gorbatchev était un « garçon du pays ». Je vous la lis :

« Cher Mikhaïl! Le journal annonçant votre élection au poste de premier secrétaire n'est arrivé qu'aujourd'hui à Zaguedan. J'en suis sincèrement heureux, non seulement pour vous – votre élection est parfaitement juste et méritée – mais aussi pour la région, qui reçoit en votre personne un patron et un ami. C'est une excellente chose. »

*Recevoir un patron! Une expression typique de l'époque.*

Peut-être. Après tout, nous sommes tous des hommes de notre époque, à quoi bon le nier? Même Maria Sergueïevna Larionova, la directrice de l'école que Mikhaïl Sergueïevitch avait fréquentée, lui a adressé ses félicitations : « S'il était possible d'organiser une réunion, comme ce l'était à l'école lorsque nous avons appris que l'élève Mikhaïl avait reçu une médaille, j'aimerais déclarer : " Que notre région prospère! Elle est maintenant dirigée par un secrétaire de région *indigène*, qui, alors qu'il n'était encore qu'un petit garçon de Privolnoïe, a rendu célèbre dans le pays entier le travail d'un fermier ". »

*Apparemment, le terme « indigène » peut avoir un sens parfaitement positif.*

Comme vous voyez... En second lieu, Mikhaïl avait tout juste trente-neuf ans. A l'époque, l'on estimait que c'était trop jeune pour un tel poste.

*Pourquoi « à l'époque »? Même de nos jours, il n'y a pratiquement pas de gens de cet âge parmi les secrétaires du Parti, et d'ailleurs parmi les dirigeants dans leur ensemble.*

Il se peut. Mais j'aimerais vous lire un autre message de félicitations, également envoyé par un écrivain de Stavropol, Evgueni Karpov. Il disait : « Cher Mikhaïl Sergueïevitch! Le dicton " L'œuf n'a rien à apprendre à la poule " a été imaginé par des gens stupides, méchants et assoiffés de pouvoir! Après tout, la vie elle-même nous enseigne que la jeunesse représente la hardiesse et le renouveau; elle est pareille au vent. La jeunesse est l'aurore, et, en dépit de la sagesse et de la beauté du couchant, les hommes continuent à attendre l'aurore. En ce qui concerne votre élection, ce n'est pas seulement votre jeunesse, bien sûr, qui nous réjouit, moi et mes camarades. Je vous adresse mes plus sincères et cordiales félicitations, et je vous souhaite d'être porté de l'avant par de bons vents, même s'ils soufflent en tempête ! Votre... »

Même si le processus s'est révélé d'une intolérable lenteur, l'impérieuse nécessité d'un renouvellement des fonctionnaires du gouvernement et du Parti et d'un changement de génération a fini par s'imposer. Partout, les mêmes personnes tenaient les rênes depuis des décennies, non seulement au niveau des districts et des régions, mais aussi au sein des organes centraux. En 1978, lorsque Mikhaïl Sergueïevitch, qui avait alors quarante-sept ans, a été transféré à Moscou, l'âge moyen des membres du Politburo était de soixante-sept ans ; celui des ministres du gouvernement, de soixante-quatre ans. Le processus naturel du renouvellement des cadres du Parti et de l'État, processus essentiel au bon fonctionnement de notre société, avait été mis en échec.

Durant les quelques années où Mikhaïl Sergueïevitch a travaillé dans la région de Stavropol, la quasi-totalité des secrétaires des comités locaux a été remplacée. La nomination de fonctionnaires plus jeunes s'accompagnait d'une amélioration du climat moral ; les gens travaillaient dans un esprit neuf et plus dynamique, non seulement au Parti, mais dans tous les secteurs d'activité. Cet esprit et ce style nouveaux étaient caractéristiques de Mikhaïl Sergueïevitch : franchise, contacts directs avec les gens, capacité d'écouter et de respecter les opinions d'autrui, volonté d'encourager et d'aider les collègues de travail, au lieu de les traiter de haut.

*J'ai l'impression qu'au cours de ces dernières années, son attitude à l'égard des gens, sa façon de communiquer avec eux a évolué. Prenez par exemple ces « promenades dans les rues ». Auparavant il parlait bien plus, avec enthousiasme et passion. Maintenant, il a davantage tendance à écouter. A l'occasion de ces rencontres, il ne fait plus figure d'orateur, comme aux temps héroïques de la perestroïka, mais plutôt d'auditeur attentif. Je le vois plus souvent dans ce rôle, qui n'est sans doute pas facile pour lui, compte tenu de son tempérament politique. On a l'impression, comme vous l'avez dit, qu'il se passe beaucoup de choses en lui. Personnellement, ces changements m'impressionnent beaucoup, de même que sa façon d'écouter patiemment ses collaborateurs, même lorsqu'ils ont manifestement « tort ». L'histoire a connu des situations analogues.*

Voulez-vous dire que certaines personnes ont le droit de parler, tandis que les Présidents devraient surtout écouter ?

*Sans doute.*

Il a toujours su écouter. Ce n'est pas qu'il est simplement réceptif, il est « hygroscopique », il absorbe littéralement les points de vue d'autrui. Mais il agit presque toujours de la façon qu'il juge nécessaire.

*Est-ce là un autre privilège des Présidents ?*

Dans une certaine mesure. Vous savez, nous continuons à recevoir des lettres de camarades qui ont travaillé avec Mikhaïl Sergueïevitch à un moment donné de sa carrière. Lorsqu'ils se souviennent de ces années, ils disent qu'ils appréciaient pardessus tout le fait que, tout en exigeant beaucoup d'eux, Mikhaïl Sergueïevitch leur laissait une grande liberté d'action. Une très grande liberté.

Un jour, il a dit en plaisantant – nous étions en famille – : « Pour moi, la perestroïka a commencé en 1970 dans la région de Stavropol. » Sa position de premier secrétaire du comité régional du Parti lui donnait la possibilité d'apporter des améliorations substantielles et de mettre en pratique un certain nombre d'idées qui avaient mûri au terme de longs et douloureux débats. Dans la région de Stavropol, ces années ont vu le développement intensif de nouveaux secteurs de l'économie : électronique, production d'énergie, industrie du gaz, du pétrole et de la chimie. De gigantesques travaux d'amélioration des terres ont également été entrepris; comme vous ne l'ignorez pas, la région de Stavropol n'est pas spécialement favorable à l'agriculture. Près de la moitié du territoire consiste en steppes sujettes à des périodes de sécheresse ou en zones semi-désertiques. La production agricole a été réorganisée. De nouvelles méthodes de gestion de la main-d'œuvre, plus motivantes, ont été expérimentées. Un système d'autofinancement et de travail à la tâche a été inauguré. C'est alors qu'ont été posées les fondations des récoltes records que la région de Stavropol a connues dans les années quatre-vingt. Des programmes pour l'amélioration des infrastructures sociales et culturelles, ainsi que pour la réorganisation des stations de cure de la région ont été établis et en grande partie réalisés. Un institut polytechnique a été créé à Stavropol, ainsi qu'un institut culturel et plusieurs lycées techniques.

*J'aimerais vous poser une question, Raïssa Maximovna. Il est bien connu qu'en ces années-là, la position de premier secrétaire d'une région donnait à son détenteur une grande puissance. La tentation de se servir de ce pouvoir était bien réelle, non seulement pour les dirigeants eux-mêmes, mais tout autant pour leurs épouses. Comment vous sentiez-vous dans ce rôle, à Stavropol ?*

Pour moi, cette « tentation » signifiait en premier lieu des inquiétudes toujours renouvelées au sujet du travail de mon mari, soucis qui venaient s'ajouter à mes devoirs professionnels et familiaux. Avant tout, bien sûr, nous étions tous deux préoccupés par les affaires de la région. Mais notre nouvelle situation a aussi, dans une certaine mesure, changé notre vie à d'autres égards : la situation financière de la famille s'est améliorée, nous avions accès à des soins médicaux de meilleure qualité, et le cercle de nos relations s'est élargi.

Mikhaïl Sergueïevitch prenait toujours ses vacances en automne ou en hiver, lorsque les travaux agricoles étaient terminés dans la région. En règle générale, nous allions en vacances « chez nous », à Kislovodsk, à Piatigorsk ou à Jeleznovodsk. Lorsque c'était possible, nous profitions toutefois de nos congés pour voyager. Nous visitions Moscou ou Leningrad. Une année, nous sommes allés en Ouzbékistan, où nous avons vu Tachkent, Samarcande, Boukhara et le désert de Kyzyl-Kum. Au cours de ces neuf années, nous sommes aussi allés deux fois à l'étranger avec des groupes de touristes soviétiques : en Italie et en France.

Lorsque Mikhaïl Sergueïevitch a été élu premier secrétaire, nous disposions déjà à Stavropol d'un appartement confortable. Il a fallu le quitter pour emménager dans la résidence traditionnellement réservée au secrétaire du comité de région. Personne ne nous a demandé si nous voulions ou non abandonner notre appartement. Cela ne se discutait pas; après tout, la maison en question disposait de tout l'équipement nécessaire aux besoins d'un dirigeant régional. Depuis lors, nous avons toujours vécu dans des logements de fonction.

Les années qui ont suivi se sont révélées très éprouvantes. Cela ne signifie pas pour autant que les précédentes eussent été faciles, pour ne rien vous cacher : nous travaillions tous les deux, nous poursuivions des études et nous élevions notre enfant. Pourtant, les huit années, presque neuf, durant lesquelles Mikhaïl Sergueïevitch a été premier secrétaire nous ont paru très dures. Nous ne pouvions presque jamais prendre de vacances, ni avoir un dimanche à nous. Pendant nos rares jours de liberté, nous allions marcher dans les forêts et les steppes des environs. A Stavropol, nous ne disposions pas d'une maison de campagne, d'une datcha – ni privée ni d'État. Nous parcourions entre quinze et vingt kilomètres à pied, généralement rien que nous deux, parfois en compagnie d'Irina ou d'amis. Mais les autres n'appréciaient guère les longues marches; ils préféraient se promener tranquillement ou faire une partie de volley-ball. Nous avons vécu bien des aventures au cours de ces randonnées; nous nous perdions dans la forêt, ou étions pris dans une tempête de neige en pleine steppe. Une fois, la situation a failli devenir critique, mais nous avons été sauvés par une ligne électrique que nous avons suivie jusqu'à la ville. Craignant que nous nous soyons perdus, des amis avaient déjà donné l'alarme.

*Il était déjà premier secrétaire?*

Oui. C'était tellement agréable d'aller seuls de notre côté. C'était une telle joie! Après être sortis de la ville, nous continuions à pied. La forêt et la steppe nous appartenaient. Dans les montagnes, il nous arrivait souvent de nous trouver dans des situations dangereuses; le plus effrayant, je vous assure, c'est d'être surpris par un orage en pleine montagne. Une fois, aussi, des voyous ont tiré sur nous. Nous étions arrivés en plein cœur de la forêt lorsque nous avons soudain entendu des coups de feu. Nous avons dû nous mettre à couvert. Ce sont des choses que l'on n'oublie pas.

*Comment célébriez-vous les fêtes nationales? Il y avait sans doute des « réunions de famille » des dirigeants de la région, au moins des secrétaires. Les gens de Stavropol sont de joyeux lurons, qui aiment boire, manger et chanter...*

Nous nous réunissions, bien sûr, pour le Nouvel An et pour la fête de la Révolution, en novembre. Nous collections des fonds à l'avance – c'était une idée de Mikhaïl Sergueïevitch.

Nous avions de nombreux amis, tant à Stavropol qu'à Moscou; nous les avons gardés, d'ailleurs, qu'il s'agisse d'ex-collègues de travail ou de personnes rencontrées à une quelconque occasion et qui sont devenues des amis. Parmi ceux qui nous sont les plus proches, je mentionnerai Alexandre Dmitrievitch et Lydia Alexandrovna Boudyka.

Lydia, qui est pédiatre, m'a aidée à élever Irina. Son mari Alexandre, ingénieur diplômé, a parcouru bien du chemin : de directeur d'une station régionale de tracteurs, il est devenu ministre. Ils allient l'intelligence aux qualités de cœur, et sont entièrement dévoués l'un à l'autre. Eux aussi se connaissent depuis l'université, et ils ont deux fils. Nous sommes amis depuis trente ans. Mikhaïl Sergueïevitch aime se moquer d'Alexandre Dmitrievitch : « Sacha, je t'aime beaucoup mais tu as un défaut : tu es trop libéral. » En guise de réponse, Alexandre se contente de sourire.

*Ne dit-il pas à Mikhaïl Sergueïevitch qu'il est lui aussi un libéral?*

Non. Pour je ne sais quelle raison, il ne lui répond pas cela. Le grand faible de Lydia, ce sont les enfants. Pédiatre de son état, elle ira n'importe où, à n'importe quelle heure du jour ou de la nuit, pour aider ou sauver quelqu'un. Depuis l'enfance, elle aime aussi beaucoup les chiens. Elle en a toujours un à la maison, et a essayé je ne sais combien de fois de nous faire cadeau de petits.

Cela fait trente ans que nous sommes amis... Ils ont eux aussi vécu des moments cruels. Le père de Lydia est mort jeune, après avoir connu la tragédie des fausses accusations et de la répression. Sa mère a eu une fin très douloureuse. La mère d'Alexandre Dmitrievitch est atteinte d'une grave maladie; Lydia veille sur elle. De surcroît, Sacha est lui-même malade, il a dû cesser de travailler. Mais Lydia, ma Lydia, est restée aussi patiente et dévouée que toujours. C'est une femme si bonne, si sincère. Pour tout dire en quelques mots : le simple fait que sa belle-mère invalide, qui a elle-même une fille, vive chez elle depuis des années suffit à donner une idée de la nature de mon amie.

*A mes yeux, un tel détail dit tout. Je cite ci-dessous un passage d'une lettre adressée par Lydia Boudyka au magazine soviétique* La paysanne, *et publiée en décembre 1990.*

*« Tant de faits restent vivants dans mon souvenir. Les belles et heureuses années à Stavropol, les promenades en commun, les discussions, les jeux, les joies et les plaisirs partagés. Mais pour quelque raison, ce sont surtout les événements moins gais qui me viennent à l'esprit. C'est sans doute parce qu'aux moments difficiles de sa vie, un homme révèle davantage son vrai caractère, expose des faits profondément enfouis, et devient ainsi plus proche, plus facile à comprendre. Il en était ainsi en ce jour d'été où Raïssa Maximovna et moi avons pris l'avion de Moscou à Krasnodar, pour assister aux obsèques de son père Maxime Andreïevitch Titarenko. La veille au soir, le téléphone avait sonné dans notre appartement; après un court moment de silence, Raïssa Maximovna m'avait dit, d'une voix basse et parfaitement maîtrisée : " Lydia, Papa est mort, tu sais. "*

*« Je suis convaincue que les milliers de ragots qui circulent au sujet de Raïssa Maximovna sont motivés en partie par l'envie et parfois même par la haine, mais surtout par le désir naïf qu'ont les gens de croire en l'existence, quelque part, d'une vie fabuleuse, de bonheur absolu, d'une existence dégagée de tout souci, ignorant les problèmes, les déceptions amères, la maladie, la mort de ceux qui vous sont proches. Mais pourquoi parler des autres, alors que j'ai moi-même souvent été trompée, à la télévision, par son bon sourire et son attitude calme et avenante... »*

Les années ont passé, des changements sont intervenus dans notre existence, les gens que nous connaissions avaient changé. Et nous aussi avions changé. Nous avions obtenu des résultats, mais les problèmes n'étaient pas résolus pour autant. Au cours de nos dernières années à Stavropol, j'entendais de plus en plus souvent Mikhaïl Sergueïevitch parler des problèmes que soulevaient le développement social des villages et des villes de la région, les fournitures de matériaux et de technologies, ainsi que du déséquilibre des échanges entre les productions agricole et industrielle, et des imperfections du système de rémunération du travail. Et ce n'était pas tout. Il faisait également allusion à la nécessité de changements fondamentaux dans l'ensemble du pays, notamment en ce qui concernait les structures administratives, qui retardaient le développement de régions entières et de certains secteurs de l'économie. Il parlait du difficile approvisionnement des habitants de la région en denrées alimentaires et en produits manufacturés. En effet, cette région de Stavropol, qui produit du blé, de la viande et du lait réputés, qui livre au pays des milliers de tonnes de laine, souffrait constamment d'une pénurie de produits alimentaires de base et d'autres biens de consommation.

En 1978, un plénum du Comité central du PCUS a élu Mikhaïl Sergueïevitch secrétaire du Comité. Pour nous, c'était totalement inattendu. Mikhaïl Sergueïevitch était à Moscou; j'étais rentrée tard du travail, vers dix heures du soir. La sonnerie du téléphone a retenti. C'était Mikhaïl Sergueïevitch : « Il y a eu une proposition inattendue, je tenais à te le dire. Un plénum doit se réunir demain. Tu verras. Je ne manquerai pas de t'appeler. » Et le 27 novembre 1978, il est devenu secrétaire du Comité central du PCUS.

Vous m'avez demandé ce que j'ai ressenti en quittant Stavropol. Était-ce le regret qui dominait, ou au contraire la joie d'échapper enfin à la province? Ce n'est pas aussi simple que cela. Nos enfants étaient fous de joie à l'idée d'aller vivre dans la capitale; mais, comme Irina me l'a raconté par la suite, ils n'ont jamais retrouvé cette joie au cours des années qu'ils ont passées à Moscou. Pour moi, le retour à Moscou signifiait la fin d'une longue parenthèse dans notre vie. Cette période n'avait pas été facile, mais j'en ai gardé un excellent souvenir. C'est dans la région de Stavropol que nous avons vécu notre jeunesse, c'est là que notre fille est née et a grandi. Nous y avions une famille, et de vrais amis. C'est là aussi, à Stavropol, que nous avons pu nous réaliser.

J'étais une fois de plus inquiète à la perspective de faire face à l'inconnu. J'étais même un peu angoissée.

Dès notre arrivée à Moscou, nous nous sommes vu attribuer une maison de campagne, non loin de la ville. Par la suite, nous avons obtenu un appartement. Il s'agissait de logements « réservés ». Nous avions droit à ce qui correspondait, selon les critères de l'époque, au rang de secrétaire du Comité central. Je n'ai d'ailleurs compris que par la suite le système rigoureux qui gouvernait ces attributions; tout était décidé selon les règles non écrites – il est d'ailleurs surprenant qu'elles n'aient pas été écrites – de l'ordre hiérarchique. Chacun reçoit ce qui correspond à sa position dans l'échelle hiérarchique, et non à sa contribution réelle au bien-être de la société. Hélas, ce système est en vigueur non seulement à Moscou, mais dans le pays entier. Tout dépend de votre position, et non de votre apport effectif à la cause commune. Prenez par exemple mon institut, ou tout autre lieu de travail : votre salaire dépend de votre titre, point final. La fonction et le titre tenaient lieu de tout, et cela n'a pas changé. L'initiative, la créativité et l'indépendance, que ce soit pour les grandes choses ou pour les plus petits détails de la routine quotidienne, n'étaient pas, ou très rarement, encouragées.

La règle voulait que les hauts fonctionnaires des ministères et des services gouvernementaux, ainsi que de l'administration du Comité central, disposent de maisons de campagne dans des complexes appartenant à ces organismes. Les hauts responsables politiques – membres titulaires et suppléants du Politburo, secrétaires du Comité central – vivaient dans des datchas gouvernementales protégées, situées dans la banlieue. Ces maisons, équipées pour le travail et pour les loisirs, étaient fournies gratuitement, personnel compris, aussi longtemps que les occupants exerçaient leurs fonctions.

A Moscou et ailleurs, des maisons du même type servaient à accueillir les hôtes de marque étrangers, ou à organiser des réceptions. De plus, dans les stations de cure et les villes d'eaux de tout le pays, des logements ou des datchas étaient réservés à l'élite soviétique et aux dirigeants étrangers.

J'aimerais préciser un point de détail. Pour les fonctionnaires du Parti et du gouvernement que j'avais connus au cours des années écoulées, il était inadmissible de se faire construire une datcha privée. Les responsables de la région de Stavropol n'avaient pas de datchas – ni privées, ni publiques. S'ils le désiraient, ils pouvaient obtenir un terrain pour se faire un jardin, mais n'avaient pas le droit d'y construire.

A notre arrivée à Moscou en 1978, je me suis rendu compte – ce ne devait pas être ma seule surprise – que certains dirigeants politiques, y compris des cadres du Parti, qui disposaient déjà de datchas d'État, faisaient de surcroît construire des datchas privées – pour leurs enfants, petits-enfants, et ainsi de suite. J'ai été très frappée par ce hardi esprit d'entreprise.

Nous avons d'abord eu droit à une vieille maison en bois, jadis occupée par Sergo Ordjonikidze, et qui aurait eu grand besoin d'une réfection complète. Deux ans après, nous nous sommes vu attribuer une maison récente en brique, construite dans les années soixante-dix; son précédent occupant avait été F. D. Koulakov. En 1985, enfin, lorsque Mikhaïl Sergueïevitch a été élu Premier secrétaire du Parti, nous avons emménagé dans une datcha pourvue de tout l'équipement nécessaire, notamment dans le domaine des communications, pour que Mikhaïl Sergueïevitch pût exercer ses nouvelles fonctions. C'est là que nous sommes en ce moment même, dans son bureau. La maison que nous avons quittée a été reprise par Boris Eltsine, qui était à l'époque secrétaire du comité du Parti pour la ville de Moscou, et venait d'être nommé membre suppléant du Politburo. Je crois qu'il a continué à y vivre jusqu'au moment où il a cessé de travailler pour le Parti.

A la fin de notre séjour à Stavropol, notre revenu mensuel comprenait les six cents roubles que Mikhaïl Sergueïevitch touchait en sa qualité de secrétaire du comité régional, plus trois cent vingt roubles, mon salaire de maître de conférences. En tant que secrétaire du Comité central, Mikhaïl Sergueïevitch était payé huit cents roubles par mois. Si je ne me trompe pas, tous les secrétaires, membres et membres suppléants du Politburo, ainsi que le Premier secrétaire recevaient la même somme. A cela venait s'ajouter l'allocation dite « de ravitaillement », qui était de deux cents roubles par mois pour les secrétaires et membres suppléants, et de quatre cents roubles pour les membres titulaires du Politburo.

Nous pouvions obtenir gratuitement les livres indispensables. Les transports étaient eux aussi gratuits : le chef de famille et son épouse disposaient chacun d'une voiture avec chauffeur. Nous ne payions pas de loyer, et recevions une prime de vacances. Ces dernières années, tous ces privilèges, y compris l'usage de datchas gouvernementales, ont été abolis.

Conformément aux décisions prises par le Congrès du peuple de l'URSS, le Soviet suprême a adopté une résolution « concernant la rémunération, le service et la protection du Président de l'URSS » ainsi que du Président du Soviet suprême, du vice-Président et du Président du Parlement soviétique. Le salaire du Président de l'URSS a été fixé à quatre mille roubles par mois. Compte tenu des impôts et autres prélèvements actuellement en vigueur, cela représente un salaire net de deux mille cinq cents roubles. Il dispose de résidences dans la région de Moscou et en Crimée, d'un appartement officiel à Moscou, de moyens de transport adéquats ainsi que d'un avion et d'un hélicoptère spécialement équipés. Lorsqu'il part en retraite, le Président de l'URSS reçoit une pension de mille cinq cents roubles par mois, à laquelle vient s'ajouter l'usage d'une datcha gouvernementale avec son personnel, des gardes du corps et des moyens de transport adéquats. C'est tout, je pense, en ce qui concerne les aspects matériels.

Pour revenir en 1978, je me souviens que l'installation à Moscou signifiait pour moi de nouvelles ouvertures professionnelles, ainsi que la possibilité d'aller au théâtre et au concert, de voir des expositions, et de connaître des acteurs et musiciens que nous ne pouvions rencontrer qu'occasionnellement lorsque nous étions de passage dans la capitale.

Irina et Anatoli se sont inscrits au Second Institut de médecine de Moscou. Tous deux ont été reçus avec d'excellentes mentions. En 1985, Irina a soutenu sa thèse dont le sujet portait sur les problèmes médicaux liés à la démographie. Elle a d'abord travaillé en tant qu'assistante au département d'hygiène sociale et d'organisation des services de santé, au Second Institut de médecine. Depuis, elle se consacre à la recherche scientifique, dans le cadre du laboratoire de recherches sur la démographie et la sociologie médicales. Anatoli est devenu chirurgien. Depuis plus de dix ans, il travaille à l'Hôpital municipal de Moscou.

Un an après notre arrivée dans la capitale, le premier membre authentiquement moscovite de notre famille est né :

notre petite-fille Xénia. Nous lui avions donné ce nom dès avant sa naissance. Je l'avais choisi : ils me faisaient confiance. Le second vrai Moscovite, notre petite-fille Anastasia, est né en 1987. Son nom a été choisi par l'ensemble de la famille. La proposition de Mikhaïl Sergueïevitch l'a emporté ; à cet égard, nous sommes donc à égalité. Dans les deux cas, nous avions aussi prévu un prénom masculin ; notre choix s'était porté sur Mikhaïl.

Mais parlons d'autre chose que des joies de la vie de famille. A Moscou, nous avons trouvé une atmosphère et un environnement aussi nouveaux qu'étrangers, c'est le moins que l'on puisse dire. Je ne me permettrai pas de porter un jugement sur l'ambiance qui régnait chez les hauts responsables collègues de Mikhaïl Sergueïevitch, ni sur le genre de relations qu'ils avaient entre eux. Je ne peux me fier qu'à ma propre expérience et à mes impressions personnelles, qui concernent surtout les membres des familles des dirigeants soviétiques de l'époque.

J'ai tout d'abord été surprise par la froideur des rapports, proche de l'aliénation. Il était impossible de lire sur les visages de ceux qui vous entouraient si vous existiez ou non, si vous aviez ou non existé dans le passé. On vous regardait en quelque sorte sans vous voir, sans tenir compte de vous. On n'échangeait même pas les salutations habituelles. Lorsque vous appeliez quelqu'un par son prénom et son patronyme, cela suscitait de la surprise : pas possible, vous vous en souvenez ? En société, les gens prenaient souvent des airs supérieurs, affectant de faire partie des élus. Les jugements étaient énoncés catégoriquement, souvent sans le moindre tact.

Ce qui me frappait aussi dans les relations entre les membres d'une même famille, c'est qu'elles reflétaient exactement le respect de la hiérarchie dont témoignaient les dirigeants eux-mêmes. Je me souviens d'avoir fait un jour une remarque concernant le comportement d'un groupe de jeunes. La femme à laquelle je m'adressais n'a pas du tout apprécié mon commentaire : « Comment pouvez-vous dire une chose pareille ! s'est-elle exclamée. Ce sont les petits-enfants de Brejnev ! »

Entre femmes, nous nous retrouvions surtout aux réceptions et autres occasions officielles, rarement à titre privé. Même en cercle restreint, lorsque l'une de nous recevait des amies, les règles du « jeu politique » continuaient à avoir cours. Après d'interminables toasts à la santé des hautes personnalités, l'on dénigrait ceux qui occupaient une position inférieure ; ensuite, la conversation portait sur la nourriture et sur les capacités « exceptionnelles » des enfants ou petits-enfants. Et l'on jouait aux cartes. J'étais choquée par les nombreuses manifestations d'indifférence et d'insouciance, qui réflétaient, je crois, une attitude typique de la société de consommation. A l'occasion d'une réunion dans une datcha gouvernementale, par exemple, j'avais mis les enfants en garde : « Faites attention, vous allez casser le lustre ! » Et l'on m'avait répondu : « Ne vous inquiétez pas, ça appartient à l'État ; on s'en moque. »

*Les enfants vous ont répondu cela ?*

Non, les adultes...

Je me souviens aussi de la réaction que suscita le voyage de Mikhaïl Sergueïevitch en Angleterre, à la tête d'une délégation parlementaire. C'était en 1984. Avec l'autorisation de Constantin Tchernenko, j'avais accompagné mon mari. Le voyage s'était révélé extrêmement intéressant et avait donné de bons résultats. Notre presse en avait parlé, mais moins en détail que les périodiques britanniques et américains. A notre retour à Moscou, j'ai entendu des gens dire : « Pourquoi ont-ils tellement chanté vos louanges là-bas ? Vous ne comprenez donc pas ce que cela signifie ? Qu'avez-vous fait pour tant plaire aux Occidentaux ? Voyons, voyons, il conviendrait de vous examiner d'un peu plus près... »

*Tournez-vous, jeune homme ?*

A peu près. Le formalisme et l'indifférence infestaient même le personnel de service. J'ai toujours conservé un souvenir chaleureux des personnes qui ont travaillé pour nous, et il m'arrive souvent de les regretter. Après sa démobilisation, notre chauffeur Anatoli Andreïevitch Khamoukha a travaillé pour Mikhaïl Sergueïevitch vingt ans durant, à Stavropol. Je connaissais sa femme et ses enfants ; nous continuons à nous écrire à l'occasion des fêtes.

Mikhaïl Sergueïevitch espérait que sa nouvelle position « au sommet » lui permettrait de résoudre un certain nombre de problèmes urgents; à bien des égards, ces espoirs ne se sont pas réalisés. Il a fallu garder ces problèmes pour nous, et remettre leur solution au lendemain. Leonid Ilitch Brejnev était un homme malade, ce qui retentissait sur tout. Il est mort en octobre 1982, et a été remplacé par Iouri Vladimirovitch Andropov. Les espoirs éveillés à cette occasion ont toutefois été de courte durée. Andropov était lui aussi gravement malade. C'est un souvenir affreux, mais à ses obsèques, j'ai vu des gens qui ne cachaient pas leur joie.

Ensuite est venu le tour de Constantin Oustinovitch Tchernenko. Cette période a été encore plus difficile et compliquée. Le pays vivait dans l'espoir de changements dont le besoin se faisait partout sentir. Des hommes et des femmes de plus en plus nombreux comprenaient la nécessité d'idées nouvelles et soutenaient ouvertement ces réformes et les mesures concrètes nécessaires pour les faire aboutir. Mais dans la vie du pays et du Parti, rien ne changeait. Lorsque Mikhaïl Sergueïevitch rentrait du travail, nous discutions longuement d'un tas de sujets – les mêmes dont le pays parlait avec une inquiétude et une insistance croissantes.

Une autre question me vient soudain à l'esprit, Gueorgui Vladimirovitch. Bien des gens, je le sais, s'intéressent aux aspects superficiels de ma vie. Ils éprouvent même de l'envie à mon égard – à cause de ma façon de m'habiller, des « atours » dont je me pare aux grandes occasions... Un autre facteur me paraît cependant bien plus important : ma participation à la gigantesque entreprise que le destin a confiée à une personne qui m'est proche – mon mari.

*Nous n'avions jamais parlé si longuement. Six cassettes de trente minutes avaient été utilisées et une septième était à moitié pleine. Sur le bureau, près de Raïssa Maximovna, s'entassaient des notes que nous avions examinées ensemble. Les feuillets de divers formats, aux coins souvent cornés, donnaient à la pile des allures de pagode chinoise... Raïssa Maximovna est visiblement fatiguée – qui ne le serait après plusieurs heures d'un tel travail ?*

J'avais également préparé quelques photographies, *me dit-elle en désignant une épaisse enveloppe posée sur le canapé.* Mais il est sans doute trop tard pour les regarder aujourd'hui. La prochaine fois, d'accord ?

*J'aimerais beaucoup les regarder tout de suite, ai-je répondu, au risque de paraître impoli. Juste un rapide coup d'œil.*

Soit. Je vous laisse regarder seul. Je reviens de suite.

*Elle m'a tendu l'enveloppe – le paquet, plutôt – et a gagné la bibliothèque voisine.*

*Je suis resté quelque temps à examiner les photos. La maison de Stavropol – je la connaissais déjà. Les élèves de l'Institut d'agronomie récoltant le maïs; dans ses vêtements de sport, le jeune professeur ressemble en tous points à ses étudiantes. Le ramassage des champignons quelque part sur les contreforts du Caucase. Ensuite, Moscou. Des rencontres avec diverses personnes, des aéroports. Boris Eltsine, qui a repris leur datcha, offre à Raïssa Gorbatcheva une gerbe d'œillets, en s'inclinant avec une rare élégance. Étrange mais vrai !*

*J'ai lu quelque part, sans doute dans le livre de Roy Medvedev, l'histoire suivante : Quatre dirigeants soviétiques se rencontrent sur le quai de la gare de Mineralnye Vody. L'un d'eux, Brejnev, était toujours Premier secrétaire en activité – si l'on pouvait à cette époque parler d'activité en ce qui le concernait. Les trois autres étaient de futurs Premiers secrétaires : Tchernenko, Andropov et Gorbatchev. A en croire cette anecdote, Brejnev et Tchernenko venaient du Sud et de la mer. Andropov, lui, était en vacances à Kislovodsk. Bien entendu, Gorbatchev était venu de Stavropol pour l'occasion. Le quai, soigneusement balayé, avait été interdit aux curieux. Lentement, les quatre hommes faisaient les cent pas sur le quai désert par cette soirée de fin d'automne, à la lumière faible et quasi automnale des lampadaires. Comme la Russie elle-même, le long train n'attendait que le signal pour se mettre en marche.*

*Je connais trop bien la gare de Mineralnye Vody pour oublier cette histoire. Je continue à regarder les vieilles photos, mais celle que je cherche n'y est pas – j'aurais certainement reconnu ce quai de gare.*

*Ah! voilà tout de même un quai de gare. C'est une photo d'amateur, jaunie mais bien nette. Au premier plan, l'on voit une jeune femme rieuse, en jeans de velours, avec des fossettes et une abondante chevelure châtain flottant dans le vent.*

C'était notre premier séjour à Paris en touristes. Nous venions juste de descendre du train, *m'explique-t-elle en regardant par-dessus mon épaule.*

*Son mari ne figure pas sur la photo; il a dû la prendre lui-même. C'est la seule photo de Raïssa Maximovna prise à Paris à l'époque. Moscou, c'était encore l'avenir. Paris aussi, et Washington, Bonn, Madrid...*

*Lorsque j'ai proposé de consacrer un des chapitres du livre à venir au bonheur, et de l'intituler « Du Bonheur », elle a réfléchi un moment, puis a rejeté cette idée :*

Avez-vous vraiment l'impression, Gueorgui Vladimirovitch, que je ressemble à une femme qui voltige de bonheur en bonheur ?

*Non, certainement pas – je le vois plus clairement que jamais. Tout de même, la femme photographiée sur ce quai de gare n'avait pas simplement un visage rieur; elle paraissait réellement heureuse.*

*Mais le bonheur, dit-on, ne dure qu'un instant. Le reste, c'est simplement la vie.*

## CHAPITRE CINQ

# Ce qui me tient à cœur

*Rien n'avait changé dans le bureau du Président, à une exception près : le canapé était couvert de lettres, de cartes postales et de télégrammes. Quelques jours auparavant, le Président avait fêté son soixantième anniversaire.*

Je suis en train de les trier, *me dit Raïssa Maximovna.* Nous avons déjà compté plus de trois mille lettres et télégrammes. Aimeriez-vous voir le cadeau que le patriarche de Russie Alexis II a envoyé à cette occasion ?

*Avec plaisir, ai-je répondu. Nous avons gagné la bibliothèque, où elle m'a montré une icône dans une superbe châsse décorée à la feuille d'or. Derrière la plaque de verre, l'archange Michel avait un regard sombre et sévère.*
*Il a l'air bien triste, ai-je fait observer.*

Il serait surprenant que l'ange gardien eût une autre expression.

*Elle m'a ensuite montré un petit ornement fixé à la passementerie.*

C'est l' « archistratig », symbole du chef suprême des phalanges célestes.

*Nous sommes restés un long moment à admirer l'icône. C'était une journée maussade, mais l'image semblait concentrer en elle toute la lumière dispersée dans la pièce; elle luisait doucement au fond de la bibliothèque. Je me suis alors souvenu que Pâques approchait.*

*Sur une table étaient posées deux piles de livres hautes d'au moins trente centimètres. Que lisent-ils en ce moment?*

*Sur l'une des piles, se trouvait un volume élégamment relié –* Chansons d'amour. *De la poésie; franchement, je ne m'y attendais pas. Sur l'autre, Pouchkine : un tome, à la reliure bleue fatiguée, de l'édition en dix volumes parue dans les années cinquante. Je l'ouvre à la page marquée par le signet :* Boris Godounov.

C'est ce que je lis ces jours-ci. *Elle me prend le livre des mains.* « Dans les soucis de ce monde, Rien, je crois, ne peut nous conforter, Si ce n'est peut-être notre conscience : Si elle est limpide, elle triomphera De la malice et des viles médisances. »

*Après avoir lu ce passage à mi-voix, comme pour elle-même, elle referme le livre et le pose à côté de l'icône. L'archange Michel et le profil de Pouchkine estampé sur la couverture semblent faire bon ménage. Une minute plus tard, nous entamons notre ultime entretien.*

Par où allons-nous commencer ? *me demande-t-elle, sans attendre mes questions.* Constantin Oustinovitch Tchernenko est mort dans la soirée du 10 mars 1985. Personne n'avait été informé de son état de santé. Le 2 mars, le résultat des élections aux soviets des nationalités avait été annoncé. 99,98 % des électeurs avaient voté, dont plus de 99 % pour les candidats désignés.

*Quels chiffres! Nous n'avons pas mis longtemps à changer nos habitudes.*

Il est heureux que nous les ayons changées, je pense. Tchernenko avait été élu député au soviet de Russie. La presse avait dûment rapporté que la commission électorale lui avait remis le certificat confirmant son élection, et avait publié son allocution à ses électeurs et au peuple soviétique. Pas la moindre allusion au fait qu'il était gravement malade et hospitalisé.

Qui plus est, le 6 mars, conformément à une coutume établie de longue date, son épouse Anna Dmitrievna avait donné, à l'occasion de la Journée internationale des femmes, une soirée à l'intention des épouses des chefs des missions diplomatiques étrangères accréditées à Moscou. Comme le voulait l'usage, la réception comportait des chants, des danses et un concert.

Lorsque Tchernenko est décédé, Mikhaïl Sergueïevitch en a été immédiatement informé. Il a demandé d'urgence une réunion des membres titulaires et suppléants du Politburo et des secrétaires du Comité central. Des décisions concernant les funérailles ont été prises. Le lendemain, le Comité central s'est réuni en session extraordinaire; au cours de la session du 11 mars, Mikhaïl Sergueïevitch a été élu Premier secrétaire du Comité central du Parti. Bien des choses ont été écrites au sujet de ces réunions du Politburo et du Comité central. Toutes sortes de points de vue, de conjectures et d'opinions ont été exprimés. Selon ce que m'a dit Mikhaïl Sergueïevitch, ni le Politburo ni le Comité central n'avaient proposé d'autres candidats au poste de Premier secrétaire. Il est probable qu'en cet instant, la majorité des membres du Comité central partageait une même analyse de la situation dans laquelle se trouvaient à la fois la direction politique et le pays dans son ensemble. C'était une situation pratiquement inextricable, caractérisée par une vive tension interne. Mais en apparence, tout paraissait normal. Mikhaïl Sergueïevitch a été élu à l'unanimité.

Il est rentré tard à la maison. Toute la famille était réunie pour l'accueillir et lui offrir des fleurs. Xénia, qui n'avait que cinq ans à l'époque, lui a dit : « Grand-papa, je te félicite. Je te souhaite beaucoup de bonheur, et de bien manger ton porridge. » Mikhaïl Sergueïevitch lui a demandé en riant : « Et tu en mangeras avec moi ? – Non ! C'est trop fatigant à mâcher. – Moi non plus, je n'aime pas cela, tu sais. Mais je le mange quand même. Il le faut. »

Ensuite, ce fut le tour des adultes. Nous avons félicité Mikhaïl Sergueïevitch; nous étions heureux et fiers de lui, et nous avions confiance en lui.

Mais ce soir-là, je n'avais pas plus que les enfants une idée réelle du fardeau dont il s'était chargé. Nous étions incapables d'imaginer le centième de ce que le nouveau travail de Mikhaïl Sergueïevitch impliquait en fait, ni de ce que l'avenir nous réservait, à lui et aux siens.

Je suppose, Gueorgui Vladimirovitch, que vous voudrez me poser la question suivante : si j'avais su que tout allait devenir si compliqué, si dramatique, n'aurais-je pas essayé de dissuader Mikhaïl Sergueïevitch ?

*C'est une bonne question.*

Je tiens à y répondre avec une parfaite franchise. En dépit des problèmes que nous connaissons aujourd'hui, en dépit de cette lourde charge, je ne me hâterai pas de répondre par l'affirmative. Non, cela m'est impossible. Nous ignorions évidemment que la situation évoluerait de cette façon. Mais dites-moi, ne vous arrive-t-il pas de vous demander, maintenant, ce que cela aurait signifié pour le pays et pour le peuple si, en 1985, un homme à toutes fins utiles semblable à ses prédécesseurs était arrivé au pouvoir, et, qui plus est, s'il l'avait conservé pendant une quinzaine d'années ? A quoi cela aurait-il abouti ? De quel genre de situation parlerions-nous aujourd'hui – si toutefois il nous était possible de parler ? Où cela aurait-il mené le pays ? Il y a six ans, c'est en premier lieu à cela que nous pensions. C'est pour cela que Mikhaïl Sergueïevitch a pris cette décision.

Un mois plus tard, en avril, Mikhaïl Sergueïevitch a prononcé une importante allocution lors d'une réunion plénière du Comité central. Le Comité a ensuite adopté une résolution convoquant un congrès du Parti pour février 1986. Ce congrès, le « Plénum d'avril », est maintenant considéré comme le point de non-retour. Mais il fallait encore attendre le XXVIIe Congrès du Parti, la 19e Conférence fédérale du Parti et le Ier Congrès des députés du peuple de l'URSS.

En 1985, Mikhaïl Sergueïevitch a effectué ses premières tournées dans le pays : en mai, Leningrad ; en juin, Kiev et Dniepropetrovsk ; en juillet, Minsk ; et en septembre, les districts de Tioumen et de Tselinograd. Cela allait devenir une partie régulière de son travail – et de celui de tous les dirigeants du pays. C'est ainsi que de nouvelles traditions finissent par s'imposer. Mais à l'époque, c'était nouveau et inaccoutumé. Ces rencontres avec les gens n'étaient pas simplement « pour la galerie ». Elles donnaient lieu à des échanges pas toujours plaisants, certes, mais d'une grande franchise, sur tous les sujets qui tracassaient la population. Des entretiens à cœur ouvert, sincères et sérieux.

*A l'étranger, il adoptait la même attitude.*

Oui, mais ce fut plus tard.

L'allocution d'une heure que Mikhaïl Sergueïevitch a prononcée le 17 mai à l'Institut Smolny de Leningrad a été diffusée par la télévision, ce qui était tout à fait inhabituel. En premier lieu, Mikhaïl Sergueïevitch n'a pas lu un discours préparé à l'avance, mais a parlé avec naturel, exposant son raisonnement et expliquant son point de vue personnel sur les graves problèmes économiques. Il se référait au peuple. En second lieu, il s'adressait au pays entier, à tous les citoyens soviétiques. Jamais encore – à une ou deux exceptions près – des discours prononcés par des dirigeants du Parti ou du pays lors des conférences ou congrès du Parti, ou devant des groupes d'activistes, n'avaient été télévisés, et qui plus est en direct.

Il faut dire que le pays n'a pas tardé à réagir à ces innovations. Vous souvenez-vous des histoires qui circulaient ?

*Vous voulez dire que vous les connaissiez ?*

Certainement – à la fois celles-là et quelques autres, qui font partie du « folklore » contemporain. Je me souviens par exemple d'une anecdote que l'on racontait en 1985 : Un homme vivant dans le Grand Nord revient de Moscou. « Alors, lui demande-t-on, comment vont les choses, là-bas, au centre ? Est-ce qu'ils soutiennent Gorbatchev ? – Non, ils ne le soutiennent pas. – Sans blague ? – Non, ils ne le soutiennent pas. Le croiriez-vous ? Il marche sans aucun soutien. » Voici un autre bon mot. « Ce Gorbatchev est complètement illettré. – Comment peux-tu dire cela ? Il paraît qu'il a deux diplômes. – N'empêche, il est illettré. Toux ceux qui l'ont précédé lisaient leurs discours. Lui, il ne fait que parler... »

En cette même année 1985, le Premier secrétaire a effectué des visites officielles en France, en Pologne, en Bulgarie et en Tchécoslovaquie. En novembre, il a rencontré pour la première fois, à Genève, le Président des États-Unis d'Amérique, Ronald Reagan. Avant sa visite en France, le chef du Parti et de l'État s'est, pour la première fois dans notre histoire, entretenu à la télévision avec des journalistes occidentaux. Auparavant, cela aurait été inconcevable.

Toujours en 1985, a eu lieu la première visite officielle en URSS d'un chef de gouvernement étranger depuis que Mikhaïl Sergueïevitch était Premier secrétaire. Il s'agissait en l'occurrence de M. Rajiv Gandhi. Conformément au protocole concernant l'accueil des hôtes de marque, les cérémonies devaient commencer à l'aéroport et se terminer sur une des grandes places de l'enceinte du Kremlin. Mais ce jour-là, il faisait très mauvais. Lorsque le cortège de voitures est arrivé au Kremlin, il pleuvait à torrents. Nous étions prêts à accueillir nos hôtes, mais nous avons été obligés de nous réfugier dans les bâtiments... Rajiv et Sonia Gandhi ont dû se précipiter hors de la voiture et courir nous rejoindre sous une arcade. Ils étaient jeunes et beaux, emplis de vigueur et d'optimisme sous cette averse russe.

*C'était un heureux présage ?*

Je l'espère. Quelques années plus tard, j'ai également pu apprécier leur remarquable courage civique [1].

Soit dit en passant, le protocole diplomatique concernant l'accueil des chefs d'État et de gouvernement étrangers a été modifié depuis. La cérémonie de réception par le président du Présidium du Soviet suprême de l'URSS, et par la suite par le Président du pays, ne se déroule plus sur une place du Kremlin, mais dans la salle Saint-Georges du palais du Kremlin.

Il y a six ans, Mikhaïl Sergueïevitch et ceux qui partageaient ses vues ont introduit certaines réformes, qui sont depuis connues dans le monde entier sous le nom de perestroïka. Ces réformes visaient à engager la politique intérieure et étrangère de notre pays sur des voies nouvelles, correspondant aux condi-

1. Ce livre était déjà en préparation lorsque nous avons appris, le 21 mai 1991, la terrible nouvelle de l'assassinat de Rajiv Gandhi. Mikhaïl Sergueïevitch et moi avons été littéralement frappés de stupeur. Dans notre télégramme de condoléances à Mme Sonia Gandhi, nous disions que M. Rajiv Gandhi était un grand ami personnel, et que nous partagions sa terrible douleur.

A ce message, je voudrais ajouter ceci : Rajiv Gandhi était non seulement notre ami personnel, il était l'ami de notre peuple tout entier, et la nouvelle tragique de sa mort a été accueillie avec tristesse dans tous les foyers soviétiques.

tions d'une ère nouvelle et d'une vie nouvelle dans la maison commune des hommes.

Le programme comportait des réformes économiques et politiques, ainsi que la réorganisation de l'administration et de la bureaucratie, et l'établissement d'un état de droit. La nouvelle conception des relations internationales signifiait, à mon sens, d'accorder la priorité aux moyens politiques et non à l'usage de la force, de reconnaître le principe de non-ingérence dans les affaires des autres pays, et de prévenir toute catastrophe nucléaire ou écologique à l'échelle planétaire.

En énumérant ces différents points, Gueorgui Vladimirovitch, je me disais que pour nous, et pour de très nombreux habitants de notre pays et d'ailleurs, un tel programme paraissait aujourd'hui parfaitement banal. Nous y sommes habitués. Mais n'oubliez pas que chaque déclaration, chaque phrase, chaque pensée avait été précédée d'une difficile et angoissante remise en question du passé. Un processus terrifiant, je vous assure ! Jamais encore il n'avait été aussi ardu de trouver des réponses à des questions et problèmes d'une telle urgence. Quelles luttes il a fallu mener, en nous, et aussi à l'extérieur ! Et ce n'est pas terminé.

Lors de la rédaction du rapport présenté au XXVII^e Congrès du Parti, et à l'occasion de débats particulièrement animés entre les proches collaborateurs de Mikhaïl Sergueïevitch, j'ai assisté à la naissance d'idées radicalement nouvelles sur le monde contemporain, considéré comme une seule et unique civilisation, avec ses innombrables contradictions et problèmes. Dans ce rapport du Comité central présenté au Congrès de février 1986, Mikhaïl Sergueïevitch disait notamment :

« Le cours de l'histoire et le progrès social exigent avec une insistance toujours croissante une coopération constructive et créatrice entre les États et les peuples à l'échelle de la planète entière... Une telle coopération est indispensable afin d'éviter une catastrophe nucléaire, afin que la civilisation puisse survivre... C'est de cette façon, avec de grandes difficultés et parfois avec maintes hésitations et certitudes, que se constitue peu à peu un monde contradictoire, interdépendant, et à bien des égards unique. » En 1986, une telle déclaration n'était rien moins qu'une révolution !

Dès le départ, la population s'est emparée avec avidité des idées qui sont à la base de la perestroïka et des mesures destinées à les concrétiser. La perestroïka a bientôt eu pour cadre la solidarité et le soutien exprimés par les sentiments, les mots et les regards des centaines de milliers de citoyens qui venaient saluer Mikhaïl Sergueïevitch à l'occasion de ses voyages à travers le pays et à l'étranger. Le soutien et l'unité se manifestaient également par un flot ininterrompu de lettres. En 1985, Mikhaïl Sergueïevitch recevait jusqu'à quarante mille lettres par mois – un total de quatre cent deux mille cinq cents lettres personnelles pour l'année entière! Et il ne s'agissait, je le précise, que des lettres personnelles adressées à Mikhaïl Sergueïevitch, non de celles adressées au Comité central. En 1986, c'était plus de soixante mille lettres personnelles par mois. En 1990, il en a reçu jusqu'à quarante mille par mois. Pour les seuls mois de janvier et février 1991, il y a eu pas moins de quatre-vingt-treize mille lettres.

Je suis convaincue qu'aucun document concernant la période de la perestroïka n'est plus véridique, plus révélateur ou plus honnête que ces lettres. Elles contiennent une histoire de la perestroïka, une analyse des idées sur lesquelles elle se fondait, des réflexions, conseils et suggestions; elles reflètent toute la tension et tout le drame de la perestroïka. Il serait vain de cacher qu'il y avait également des lettres emplies de rancune, de haine et de rage. Mais la majorité exprimait le soutien, l'espoir et la volonté de passer à l'action.

J'aimerais vous lire quelques-unes de ces lettres, du moins des extraits. « La perestroïka est ce à quoi le peuple aspire. Ne vous écartez pas de la voie que vous avez choisie, ne faites pas machine arrière. A. Lavrik, Svobodny, région d'Amour. » « S'il doit y avoir un retour au passé, alors mieux vaut la corde du bourreau », écrit de son côté L. Cheveleva, de Bratsk. « Nous avons la foi et l'espoir. A. Feklisov, Moscou. » « Prenez s'il vous plaît garde à votre santé. La bataille ne fait que commencer. E. Glouchkov, Ioujno-Sakhalinsk. » « Il est évident pour tous à quel point votre énergie, votre temps, vos forces intellectuelles et votre santé sont consumés par le fardeau colossal, inhumain, dont vous vous êtes chargé. Il est toujours difficile de construire... Peut-être votre tâche sera-t-elle un peu facilitée si vous savez que l'énorme masse des gens ordinaires est entièrement de votre côté, qu'elle vous admire et vous soutient. K. Lasta, Leningrad. » « Que Dieu vous accorde de grandes victoires, grand et cher homme. Mikhaïlina, Rovengan, Ukraine. » « Cher Mikhaïl Sergueïevitch ! Cher homme ! J'ai la hardiesse de vous appeler ainsi, car vous êtes proche de toutes les honnêtes gens. Famille Tchermak, Tchernovtsi. »

« Je suis empli d'une immense fierté en observant vos efforts à l'étranger. Pour nous tous, Mikhaïl Sergueïevitch, la cause de la paix est ce qu'il y a de plus important. S'il le faut, nous tous, gens du peuple, sommes prêts à renoncer à tout et à vivre de pain et d'eau si cela peut permettre de préserver la paix. Je vous supplie de prendre garde à votre santé. Vous avez conquis l'amour et la gratitude de notre peuple. Z. Potop, Kychtym. »

Voici une lettre que je voudrais citer en entier :

« Il est soudain devenu intéressant d'être en vie, vous savez... Auparavant, je n'accordais guère d'attention à ce que l'on disait à la télévision. Et j'avoue que je ne m'intéressais pas beaucoup aux comptes rendus des congrès et plénums. Tout cela me paraissait tellement éloigné de moi et de mes préoccupations. Mais maintenant, chaque fois que vous prenez la parole à la télévision, j'exige le silence absolu à la maison. Je suis toujours les émissions avec un vif intérêt, et je lis les comptes rendus de vos rencontres avec les ouvriers et les travailleurs des fermes collectives. Lorsque je ne comprends pas un passage, je le relis. Il m'arrive même de regretter de ne pas être devenu membre du Parti communiste. De même que je regrette, soit dit en passant, de n'avoir qu'une seule fille. Il y avait cette constante peur de l'avenir, vous savez – et si une guerre éclatait demain ? Maintenant, j'envisage l'avenir avec espoir, et je me dis : il est impossible qu'un homme fasse de tels efforts, et tant de propositions de paix, sans réussir à nous délivrer de cette folie de la guerre nucléaire... Je vous écris cette lettre afin que vous sachiez que nous, les travailleurs, sommes avec vous de tout notre cœur et de toute notre âme. Au cours de cette dernière année, il y a eu tant de choses à comprendre, tant de sujets de réflexion qu'il m'était tout simplement impossible de ne pas partager avec vous mes pensées et mes sentiments. L. Bardetskaïa, région de Kirov. »

En voilà une autre. « Tenez bon, vous avez le droit pour vous. Ma lettre ne sera peut-être qu'une goutte d'eau dans l'océan, mais je tiens absolument à vous remercier, à vous apporter mon soutien, et à vous supplier de ne jamais prendre votre retraite. » L'auteur dit « jamais » – c'est un vrai « maximaliste », vous voyez. Il poursuit : « Compte tenu de ce qui se passe dans le monde, il vous arrive peut-être d'être découragé. Mais n'abandonnez pas, car vous avez le droit pour vous, et vos initiatives sont dans l'intérêt du monde entier. Merci pour votre courage. Merci. M. J. Lelotte, Belgique. »

Ces lettres-ci sont toutes récentes. L'une d'elles a été envoyée par S. Gerch, de Ioujno-Sakhalinsk : « Je voudrais simplement exprimer mon soutien amical à tous vos efforts pour réaliser la perestroïka, et vous assurer que nous avons foi en vous et en votre action. A Sakhaline, nous avons au moins perçu une petite lumière, une lueur permettant d'espérer un avenir meilleur. Je vous conjure de mener à son terme ce que vous avez commencé, en dépit de toutes les difficultés. »

Celle-ci est de A. Aborvanov, chauffeur professionnel habitant le village de Donskoïe, dans le district d'Orenburg. « Ceux qui m'ont élu et moi-même vous adressons nos chaleureuses salutations et vous assurons de notre soutien. En soutenant l'Église et en même temps en éveillant le peuple, vous avez suscité chez les gens ces sentiments de bienveillance et de compréhension mutuelle, qui nous manquaient tant pendant la période de stagnation. Je vous conseille en ami de rester sur la voie que vous avez tracée, voie qui mènera notre peuple vers l'avenir. Je vous souhaite la santé, la force et une longue vie. Puisse cette lettre vous donner davantage de force et de confiance. Je suis convaincu que le soutien du peuple est une solide base de départ pour accomplir de bonnes actions. »

Voici maintenant une lettre de O. Tourkina, ingénieur au complexe métallurgique de Novolipetsk, datée du 6 mars 1990 ; elle est signée par elle, par son mari S. Tourkine, et par leurs fils Dima et Micha Tourkine.

Salut, cher Mikhaïl Sergueïevitch !

Je voulais vous écrire cette lettre l'année dernière, mais il n'y avait aucune chance pour que vous la lisiez. Maintenant que vous avez besoin d'être soutenu, ma lettre pourra peut-être vous encourager. Il y a un an, notre second fils est né; en votre honneur, nous l'avons nommé Mikhaïl Sergueïevitch (mon mari s'appelle Sergueï). J'ai trente-quatre ans. Je ne suis pas membre du Parti, et je travaille comme ingénieur au laboratoire thermique du complexe métallurgique de Novolipetsk. Depuis la première année de la perestroïka, je suis votre ardent partisan. En nommant mon fils Micha (tout le monde sait que c'était en votre honneur), j'ai lié mon destin au vôtre. Je suis très peinée lorsque cette période connaît des revers, et je me réjouis des succès. Il est douloureux d'entendre cette avalanche d'attaques contre votre réputation. J'ai foi en vous, en l'avenir de notre pays et en notre peuple. Je serais très heureuse d'apprendre que vous avez lu cette lettre.

Les idées de la perestroïka ont profondément marqué les sentiments et l'imagination de nombreux membres de l'intelligentsia littéraire et artistique. Leur soutien et leurs mots inspirés ont eu une immense importance, en aidant la société à comprendre les objectifs de la perestroïka. Peut-être vous souvenez-vous du poème écrit en 1988 par Evgueni Evtouchenko, dans lequel il utilise comme un refrain la formule de Mikhaïl Sergueïevitch « cela ne peut plus durer ».

Lorsque notre pays a manqué dérailler
Nous l'avons pris entre nos dents,
Nous rendant compte en le retenant que
« Cela ne peut plus durer ».

Ces dernières années, de nombreux écrivains nous ont adressé des exemplaires dédicacés de leurs livres, au contenu souvent important et significatif.

Nous accordons une grande attention aux lettres d'universitaires, d'écrivains, de cinéastes et de journalistes. En réponse à une note que j'avais adressée à Tatiana Ilinitchna Ivanovna au sujet d'un article qu'elle avait signé dans *Temps Nouveaux*, elle m'a écrit en 1990 ce qui suit :

... Merci pour vos aimables remarques. Croyez-moi, si je le pouvais, et si je savais comment m'y prendre, je ferais quelque chose pour vous, quelque chose de très positif. J'aimerais tant vous faire plaisir... en retour pour toute la joie que de nombreuses (très nombreuses, vous ne l'ignorez pas) personnes comme moi ont éprouvée durant ces cinq dernières années. Mon Dieu, il est de coutume de dire que la jeunesse est la période la plus heureuse de la vie. Mais j'ai quarante-sept ans, et mes années les plus heureuses ont commencé il y a tout juste cinq ans. Et il s'agit d'un bonheur très particulier : la liberté et la dignité sont ses principaux traits distinctifs. Gorbatchev est un grand homme. Un grand et merveilleux homme. Prenez par exemple ses entretiens avec les jeunes – j'ai une fois de plus admiré ses réponses. Je suis fière d'avoir un tel Président. J'imagine fort bien (c'est du moins ce qu'il me semble) l'impossible fardeau qui pèse sur ses épaules et sur les vôtres.

Je fais de mon mieux. Que le destin, les cieux ou Dieu, si après tout Il existe, vous protègent tous les deux. Restez jeunes et en bonne santé aussi longtemps que vous le pourrez. Si tous les gens pareils à moi (et leur nombre est légion) s'étaient levés en même temps que les délégués du Troisième Congrès pour applaudir Gorbatchev lors de son élection à la Présidence, croyez-moi – et faites-le-lui savoir – jamais encore le monde n'aurait entendu une pareille ovation. Toutes mes félicitations, Raïssa Maximovna et Mikhaïl Sergueïevitch, pour ces vacances de printemps. Et pour ce qu'elles ont de meilleur – la naissance de la perestroïka. Encore une fois, merci...

N.A. Benois, petit-fils de Nikolaï Benois, et lui-même talentueux représentant de cette célèbre famille d'artistes qui a tant fait pour la culture de notre pays, m'a écrit d'Italie le 23 février 1988 :

Chère Raïssa Maximovna !

Veuillez m'excuser si je me permets de vous adresser ces lignes, bien que je n'aie pas le plaisir et l'honneur de vous connaître personnellement. Mais j'avais depuis longtemps l'intention de vous faire part, ainsi qu'à votre brillant mari, de l'admiration sans bornes que nous éprouvons pour la grandiose nature de la perestroïka... dans le domaine de la politique intérieure et étrangère de notre immense, et, dans tous les sens du terme, grande Union soviétique; grâce à elle, la structure entière de la vie soviétique va être radicalement renouvelée (je dirais même : rajeunie), en accord avec la ligne tracée par Lénine. La véritable voie permettant de réaliser le socialisme authentique sera ainsi établie. Permettez-moi, chère Raïssa Maximovna, puisque j'ai enfin osé vous écrire, de vous exprimer ma grande admiration pour la grandiose entreprise historique dont dépendra le destin ultime de notre grande patrie soviétique. J'espère du fond du cœur que vous-même et notre respecté Mikhaïl Sergueïevitch pourrez de nouveau travailler avec succès au bien du genre humain. Cette lettre n'a cependant pas pour seule raison d'être mon fervent désir de vous exprimer, ainsi qu'à votre remarquable mari, mes sentiments, mais aussi de vous remercier de tout cœur de l'intérêt que vous avez porté à la création du musée de la famille Benois : à Petrodvorets, tout près de l'héroïque Leningrad, où sont nés pratiquement tous les membres de la « branche créatrice » de notre vaste famille d'artistes...

La perestroïka ne cesse de progresser, de creuser ses fondations et de toucher une nouvelle sphère après l'autre. En tant qu'individu, en tant que citoyenne, et compte tenu de mes convictions personnelles, je ne pouvais bien entendu pas rester étrangère à cette évolution. Pour moi, cela signifiait toutefois en premier lieu rester aux côtés de Mikhaïl Sergueïevitch, l'aider et le soutenir dans toute la mesure où mes forces et mes capacités me le permettaient.

*Il y a longtemps que je voulais vous demander, Raïssa Maximovna, ce qu'il en était de votre propre travail. Avez-vous jamais envisagé, par exemple, de terminer votre thèse de doctorat ?*

Oui, je l'ai envisagé. Mais j'ai cessé d'exercer ma profession. Je ne dirais pas que cela a été simple, ou facile. Cela m'a au contraire beaucoup tourmentée. Pendant quelque temps, j'ai continué à rassembler des matériaux pour ma thèse, à assister à des séminaires ou à des cours de philosophie qui m'intéressaient. J'ai continué à suivre les publications récentes dans le domaine de la philosophie et de la sociologie, et j'ai gardé un contact actif avec mes collègues. Mais les circonstances de ma vie quotidienne m'ont mise face à un choix, et j'ai fait ce choix. D'autres que moi peuvent écrire des thèses de doctorat...

*Vous vous contredisez, ce me semble. Lors de notre entretien précédent, vous affirmiez que les femmes devraient jouer un plus grand rôle dans le domaine scientifique, vous preniez la défense de l'égalité intellectuelle entre les sexes.*

Absolument. Mais dans la vie, tout est spécifique. « La vérité est toujours spécifique », vous vous souvenez ? Aujourd'hui, je ne regrette pas d'avoir fait ce choix. Pour moi et pour les miens; c'était cela, le plus important. Le poste de maître de conférences à la faculté de philosophie reste le dernier poste officiel que j'ai occupé de ma vie. Pour être absolument honnête, je dois vous dire qu'il y a tout de même eu un moment critique : on allait me nommer directeur de la faculté. J'ai réussi de justesse à échapper à cette promotion. Des larmes ont été versées, et j'ai dû demander à mon mari d'intervenir.

*Il est intervenu pour empêcher votre promotion ?*

Oui.

*C'est la première fois que j'entends parler d'un protectionnisme de ce genre. C'est en général tout l'opposé.*

La vie est riche en surprises. Mon soutien personnel à la perestroïka, en tant que citoyenne, était lié à une action publique, en particulier à mon activité sociale au Fonds culturel.

*Parlez-nous-en plus en détail.*

Il existe aujourd'hui en Union soviétique des centaines de fonds et d'organisations publiques non gouvernementales, dont le Fonds culturel a été l'un des premiers en date. Il est né d'un désir général de participer directement, pour le bien public, aux réformes démocratiques introduites par la perestroïka, ainsi que de la volonté de renouveler la vie de l'esprit dans notre pays. Le Fonds a commencé ses activités avec la devise : préserver, développer, enrichir. Ses tâches étaient les suivantes : éveiller l'intérêt pour le talent et pour les valeurs de l'esprit, accroître le cercle des passionnés de culture, instaurer un dialogue culturel entre les peuples de l'Union soviétique et développer les liens culturels avec les peuples des autres pays. Par la culture, rendre plus humaines les relations entre les hommes. J'accordais une importance particulière à l' « écologie de la culture » : la préservation et la protection de ce que l'on appelle le niveau culturel de la civilisation ; dans mon optique, ce niveau comprend tout autant les œuvres de la nature que celles de l'homme. Avant de poursuivre, je suggère que nous prenions le thé.

*Au cours de notre travail, quelques petites traditions avaient été instaurées. L'une d'elles consistait à prendre une tasse de thé après deux heures d'entretien et d'enregistrement. Pendant ce temps, le magnétophone était bien entendu débranché. Mais quels Russes (et pas seulement les Russes) peuvent prendre le thé en silence ? Nous bavardions, bien sûr ; notre conversation portait surtout sur des sujets banals, quotidiens.*

*Parfois, elle me parlait de ses petits-enfants. J'avais la nette impression qu'elle aurait pu me dire bien des choses à leur sujet ; j'ai même cru comprendre qu'elle notait certaines de ses observations mi-amusées, mi-sérieuses sur leur comportement. Chaque fois, pourtant, elle se retenait afin de ne pas succomber au péché très commun, mais en général tout à fait excusable, de ceux qui aiment les enfants : trop parler d'eux. Il est dans sa nature d'être attentive à la fois à ceux qui l'entourent et à elle-même. Elle surveille son comportement et son apparence.*

Ils ne se ressemblent pas du tout, mes petits-enfants. Bien qu'ils soient toujours ensemble, ils sont incroyablement différents. Xénia est très émotive, gentille, et elle adore plaisanter.

Elle n'est jamais rancunière. A ses yeux, tout le monde est bon. Elle aime les petits enfants, la musique et la danse. Il lui arrive de faire des remarques comme celle-ci : « Grand-maman, as-tu réalisé que j'ai déjà dix ans – que le temps passe vite ! » Ou bien : « Bonne-maman, est-ce que quelque chose dans ta vie t'a rendue vraiment triste ? » Sur ma réponse affirmative, elle a dit : « J'ai un grave problème. Je n'arrive pas à écrire correctement cette lettre. »

Il paraît que Xénia me ressemble, ainsi qu'à Irina, qui, paraît-il, me ressemble aussi. Elle possède toutefois une qualité qu'elle a certainement héritée de Mikhaïl Sergueïevitch : le sens de l'humour.

Anastasia est petite, et très différente : calme et équilibrée. Depuis le jour de sa naissance, elle a un fort caractère. Elle sait toujours ce qu'elle veut. Si elle veut manger, elle mangera, inutile de l'encourager. Si elle ne veut pas manger, il serait vain d'insister. Elle parle d'elle-même à la troisième personne. Par exemple, elle s'assied à table et déclare sur un ton sentencieux : « Elle s'est bien habillée, tu ne trouves pas, grand-maman ? Pas mal, hein ? » Ou bien : « Grand-maman, il ne faut pas vivre trop vite, n'est-ce pas ? – Bien sûr, Anastasia, dis-je. Tu es ma petite fleur. – Grand-maman, j'ai deux jambes, et une fleur n'en a qu'une. Comment pourrais-je être une petite fleur ? » Ou encore : « Bonne-maman, donne-moi un biscuit. – Non, Anastasia, cela va te faire grossir. – Je suis déjà grosse, alors qu'est-ce que ça peut faire ? »

*Parfois, les remarques concernant les petits-enfants étaient entièrement spontanées – comme s'ils nous rappelaient simplement leur existence. Pas en chair et en os toutefois : je n'ai jamais vu un seul d'entre eux, bien qu'à l'occasion, je les eusse entendus rire ou courir.*

*Lors de ma dernière entrevue avec Raïssa Maximovna, elle était tout juste remise d'une grippe. Elle portait une longue veste sans manches, descendant jusqu'aux genoux.*

*Très jolie, ai-je dit en prenant mon verre de thé.*

*C'est un cadeau, a-t-elle répondu, comprenant aussitôt à quoi je faisais allusion. Elle n'a pas précisé de qui il venait, et je ne le lui ai pas demandé, mais quelque chose dans son ton suggérait que c'était un cadeau de son mari.*

*Elle fouille dans la poche de sa veste pour chercher ses lunettes. Combien de fois, au cours de ces soirées, ne les a-t-elle pas égarées ! Parfois, lorsqu'elle les a trouvées, elle les pose devant elle sur la table, pour les avoir à portée de la main. Mais pas une seule fois, elle ne les a mises en ma présence. Sa main ramène un bout de papier, et elle éclate de rire : c'est un mot de sa petite-fille Xénia à sa mère. (J'en ai déduit que la veste était portée non seulement par Raïssa Maximovna, mais aussi par sa fille; chez nous, cela arrive tout le temps : ma fille met non seulement la veste de sa mère, mais également mes pulls, dans lesquels elle s'enveloppe comme dans un châle). Voici ce qu'avait écrit la petite Xénia :*

Maman chérie,

J'aimerais bien que tu me dises si nous allons quelque part pour mon anniversaire, mise à part cette stupide polyclinique. J'avais pensé à un café, ou bien au cirque. Je ne crois pas que j'attendrai que tu rentres : je vais sans doute aller au lit, c'est pourquoi je t'écris ce mot...

*La conclusion nous a fait sourire; je m'en souviens mot pour mot : « J'attends une réponse, comme ton rossignol, et j'attends la venue de l'été... » J'ai eu la nette impression que tout cela – la veste sans manches que tout le monde porte tour à tour, le mot glissé dans la poche, la façon dont il était écrit – portait la marque du style adopté dans cette famille et dans ce milieu.*

Revenons à ce que nous disions du Fonds culturel. Il est dirigé par l'académicien Dmitri Sergueïevitch Likhatchev, que je connaissais déjà en tant que spécialiste de la littérature russe ancienne et auteur des *Notes sur ce qui est russe*, recueil de réflexions sur la culture russe, sur les particularités du caractère national russe, sur la nature en Russie et sur la peinture de paysage russe. Dmitri Sergueïevitch m'a dit : « Je tiens beaucoup à ce que le Fonds culturel soit un fonds de haute culture. Nous devons " chercher à atteindre le ciel, le sommet ultime ". »

Le Fonds a déjà quelques belles réussites à son actif. Il est à l'origine de la renaissance du mécénat en Russie, et a contribué à abolir les « terres inconnues » de notre littérature et de notre histoire de l'art, ainsi qu'à la renaissance et au développement de diverses activités créatrices.

Sous les auspices du Fonds, plusieurs programmes spécifiques ont été lancés : « Histoire et économie locales »; « Lieux historiques d'un intérêt exceptionnel »; « Réhabilitation des noms oubliés »; « La grande route de la soie »; « Nouveaux noms »; « Préservation et développement des cultures des peuples numériquement peu importants ». Diverses organisations ont également vu le jour, notamment la Société Pouchkine, ainsi que des associations de collectionneurs, de sonneurs de cloches et de restaurateurs d'œuvres d'art. La création d'un musée des collections particulières a été menée à bien avec beaucoup d'enthousiasme. Un projet de musée d'art moderne va sous peu être concrétisé. Je constate avec satisfaction que la revue du Fonds, *Notre Héritage*, imprimée par la Maxwell Communications Corporation, connaît un grand succès.

Le Fonds culturel s'efforce de soutenir des causes utiles et des projets spécifiques dans tous les recoins du pays. Dans ce contexte, je me souviens notamment de la visite de Mikhaïl Sergueïevitch à Sverdlovsk en avril 1990. Cela m'a permis de séjourner quelques jours dans des lieux que je connaissais depuis l'enfance, à Alapaïevsk, et, avec le soutien du Fonds, d'aider les peuples de l'Oural à mettre sur pied le complexe culturel d'Alapaïevsk-Siniatchka, qui comprend la nouvelle école d'art pour enfants d'Alapaïevsk. Cela m'a procuré une grande joie.

J'ai également été très heureuse de participer à la création du Fonds Roritch. Nikolaï Roritch était un grand artiste et penseur russe. Comme nous le savons, il a passé les dix dernières années de sa vie en Inde, sans pour autant perdre le contact avec son pays natal. Je considère comme une bénédiction que Mikhaïl Sergueïevitch et moi-même ayons fait la connaissance de Sviatoslav Nikolaïevitch Roritch, fils de Nikolaï Roritch et célèbre artiste moderne, et de sa femme Devika Rani, actrice de cinéma et nièce de Rabindranath Tagore.

Je me souviens si bien de nos rencontres, de nos conversations tellement humaines et profondes; nous parlions de la sagesse, de la beauté et de la spiritualité, de la bonté et du Kanchenjunga, la montagne sacrée aux « cinq trésors ». Et aussi du destin, bien entendu.

Depuis des années, on me proposait d'écrire mes Mémoires. Mais j'ai préféré attendre d'avoir fait le tour du monde et répondu à des milliers de questions, surtout féminines, avant de passer à l'acte.

Ces dames du Comité central en 1986
*- au premier plan de gauche à droite* : Mmes Ligachev, Rigkov, (moi), Gromyko et Chebrikov
*- au second rang* : Zimyrmine, Zaïko, Solomentsev, Tcherbitskayev, Ponomarev, Chevardnadze, Konayev, Nikonov, Sokolov, Kapitonov et Eltsine.

Avec les paysannes du Kazakhstan en 1991.

Au Congrès mondial des femmes en 1987.

En visite dans une maison de retraite pour les vétérans et invalides de guerre (1991).

Lors de l'inauguration d'une exposition américaine à Moscou, en compagnie du milliardaire Armand Hammer, l'ami de Lénine.

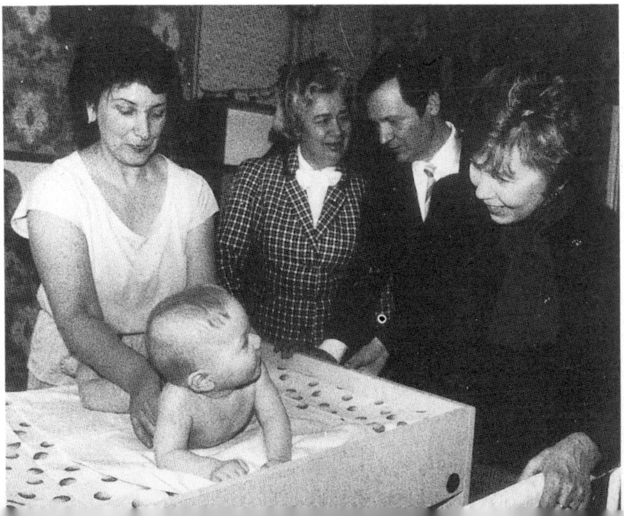

En visite dans une crèche d'Ukraine (1989).

Mikhaïl et moi lors de notre visite officielle à Varsovie en 1988.

Mikhaïl après la publication de son livre *Perestroïka* qui inaugurait une nouvelle façon d'envisager les problèmes de notre pays.

Mikhaïl et le président Mitterrand, lors de notre visite officielle en France (1985).

Bain de foule lors de la visite de 1990 aux États-Unis.

Avec George Bush, la bonne humeur est de rigueur.

Avec Deng Xiaoping, en 1989.

En visite dans une école maternelle
de Latvia en 1987.

Irina et Xénia pendant un défilé sur la place Rou

La cueillette des champignons
en famille (1990).

Bain de foule japonais.

Nancy Reagan et moi au Kremlin pendant le sommet des deux Présidents.

Toast à la japonaise.

La réception de Barbara Bush et de moi-même à Wellesley College, en 1990, qui m'a décidé à écrire ce livre.

Avec le chancelier Kohl, lors de la visite officielle en RFA (1990).

Avec les popes Svyato et Danilov, lors des Pâques orthodoxes de 1990.

Dans un village près de Sverdlovsk.

Un des exercices favoris de Mikhaïl Sergueïevitch, le discours en public. Ici à Norilsk en 1988.

Avec les enfants hongrois en 1986.

A la maternité municipale de Moscou.

Je reçois des élèves américains à Moscou en 1989.

La célèbre collection de faïences et de porcelaines de Mme Beam passe par Moscou.

Svatoslav Rorich est venu me proposer d'ouvrir un musée regroupant la majorité de ses œuvres.

Nous posons avec la compagnie théâtrale de Leningrad.

Les acteurs de la comédie musicale *Sophisticated Lady* viennent jouer à Moscou en 1988.

Avec le peintre Michel Chemyakine en 1991.

Je retrouve mes anciennes camarades de classe en 1990.

Avec Natalia Sats en 1987.

Le fameux sommet de Genève en 1985 avec les Reagan.

Mikhaïl et Giulio Andreotti, le président du Conseil italien en 1989.

Partie de campagne aux Chequers avec le couple Thatcher.

Vous avez la parole !

Tioumen, 1985. C'est là que Mikhaïl inaugure ce comportement si peu protocolaire pour un Premier secrétaire du Parti.

Boris Eltsine nous accompagne à Tioumen.

Rencontre décisive avec les Lituaniens et Vitautas Landsbergis, leur leader (1990).

Bain de foule en Tchécoslovaquie (1987).

Nous avons examiné avec les Roritch la possibilité de créer à Moscou un Fonds Roritch, ainsi qu'un centre culturel et un musée. Nous avons également beaucoup parlé de Nehru, qui était à un moment donné proche de la famille Roritch. Sviatoslav Nikolaïevitch a dit à maintes reprises qu'il avait une grande foi en Mikhaïl Sergueïevitch, et que toutes ses entreprises seraient couronnées de succès.

Roritch parsemait son discours d'expressions vieillotes et touchantes, comme « matouckha moïa » ou « batiouchka ty moï [1] ». Il nous a offert une photographie avec la dédicace suivante : « Efforçons-nous sans trêve d'atteindre le beau. » Tout cela est symbolique, comme une injonction éternelle... l'appel de la sagesse et de la nature profonde de l'homme.

C'est étrange, mais chaque fois que je pense à l'œuvre de Roritch, je me souviens du musée Andreï Roublev d'art russe ancien. Lorsque je l'ai visité pour la première fois il y a quelques années, j'étais en proie à toutes sortes d'émotions. L'on ne saurait sous-estimer l'effet que produit sur nous l'art des temps anciens, qu'il s'agisse de sculptures, d'objets de la vie quotidienne, de fresques, ou, en ce qui concerne la culture religieuse russe, d'icônes.

Je me suis rendu compte que le musée connaissait de nombreuses difficultés; cela ne pouvait pas me laisser indifférente. J'ai essayé de jouer un rôle dans le destin de ce musée. Malheureusement, il s'est avéré très difficile de l'aider à résoudre ses problèmes. Je suis pourtant certaine qu'il est essentiel de tout faire pour lui venir en aide. Ces musées sont uniques, ce sont des centres qui permettent d'étudier l'histoire de la culture russe; leur sort concerne tous les patriotes. Nous n'en avons qu'un petit nombre, vous savez. L'Union soviétique n'est pas l'Italie.

Lorsque vous voyagez en Italie, vous entendez de tous côtés : $\text{x}^{\text{e}}$ siècle, $\text{XII}^{\text{e}}$ siècle, $\text{XIII}^{\text{e}}$ siècle et ainsi de suite, qu'il s'agisse de musées, d'édifices ou de villes entières. Je crois que nous n'aimons pas assez nos monuments historiques. Nous devrions en prendre soin plus que nous ne le faisons.

Il est important, je crois, que le travail d'organismes comme le Fonds culturel ne soit pas seulement issu du nouvel élan

1. « Ma petite mère » ou « mon petit père ».

moral, des exigences éthiques venues du peuple, mais que ces organismes soient eux-mêmes capables de susciter cet élan et ces exigences. D'inestimables objets et œuvres d'art et d'artisanat sont offerts au Fonds par de nombreux donateurs. Tous vont bien entendu enrichir les collections de nos musées, et font l'objet d'expositions itinérantes. Ce qui est particulièrement important à mes yeux, c'est que ces personnes agissent par pur altruisme, en obéissant à des mobiles élevés.

*Qu'en est-il du retour de nos trésors artistiques et culturels qui se trouvent à l'étranger?*

Je voudrais dire un mot à ce propos. Les gens qui rendent ces objets et dont bon nombre n'ont d'ailleurs aucun lien de sang avec la Russie, ne le font pas seulement parce qu'ils se sentent redevables envers notre pays ou par générosité, mais parce qu'ils sont sûrs de les remettre entre de bonnes et honnêtes mains. Depuis la perestroïka, notre pays jouit d'une image beaucoup plus séduisante et plus humaine. Je suis heureuse d'avoir joué un certain rôle dans le retour de nos trésors culturels. J'ai eu la chance de recevoir beaucoup de cadeaux de ce genre et je sens encore la chaleur des mains des donateurs dont certains étaient vieux, parfois même très vieux, et d'autres tout jeunes. Il me semble qu'en cette époque si difficile pour nous, le peuple soviétique dans son ensemble est sensible à cette chaîne de l'amitié et de la sympathie.

J'aimerais exprimer ma gratitude aux personnes vivant en Amérique, en France, en Grande-Bretagne, en Italie, au Japon, en Espagne et dans d'autres pays – à ceux qui ont émigré de Russie, de quelque nationalité qu'ils soient, ainsi qu'à ceux qui n'ont pas de relations officielles avec la Russie et qui n'ont agi que de leur plein gré.

Depuis mon plus jeune âge, j'adore les livres, le théâtre et la peinture. J'attache beaucoup de prix à la création littéraire inspirée et je m'incline devant l'originalité d'esprit, le talent, la dignité humaine, le courage et l'altruisme. J'admire la beauté du visage humain. Tout comme la beauté d'un paysage, d'une fleur et d'un brin d'herbe. Je suis convaincue qu'en protégeant la beauté sous toutes ses formes, l'homme finit par contribuer au salut de sa propre âme.

*Mais ces derniers temps, Raïssa Maximovna, les gens en Russie parlent de plus en plus au premier degré de « sauver leur âme ». Ils s'intéressent plus activement à l'Église, à la littérature religieuse, aux idées et à l'enseignement religieux. N'est-ce pas dû en partie au manque de stabilité de notre existence matérielle et à une certaine tension émotionnelle ?*

Oui, probablement. Mais on ne peut nier que les changements qui sont intervenus ces dernières années dans notre société ont permis à l'Église de sortir de l'ombre avec plus de hardiesse et de mettre un terme à la désaffection dont elle souffrait depuis tellement d'années. D'autre part, ils ont offert la possibilité aux individus de ne plus cacher leurs croyances, ou simplement leurs intérêts, ni d'en avoir honte, même lorsqu'ils ne coïncident pas avec le point de vue officiel. Reprenons par exemple cet intérêt pour l'Église. Nous ne sommes pas dans le domaine du « peut-être ». La perestroïka a effectivement contribué à la renaissance de l'Église et a supprimé certaines contraintes de sa vie quotidienne. On rend maintenant les vieilles églises et mosquées aux fidèles. A la demande de certains d'entre eux, j'ai eu moi-même l'occasion de participer à de telles restitutions, et je suis heureuse d'avoir aidé une bonne cause. Aujourd'hui, nous entendons de nouveau les cloches sonner les jours de fête et on diffuse même les sermons à la télévision. Les idées théologiques circulent plus librement.

Vous vous souvenez sûrement que jusqu'en 1985, les ouvrages tels que la Bible et le Coran étaient considérés comme des raretés bibliographiques. On ne pouvait ni mettre la main sur eux ni les acheter. Aujourd'hui, nous nous sommes donné la possibilité d'accéder à un monde d'une infinie richesse, peuplé de nombreux penseurs et défenseurs de la foi et de l'esprit oubliés et pratiquement inconnus. En un mot, un dialogue normal entre l'Église et l'État s'instaure actuellement dans notre société. Le « rideau de fer » qui les séparait jusqu'à une époque très récente est en train de s'ouvrir.

Vous souvenez-vous des cérémonies qui ont marqué le millième anniversaire de l'avènement de la Chrétienté en Russie ? Aujourd'hui, l'Église participe activement aux œuvres pacificatrices, charitables et patriotiques dans notre société. Cela est extrêmement important pour nous. Notre pays est un pays multi-ethnique, composé d'individus de confessions très diverses, et l'harmonie sociale repose en grande partie sur tous les bergers de notre troupeau de millions d'âmes.

J'ai eu l'occasion de rencontrer différents dignitaires de l'Église. J'ai rencontré Sa Sainteté Pimène, l'ancien patriarche de toutes les Russies et Sa Sainteté Alexis II, le patriarche actuel; Sa Sainteté Jean-Paul II, le pape de l'Église romaine catholique, Vasgène II, le chef suprême de l'Église arménienne, et d'autres chefs spirituels. Et j'ai également rencontré des fidèles ordinaires, des êtres très cultivés aux opinions profondes. Sa Grâce Pitirim, métropolite de Volokolamsk et Yourev, est membre du présidium du Fonds culturel. Et nous discutons en ce moment ensemble de tous les problèmes d'intérêt commun.

Lorsque je visite des églises, je ne manque jamais de parler, non seulement aux membres du clergé, mais aussi à de simples fidèles. Voyez-vous, je comprends que les gens viennent à l'église avec leurs chagrins et leurs angoisses et qu'ils s'y rendent dans un état particulier, en apportant leur souffrance à Dieu. Cela signifie que nous, autour d'eux, n'avons pas su voir cette souffrance et que nous n'y avons pas réagi.

Un jour que je rendais visite au monastère de Svyato-Danilov, une femme, déjà âgée, m'a demandé : « Raïssa Maximovna, pourquoi ne vous êtes-vous pas agenouillée devant l'icône ? » Que devais-je lui répondre ? A mon tour, je lui ai donc demandé : « Croyez-vous en Dieu ? – Oui, m'a-t-elle répondu. – C'est bien, ai-je dit. Je pense qu'une personne ne peut pas vivre sans foi, car c'est cela qui fait d'elle un être humain. Mais vous reconnaîtrez que la foi peut être de nature différente. Ce qui compte avant tout, c'est le genre d'actes par lesquels elle se manifeste. Je connais beaucoup de personnes de valeur qui sont athées, je connais des gens qui ne croient pas en Dieu mais en une espèce de mystérieuse force suprême. Votre foi ne m'empêche ni d'avoir du respect pour vous et vos idées, ni de vous croire. L'essentiel, c'est d'être tolérant et de respecter le point de vue de l'autre. Il est important que nous ne commencions pas à nous battre l'une contre l'autre ou à nous infliger des souffrances, au nom d'une foi qui nous est propre. Voilà ma principale profession de foi, mon idéal et mon espoir.

Dites-moi maintenant, continuai-je : serait-ce vraiment mieux si je m'agenouillais ici dans le simple but de vous ménager ou de vous faire plaisir ? – Non, répondit la femme, vous ne devez pas être hypocrite. Ce serait pire. »

Ne soyez pas hypocrite ! Ces paroles me semblent d'une extrême importance. Elles sont la clef d'une grande faculté de compréhension.

La défense de la perestroïka me tient probablement trop à cœur, mais je voudrais encore mentionner un autre de ses apports : elle a rendu aux êtres le sens de leur propre dignité. En dernière analyse, cet intérêt naturel pour la religion, qui s'est tellement accru ces derniers temps, est lui aussi fondé sur cela – sur la résurrection du sens de la dignité personnelle. Il ne faut pas être hypocrite ni agir avec mauvaise foi, car cela reviendrait à perdre une partie de votre propre dignité, à froisser et à offenser les autres. Et pas seulement à les offenser. Je suis persuadée que l'hypocrisie, le mensonge, vont vraiment main dans la main avec le mal, l'intolérance et la cruauté. Lorsque je vois l'aisance avec laquelle l'athée d'hier et l'ardent propagandiste de l'athéisme d'aujourd'hui jurent une loyauté éternelle envers les dogmes chrétiens, tandis que certains prêtres se battent avec fureur sur les barricades de l'affrontement politique (et nous avons ce genre d'individus), je me dis à moi-même : y a-t-il dans cela ne serait-ce qu'un simple brin de foi – de n'importe quelle foi ! – ou uniquement un manque de foi, des mensonges et de l'hypocrisie qui détruisent l'âme ? L'intolérance et l'affrontement idéologiques dont nous avons tant de mal à nous débarrasser, constituent-ils le seul « héritage inestimable » du passé ? Vous souvenez-vous de la pièce d'Evgueni Zamiatine, *Le dragon* ? Le dragon, vaincu par le chevalier Lancelot, dit : « Ma consolation, c'est que je ne vous laisse que des âmes en ruine, des âmes usées, des âmes mortes. »

On dit qu'il n'y a rien de plus précieux que les contacts humains. Il serait difficile, voire impossible, de dresser la liste nominative de toutes les personnes que Mikhaïl Sergueïevitch et moi avons eu la chance de rencontrer ces dernières années. Des hommes d'État, des hommes politiques, des personnages publics, des érudits, des artistes, des médecins, des femmes au foyer, des kolkhoziens, des ouvriers et des employés de bureau... Des gens célèbres dans le monde entier et d'autres totalement obscurs. La mémoire retient le moment de la rencontre, des paroles, des images, des situations et une atmosphère. Il y avait parmi eux tellement de personnes talentueuses, exceptionnelles, brillantes et uniques! Je rêve de les réunir toutes un jour entre les pages d'un livre.

Comme j'accompagne Mikhaïl Sergueïevitch dans ses voyages à travers le pays, je rends souvent visite à des écoles, à des homes d'enfants, à des crèches, à des hôpitaux, à des marchés, à des magasins, à des organismes culturels et à des gens chez eux. Vous vous doutez que je ne le fais pas simplement pour satisfaire ma curiosité. Mes diverses rencontres sont officieuses, elles possèdent un caractère direct et très peu protocolaire et elles me procurent une possibilité supplémentaire de voir, d'entendre et de comprendre les choses, et d'aider dans la mesure de mes moyens. Grâce à elles, Mikhaïl Sergueïevitch et moi voyons davantage de choses.

Je me rappelle un voyage que nous avons effectué en 1987 dans la région de Mourmansk et dans les villes de la région polaire soviétique. Je me souviens de la beauté majestueuse et sévère de la nature dans le Grand Nord. Le site même de Mourmansk – bâtie sur trois terrasses semblables aux trois ponts d'un paquebot – m'a profondément frappée. Je me souviens de ma visite au gigantesque complexe de métaux non ferreux de Severonikel. L'héroïque sous-marin K-21 est un monument au courage de nos combattants de la Seconde Guerre mondiale. Le musée de la vie dans la région des mers septentrionales. J'ai un souvenir très précis des enfants et du personnel du foyer pour enfants en âge présolaire que j'ai pu visiter à Mourmansk.

Et bien sûr, je garde un souvenir aigu de mes rencontres avec des femmes – à Montchegorsk, Mourmansk et Severomorsk. Nous avons abordé de nombreux sujets : la pénurie d'emplois, les difficultés pour les femmes de pêcheurs et d'hommes servant dans les forces armées de trouver du travail. Nous avons parlé des pensions pour les habitants du Nord qui souhaitent continuer à vivre dans le Nord et ne pas déménager après leur retraite. Nous avons discuté de la responsabilité morale et matérielle des parents qui abandonnent leurs enfants nouveau-nés à la merci du destin et aux soins des maisons d'enfants. C'est un problème à Mourmansk et dans d'autres ports. Nous avons parlé de la qualité de la nourriture offerte dans les maisons d'enfants et des transports assurant la desserte de ces foyers et des pensionnats. Nous avons également abordé les problèmes quotidiens et les questions d'écologie à Montchegorsk. Nous avons évoqué le rôle que les femmes de Mourmansk pourraient jouer dans le travail du Fonds culturel et dans le développement des liens culturels avec les habitants des pays scandinaves voisins. Et je suis contente d'avoir apporté ma contribution, si mince soit-elle, en m'occupant de certains problèmes « de femmes » dans cette région.

Avec la présidente du Conseil des femmes de la région de Mourmansk, Margarita Michaëlovna Molodtsova, j'ai préparé un memo concernant les problèmes sociaux les plus urgents et je l'ai envoyé au Comité central du PCUS et au Conseil des ministres de l'URSS. Certaines des propositions faites par les conseils de femmes de Mourmansk et certaines des idées avancées par le Parti et par les organisations gouvernementales de Mourmansk – concernant les problèmes des femmes, des enfants et des personnes âgées vivant dans le Nord – ont été adressées au Présidium du Soviet suprême de l'URSS, au Comité des Femmes soviétiques et au Fonds pour l'enfance. Des décisions d'ordre général résumant les résultats du voyage de Mikhaïl Sergueïevitch et touchant à toute une série de problèmes ont été prises, et nos propositions y ont été incluses.

Je ne suis pas, cela va de soi, en mesure d'aider à résoudre tous les problèmes dont je prends connaissance ou au sujet desquels les gens m'adressent des requêtes par écrit. Et quoique mon cœur se serre et que, croyez-moi, j'ai envie d'aider tout le monde, il me faut affronter la réalité de la vie et reconnaître que personne n'est omnipotent. Les problèmes les plus délicats sont ceux concernant le logement, les maladies graves, le sort des invalides et des personnes seules âgées.

Ces dernières années, on m'a dit beaucoup de choses aimables. J'ai également mes propres partisans, alliés et amis, à la fois ici et à l'étranger – aux États-Unis, il existe même une société des amis de Raïssa Gorbatchev. Je les remercie tous, mes amis proches et lointains, de leur aide, de leurs sentiments chaleureux et de leurs paroles réconfortantes. Les photos que l'on m'a offertes, les livres, les poèmes, les chansons et les dessins – je ne peux imaginer rien de plus précieux que ces dons sincères! Et les messages, simples, sincères et confiants : « J'ai du respect pour vous et pour votre courage et je vous suis reconnaissante de donner au monde entier cette image distinguée des femmes de notre pays. K. Tichtchenko. Krivoï Roug. »

Je parcours du courrier tout récent : « Chère Raïssa Maximovna, en ce jour de fête du 8 mars, je vous adresse mes félicitations. Je vous souhaite une santé à la sibérienne, une longue vie à la caucasienne, la paix et l'amour de votre famille, et, bien entendu, de la patience. Je sais à quel point il est difficile d'être la femme du Président, mais tout ira bien. Je prie pour vous et j'attends votre visite. Il y a beaucoup de choses qui doivent être dites. Avec mes respects, Raïssa Alexaïevna Mukharamova, Achkhabad. » En voici une d'Ivano-Frankovsk. Elle vient de la famille d'un homme qui a combattu dans la grande guerre patriotique. Des félicitations à l'occasion du 8 mars : « En ce jour superbe, nous vous offrons un million de perce-neige... »

Cette lettre arrive des États-Unis. Elle a été écrite par Gloria Hatten Sapp, qui vit dans l'État de Géorgie :

> Chère Madame Gorbatchev,
>
> C'est de chez moi que j'ai regardé et écouté le premier discours que vous avez adressé aux étudiantes de l'université de Wellesley et aux téléspectateurs des États-Unis d'Amérique.
>
> J'ignore l'opinion que se font de vous les citoyens d'Union soviétique; j'espère qu'ils vous témoignent l'immense respect que vous méritez.
>
> J'ai admiré vos paroles et votre attitude gracieuse. Des milliers de personnes partageaient vos sentiments. Votre présence a aidé à combler le fossé entre nos deux nations; ce fossé qui ne cesse de se réduire à un rythme accéléré.
>
> Je souhaite que vous, votre mari et votre pays triomphiez des obstacles que vous affrontez. Je vous suis

reconnaissante de tout ce que vous êtes et de tout ce que vous accomplissez pour notre monde.

Avec mon plus grand respect, Gloria Hatten Sapp.

Voici une autre lettre que je vais lire dans sa totalité :

Chère Raïssa Maximovna,

J'ignore si cette lettre vous parviendra ou si je fais bien de vous l'écrire. Mais, croyez-moi, j'ai très envie de vous dire des choses gentilles. Pour être franche, cela m'a plutôt déplu quand Mikhaïl Sergueïevitch a commencé à voyager à travers le pays et que vous l'avez accompagné dans ces voyages qui n'avaient rien d'excursions touristiques mais qui étaient de véritables occasions de travailler. Peu de temps après vos premiers déplacements, je me suis pourtant rendu compte que ces voyages représentaient pour vous, non un loisir, mais un travail. Et que ce travail était tout, sauf facile! C'est un travail social formidable et une obligation morale. Quels que soient votre humeur ou votre état de santé, vous devez sourire aux journalistes et aux gens qui vous entourent. Vous devez saisir ce dont les gens vous parlent et apporter à toutes leurs questions, non pas des réponses superficielles énoncées dans le seul but de répondre, mais des réponses beaucoup plus sérieuses qui tiennent compte de leurs problèmes. Et puis vous avez le don de vous habiller avec modestie, mais aussi avec goût et en suivant la mode. Et en tant que femme, vous êtes capable de faire en sorte que les gens soient bien disposés envers vous. De mon point de vue, être la femme du Premier secrétaire est très difficile, car on ne vous considère pas seulement comme une femme ordinaire, mais comme l'épouse de Mikhaïl Sergueïevitch. C'est vraiment un travail très dur!

Je vous écris cette lettre après avoir regardé à la télévision l'émission « Vremya » qui relatait votre voyage en Yougoslavie. Et, ma parole d'honneur, je me suis vraiment sentie fière de vous, de Mikhaïl Sergueïevitch, du peuple soviétique et de mon pays. Ma lettre est sûrement un peu embrouillée et vous ne comprendrez peut-être pas tout. Je désire simplement vous faire comprendre que je vous veux du bien et vous témoigner ma sympathie. Larissa Goutsal, âgée de 28 ans.

Voici une autre lettre en provenance d'Italie :

Raïssa (c'est ainsi qu'ils s'adressent à vous, sans aucun titre ni adjectif). Nous aimons votre attitude lorsque vous paraissez en public aux côtés du Signor Président : modeste, silencieuse et intelligente, mais en même temps aimante. Sûre de vous, calme et sereine. Vous avancez en semant les graines du printemps qui produisent déjà les racines des fleurs de la liberté et de la joie. Que vos forces ne vous trahissent pas en chemin. Merci.

Sœur Anna Lonero. Naples.

*C'est de la poésie, pas de la prose...*

Je suis profondément reconnaissante aux cinq millions de lecteurs du magazine britannique *Women's Own* qui m'ont choisie comme « femme de l'année » en 1987 et qui m'ont attribué un prix pour le travail que j'accomplis sur le plan international. Je suis reconnaissante au fonds international Together for Peace et à sa présidente Mme Fanfani de m'avoir décerné le prix « Women for Peace ». Je suis émue jusqu'au fond du cœur d'apprendre que M. Rivello en Italie, la famille Modzelevsky aux États-Unis, la famille Rejin au Brésil et la famille Dimov en Bulgarie ont donné mon prénom à leurs enfants. Une entreprise polonaise, Vitroflora, et ses propriétaires, Anna Pavlak et son mari Karol, ont inventé une nouvelle espèce de fleur d'une beauté étonnante et l'ont appelée « Raïssa ». Ogilvy et Meiser Fokas, une société d'Allemagne fédérale, a baptisé de mon prénom une nouvelle rose qu'elle a créée.

Croyez-moi, je ne recherche en aucune façon de telles marques d'attention. Je ne suis pas avide de ce genre d'adoration généralisée. Mais le cœur humain est ainsi fait : il reconnaît sans se tromper la bonne volonté chez les autres et le genre d'attitude qu'ils ont envers vous. Là se trouve sa principale source d'enrichissement. A la bonté, il réagit sur-le-champ par la bonté.

Je me souviens de la Sicile, de Messine, de la ville de Linz aux environs de Bonn, de Minneapolis... Je garderai toujours dans mon cœur la gratitude que j'ai éprouvée pour ces personnes qui se sont avancées vers moi en ces journées mémorables afin de me serrer la main et, à travers moi, exprimer leur confiance et leur reconnaissance envers mon pays, mon peuple et mon mari.

*Ce n'est pourtant pas un hasard si nous, les Russes, avons ce dicton : « On ne peut pas être gentil avec le monde entier. » Et il arrive parfois que le « monde » s'avère plus gentil avec vous que votre « patrie ».*

Cela arrive... Ces dernières années, j'ai, bien sûr, entendu un autre son de cloche : j'aurais la « prétention de jouer un rôle spécial », je me « mêlerais de choses qui ne me regardent pas », je serais « l'arme secrète du Kremlin », je serais la « tsarine », Joséphine et ainsi de suite.

A mon sens, Gueorgui Vladimirovitch, la nature contradictoire des jugements portés sur moi n'est pas tant déterminée par ma personnalité, ni simplement par la variété des idées humaines que par d'autres éléments qui me semblent importants. A commencer peut-être par le fait que j'apparais ouvertement en public.

Le fond du problème, c'est que le concept d' « épouse du chef du Parti et du pays » était devenu chez nous très abstrait. Il ne voulait vraiment rien dire. Il n'est pas simplement question ici de l'épouse du chef de l'État. Je dirais que cela va beaucoup plus loin. Ce qui est en jeu, c'est le problème de l'attitude envers les femmes dans leur ensemble et particulièrement envers la femme en tant qu'épouse et la femme en tant que mère, et celui de leur position dans la société. J'ai déjà parlé avec vous du fait qu'ayant accompli beaucoup de choses en faveur des femmes et des enfants, ce pays n'était toujours pas en mesure de créer les conditions nécessaires pour que l'égalité de la femme soviétique soit réalisée dans la pratique et pour que soit affirmée sa dignité d'être humain possédant des droits à part entière. De plus, le rôle de la famille a été réévalué à la baisse dans la conscience sociale et dans l'opinion publique. Et en même temps, on a minimisé le rôle de la femme comme mère et comme épouse et – n'en tirez pas de conclusions hâtives – de l'homme comme père. Oh oui, la dépréciation du rôle de la femme a inévitablement réduit l'importance du rôle de l'homme dans la famille. Les deux sont liés. Un détail typique : je me souviens que dans mon enfance, la famille au grand complet observait toutes les fêtes et les célébrations, aussi bien publiques que privées. Le père et la mère sortaient toujours ensemble, que ce soit pour rendre visite à leurs amis ou pour aller au club à l'occasion de fêtes et d'événements officiels.

La situation suivante, par exemple, n'était pas exceptionnelle mais tout à fait normale. Une réunion officielle se tenait dans l'entreprise de mon père. On lui remettait un certificat honoraire ou un prix ainsi qu'à d'autres travailleurs méritants et ma mère assistait à cette cérémonie, assise dans le public au milieu des femmes des collègues de mon père. Les formalités terminées, j'entrais avec mes camarades de classe sur la scène de bois où mon père venait d'être récompensé. Puis il y avait un concert. Nous chantions et nous dansions pour les travailleurs et nous formions une pyramide de gymnastes... Et je savais que les membres les plus attentifs et les plus « émus » de mon public étaient mon père et ma mère, assis côte à côte quelque part dans les premiers rangs. Nous allions tous ensemble en pique-nique ou en excursion au printemps; des transports étaient même prévus pour que les familles entières, enfants toujours compris, puissent participer à certains événements.

De nos jours, vous le savez, les collègues de travail célèbrent les anniversaires des gens en l'absence de leurs conjoints. Les épouses ou les maris ne sont pas invités pour les fêtes nationales. Une sortie en groupe au théâtre elle-même est organisée sur la base de la collectivité au travail. « Billets accordés en fonction du nombre d'adhérents au syndicat !» Qui n'a pas entendu cette phrase ? La mode veut également que l'on parte désormais en congés ou en vacances en célibataire. Il est difficile de dénicher un voyage organisé pour toute une famille.

Avons-nous beaucoup de pensions ou de maisons de repos susceptibles de les accueillir pour un séjour ? Pratiquement aucune. Nous n'y avons pas pensé. Nous avons estimé que nous construisions quelque chose de mieux que la famille.

A propos, c'est uniquement dans notre pays et dans quelques pays qui étaient proches de nous que les épouses ou les maris n'assistent pas aux réceptions et aux dîners officiels. Je suis d'avis que l'on pourrait diminuer le nombre de ces réceptions, mais qu'il serait aussi beaucoup plus approprié que les femmes y soient conviées, comme partout ailleurs dans le monde. Regardez ce qui est arrivé lorsqu'un officiel très haut placé, s'adressant au Soviet suprême de la Fédération russe et regardé par des dizaines de millions de téléspectateurs, a insulté sa collègue, une femme. L'épouse et la mère de quelqu'un. Lorsqu'on lui a demandé de présenter des excuses, il avait l'air de ne pas savoir pourquoi il devait s'excuser.

Nous avons dévalorisé le travail que les femmes effectuent dans leur foyer et dans leur famille, au sens matériel aussi bien que moral. Désormais, non seulement il n'est plus de bon ton d'être fier d'une épouse qui est une femme au foyer ou de décrire sa partenaire dans la vie sous ce jour, mais cela est devenu « déplacé ». Là encore, je pense et je repense à ma mère. Oui, elle aussi était une femme au foyer. Mais, vous savez, elle a élevé trois enfants, et que pouvait-on trouver de plus profitable à l'État que le genre de travail que cela impliquait ? A tous ses enfants, je le répète, elle a donné une excellente éducation, en n'ayant en tout et pour tout à sa disposition que le revenu très modeste de mon père. Il fallait qu'elle soit dévouée à son travail et, pardonnez-moi, vraiment douée, pour parvenir à gérer la situation dans de telles conditions ! Ses mains, dont dépendaient tellement de choses, n'étaient pas seulement travailleuses, elles étaient aussi pleines de talent. Ma mère cousait, retouchait, retournait, cuisinait, lavait, nettoyait, cultivait le jardin, surveillait la vache et les poulets, soignait les enfants lorsqu'ils étaient malades et faisait attention à chaque kopek, ce qui réclamait aussi un véritable talent ! Il faut beaucoup de caractère et d'énergie pour diriger une maison et une famille. Quel dommage que nous ne sachions pas le reconnaître et l'apprécier !

Est-ce seulement la femme au foyer qu'il est passé de mode de louer aujourd'hui ? Je pense que la situation des femmes et de la famille dans l'État nous préoccupe tous. Très récemment, j'ai lu quelque part que si les femmes étaient heureuses, la société dans son ensemble le serait aussi. Bien entendu, tout le monde ne peut pas être heureux à la fois, mais il n'empêche, cette idée est très intéressante.

Il y a un autre point que j'ai observé et qui m'intéresse. A la suite de la dépréciation du rôle du père, de la mère et de l'épouse qui est peut-être intervenue simultanément, certains processus se rapportant au concept même de foyer ont commencé à se manifester.

*A quoi songez-vous ?*

Je m'explique : l'attachement à la maison de famille, qui était si ancré en chacun, a commencé à décliner et à perdre de son intensité. On s'est mis à préférer vivre dans des logements « d'État » plutôt que dans sa propre maison, habitée depuis des générations. Je ne parle pas seulement des maisons des parents qui, dans tout le pays, ont été abandonnées et désertées.

En ne cessant de déménager d'un appartement à un autre, d'un logement communautaire à un petit appartement séparé, puis un jour du petit appartement à un appartement plus agréable, et en obtenant chacun d'eux au prix d'une lutte et d'une victoire dans la course d'obstacles que cela représentait, nous sommes devenus bon gré mal gré d'ardents adeptes de l'« échange ». Du processus lui-même. Nous n'avons plus le temps de nous attacher à rien ou de rendre un endroit confortable avant qu'arrive déjà le moment de « s'agrandir » ou de déménager. Peut-être est-ce pour cela que nous n'entretenons pas ou que nous n'accordons pas de valeur spéciale aux appartements ou aux maisons d'État et que nous nous préoccupons moins d'eux que nous ne le ferions des nôtres. Nous sommes toujours en train de bouger, toujours locataires.

Lors du sommet de Malte entre Mikhaïl Sergueïevitch et George Bush, j'ai passé un moment avec un jeune couple maltais. Ils venaient de se marier, ils étaient charmants et accueillants et ils n'avaient pas encore d'enfants. Mais leur appartement possédait déjà une chambre d'enfants qu'ils équipaient sans se presser. Cet appartement de trois pièces, ils l'avaient acheté grâce à un emprunt-logement, avec l'aide de leurs parents. Ils s'étaient tout de suite portés acquéreurs d'un appartement suffisamment vaste pour que leur famille puisse s'agrandir et qui leur durerait longtemps, peut-être plus d'une génération. C'est ainsi que l'on jette les bases d'une maison de famille. On la construit comme les hirondelles bâtissent leur nid. L'URSS n'est pas Malte, bien entendu. L'échelle est différente, y compris en ce qui concerne la pénurie de logements. Pour le moment, nous ne sommes pas en mesure, même contre de l'argent, d'offrir à chaque jeune famille la possibilité de posséder un appartement comme celui-là, vaste, destiné à l'abriter durablement et à répondre à ses besoins futurs. Pourtant, même aujourd'hui, quelque chose pourrait être accompli... Une personne qui vit dans la maison où sa mère et son père ont vécu a une autre attitude à l'égard de ses murs, et pas seulement de ses murs. Elle se conduit dans la vie de façon plus équilibrée et elle y est plus enracinée. Une maison, après tout, ne se réduit pas seulement à ses murs, c'est quelque chose que les mots sont incapables de traduire, quelque chose de mystérieux.

Je repense encore à ma mère. Je vous ai déjà raconté que nous n'avions pas de foyer fixe : notre petite troupe se déplaçait continuellement dans le sillage de mon père le cheminot. Mais où que nous allions, où que nous déménagions, ma mère s'entêtait à emporter un vieux buffet dans une charrette, comme s'il s'agissait d'un objet très précieux et vivant. Partout où nous nous installions, il suffisait que le buffet soit mis en place pour que nous ayons déjà un foyer. Il y avait déjà quelque chose qui nous appartenait. Quoi qu'on en pense, c'était notre « nid ». Grâce à ce buffet, nous nous sentions au chaud et sécurisés. Et nous ne nous en sommes jamais séparés. Il formait le lien entre Mère et nous tous et les personnes qui avaient constitué notre famille par le passé.

*Vous aurez peut-être du mal à croire ce que je vais vous raconter, mais cela concorde parfaitement avec votre histoire. J'ai eu la chance de vous accompagner lors d'une visite à la maison de Tourgueniev à Bougival. Et savez-vous ce qui m'a le plus frappé ? Je me souviens que ma mère possédait une armoire de bois sombre, du platane si ma mémoire est bonne. L'armoire entière et ses étagères tenaient sans un seul clou. Ma mère l'avait héritée de sa mère qui la tenait également de sa mère. C'était, je m'en rends compte aujourd'hui, l'objet le plus précieux de notre maison. A notre époque, bien sûr, elle tombait déjà en ruine, le bois était léger, vermoulu et odoriférant. J'aimais mettre le nez dans cette armoire, pas seulement pour chercher quelque chose de délicieux, mais pour le seul plaisir de humer l'odeur qui y régnait – épicée, exquise et mystérieuse. Mais après la mort de ma mère, j'ai bêtement essayé de construire un traîneau avec les étagères du haut. J'ai essayé de les scier, mais le bois résistait; j'ai enfoncé quelques clous et le bois s'est fendu. En un mot, j'ai abîmé l'armoire. Plus tard la maison a été vendue, nous les enfants avons été envoyés dans des foyers ou des pensionnats, et tous les objets de la maison ont été vendus ou perdus. L'armoire aussi a disparu, comme tout le reste. Comme souvenir de ma mère, il n'est resté qu'une vieille nappe de lin que nous avons toujours. Et au fil des ans, je me suis mis à repenser plus souvent et plus douloureusement à cette armoire, parce que j'éprouvais sans doute de la culpabilité à son égard. Vraiment, je la « respectais profondément », comme dans la pièce de Tchekhov* La cerisaie. *Les objets peuvent également nous inspirer de la nostalgie. Trente ans plus tard donc, j'ai visité la maison de Tourgueniev transformée aujourd'hui en musée, et savez-vous quelle est la première chose qui a attiré mon regard?*

Je le devine.

*Oui, c'était une vieille armoire de bois sombre, exactement identique, m'a-t-il semblé, à celle que feu ma mère possédait. J'ai vraiment eu un choc et je suis resté à côté de ce meuble pendant pratiquement toute la durée de la visite. J'avais envie d'en ouvrir la porte, de passer la tête dans ses profondeurs épicées et de renifler!*

Vous auriez dû le faire. Je me souviens que les gardiens du musée étaient des personnes accueillantes et simples. Dans l'ensemble, je vous comprends très bien. Le sens du chez-soi est quelque chose que nous ne devons pas perdre, ce serait dangereux. Chacun d'entre nous doit essayer de le faire renaître. C'est également le moyen de jeter une base solide, de planter des racines et d'instaurer un équilibre dans le cœur de chacun et dans la société. Ma maison n'est pas simplement mon château, elle est aussi mon univers, ma galaxie. C'est ce que je pense. De plus, nous devons cesser dès l'enfance d'ôter aux enfants le désir de travailler en leur donnant une formation professionnelle faite de cours de travaux manuels formels qui, la plupart du temps, ne leur apprennent qu'à esquiver toutes les occasions d'accomplir un travail obligatoire, et leur donner la liberté de travailler eux-mêmes dans les endroits de leur choix et qui ne soient pas nuisibles à leur santé. Les plus indiqués étant leur propre maison, leur jardin potager ou leur verger.

*De nos jours, nombre d'entre eux ne rêvent que de cela – posséder leur propre maison et leur propre jardin. Les adultes aussi bien que les enfants, y compris les miens. Il semble d'ailleurs qu'il s'agisse d'un phénomène universel. Aux États-Unis, on relie l'explosion de la construction des maisons privées au fait que les personnes nées dans les années qui ont suivi la guerre sont maintenant entrées dans leur vie professionnelle active. C'est la génération du « baby-boom ». Je pense que cela nous concerne aussi directement. Personnellement je crois et j'espère beaucoup en ma génération – et je voudrais qu'elle ne soit pas la génération de ceux qui n'ont « rien à perdre », mais celle des propriétaires fonciers socialistes.*

Je ferai tout ce qui est possible pour encourager une telle tendance. J'encouragerai tout ce qui lie une personne à sa maison, à sa terre natale, à un ordre donné des choses et qui lui procure une plus grande stabilité dans la société et l'occasion d'augmenter sa fortune par des moyens honnêtes. Il est temps, grand temps, d'arrêter de crier, de hurler et d'attiser l'intolérance, la haine et les mauvais sentiments – et de commencer à faire quelque chose de positif, chez soi. Je crois aussi aux individus travailleurs et efficaces – ma mère aurait dit « actifs », et je suis impatiente d'en voir un plus grand nombre sur le chemin de la perestroïka.

*Pour en finir avec le sujet du chez-soi : le printemps dernier, le Président avait projeté d'aller rendre visite à sa mère pour son quatre-vingtième anniversaire. Il voulait y aller seul – je le sais de source sûre. Mais les mineurs l'en ont empêché. Il a été remplacé par des personnes capables, dans une certaine mesure, d'apporter à sa mère un plaisir comparable à celui qu'elle aurait ressenti en voyant arriver son fils.*

*Deux représentantes personnelles du Président se sont rendues dans le Sud en avion pour la circonstance, deux petits émissaires avec des nœuds dans les cheveux : Xénia et Anastasia.*

*Sa mère en a éprouvé un bonheur teinté cependant de tristesse, un état que toutes les mères connaissent bien, qu'elles attendent patiemment sur le pas de la porte l'arrivée d'un Président, d'un Premier ministre ou d'un simple ouvrier.*

*Nous avions démarré notre conversation, Raïssa Maximovna, en évoquant le statut social de l'épouse du chef de l'État.*

En réalité, partout dans le monde civilisé, le statut, les droits et les devoirs de l'épouse du dirigeant du pays sont plus ou moins établis, soit par des règlements écrits, soit en fonction de certaines traditions. Par exemple, j'ai appris qu'à la Maison-Blanche, l'épouse du Président dispose de l'équipe nécessaire pour l'aider à remplir convenablement ses fonctions officielles. L'épouse du Président a son propre « territoire » et son propre bureau dans une aile de la Maison-Blanche, et une personne est responsable du bureau. Lors d'une visite en France, Mme Mitterrand, la femme du Président de la République française, qui consacre beaucoup d'efforts à l'organisation France Libertés qu'elle a créée, m'a mise au courant du travail accompli par son propre secrétariat qui, selon la tradition, aide l'épouse du Président à mener à bien son travail social et caritatif. Mme Kohl a de nombreuses activités, elle s'occupe de nombreuses œuvres sociales et de parrainage, et elle m'a également parlé du bureau spécial installé pour lui apporter l'aide dont elle a besoin.

Il est apparu, Gueorgui Vladimirovitch, que je n'avais à ma disposition qu'une seule tradition, qui avait pris forme à l'époque de Staline : l'absence de tout droit à une existence publique et officielle. A l'occasion, je suis même frappée qu'une certaine frange de notre société ait fait un cas si excessif de mon apparition en public, comme s'il s'agissait du « grand événement » de la perestroïka.

C'est vrai, mon apparition en public aux côtés de Mikhaïl Sergueïevitch a exigé qu'en tant que femme du chef de l'État, j'accomplisse certains devoirs officiels. Ceux-ci consistent à participer à des rencontres et à différentes manifestations gouvernementales et sociales qui sont parfois régies par un protocole. Bien entendu, je n'avais aucune connaissance spéciale en matière diplomatique et certainement pas d'expérience de la « haute société ».

J'ai appris au fil des occasions et j'ai vraiment assimilé beaucoup de choses en faisant confiance à mon intuition et à ma tendance naturelle à me servir de mon bon sens. J'ai appris pour la première fois en détail qu'il existait des règles strictes codifiant les cérémonies diplomatiques et le protocole dans les rencontres internationales. Il y a des règles d'ordre général, acceptées dans tous les usages internationaux, et des règles spécifiques et nationales, ainsi que des exigences protocolaires propres aux traditions différentes des peuples et des États en particulier. J'ai appris – non plus par ouï-dire mais « de première main » – que les manifestations telles qu'un « lunch » ou un « thé » possédaient elles aussi leurs éléments particuliers d'étiquette. Par exemple, le plus important genre de réception est le « dîner », qui doit avoir lieu le soir après dix-neuf heures ou plus tard. Il exige un ordre de répartition des places à table strict et très précis et, en règle générale, le port d'une tenue de cérémonie ou de soirée.

Dans certains pays, les femmes sont censées porter une robe longue aux déjeuners officiels. Dans notre vie quotidienne, une robe longue n'est pas très utile et, si vous voulez mon opinion, pas nécessaire du tout. Très élégante, bien sûr, mais je trouve que c'est une exigence qui relève du gaspillage : vous arrive-t-il souvent d'assister à de tels dîners ? Il ne s'agit de nouveau que d'une question d'un intérêt mineur, mais en 1985, un nouveau règlement a été adopté en ce qui concerne le protocole diplomatique de notre pays : aux réceptions et aux dîners officiels, on exige simplement que les hommes portent des costumes sombres et les femmes des robes de ville élégantes.

*Pouvons-nous considérer que notre protocole est le plus économique au monde ?*

Pas le plus économique, Gueorgui Vladimirovitch, mais le plus démocratique.

Toute forme de représentation exige que l'on prête attention aux particularités de la vie quotidienne, aux traditions et aux coutumes des gens et du pays. Attention à la fois aux questions importantes et à celles d'ordre mineur. Je me souviens avec reconnaissance, par exemple, de la compréhension avec laquelle Mme Bush et le personnel enseignant de l'université de Wellesley ont accueilli ma demande de ne pas revêtir le costume académique et la toge pour assister à la remise des diplômes, étant donné que cette coutume n'existait pas dans notre pays. Cela m'aurait gênée et je me serais sentie empruntée.

Lors de notre dernière visite en Grande-Bretagne, le gouvernement britannique a proposé à Mikhaïl Sergueïevitch de faire son discours au Guildhall, un bâtiment extrêmement prestigieux de Londres qui est le cœur du monde financier, la City. Il s'agissait d'un honneur que l'on n'accorde que très rarement aux étrangers et d'une marque de respect spéciale. Selon une ancienne tradition, le port de certains vêtements précis est toutefois requis pour une cérémonie au Guildhall : chapeau et gants pour les femmes, queue-de-pie, jaquette ou uniforme militaire pour les hommes.

Une exception a été faite dans notre cas. Mme Thatcher a respecté nos souhaits et a décidé, contrairement à la tradition, de ne porter elle aussi ni gants ni chapeau. Au cours de ce même voyage, Mikhaïl Sergueïevitch et moi avons rendu visite à la reine au château de Windsor. En Angleterre, une audience de la reine constitue la plus haute marque d'estime diplomatique. Je savais déjà que la couleur préférée de la reine Élisabeth est le bleu – le « bleu royal » – et que ses vêtements comportent en général une touche de cette couleur. J'avais également compris que les membres de la famille royale et les invités de la reine essaient de ne pas porter cette couleur lorsqu'ils sont en sa présence. J'ai donc également essayé de me plier à cette tradition.

Pendant les visites officielles de chefs d'État, la tradition veut que les hôtes proposent un programme séparé et complémentaire pour l'épouse du visiteur. En général, ce programme fait l'objet d'un accord préalable par l'intermédiaire du ministère des Affaires étrangères. Les hôtes prennent en considération les intérêts et les goûts de leurs invités, mais, bien entendu, il faut que ceux-ci tiennent compte des possibilités et des suggestions avancées par leurs hôtes. A propos des programmes préparés à mon intention, j'ai parfois entendu les remarques suivantes de la part des personnes qui m'accompagnaient, mes propres compatriotes : « Raïssa Maximovna, trouvez-vous vraiment cela intéressant ? Ne pouvez-vous pas penser à quelque chose d'autre ? » Bien sûr que si, il est facile d'y penser ! Mais on n'obtient pas toujours satisfaction. Néanmoins, je m'arrange aussi pour m'esquiver tranquillement et discrètement d'un programme organisé de façon très stricte. Lors d'un voyage en Finlande en 1990, je me suis éclipsée pour aller voir l' « église sur la falaise » et me promener dans les rues d'Helsinki incognito. A San Francisco, en dehors du programme sur lequel nous nous étions mis d'accord, j'ai fait une escapade au bord de la mer et j'ai passé un certain temps à Chinatown, dans une épicerie familiale, et sur la plate-forme d'un tramway pour touristes où j'ai parlé à la conductrice. Elle était si émue qu'elle m'a offert de bénéficier des services de son ami, un coiffeur qui, disait-elle, me créerait une superbe coiffure à l'américaine.

*Je garde un souvenir particulier de l'épicerie. Le choix de la boutique revenait au chef de la sécurité, côté américain. Votre « escapade » était bien entendu placée sous son entière responsabilité. Il n'était pas très bavard – il se contentait de sourire dans sa moustache –, mais il en imposait beaucoup, avec ses tempes grisonnantes. Le portrait craché de Faulkner dans sa jeunesse. Lorsque nous avons pénétré dans la boutique avec vous, j'ai tout simplement été ébloui : des bouteilles, des bouteilles et encore des bouteilles ! Il y en avait pour tous les goûts. Ce sacré vieux « Faulkner » connaissait les bonnes adresses !*

Oui, le rayon des vins était vraiment bien approvisionné. Et les autres rayons aussi. En France, dans un petit café de Bougival appelé Le Rosaire, j'ai pris un café avec plusieurs Françaises et nous avons eu une véritable conversation de femmes qui n'avait absolument rien de diplomatique.

A mon avis, ce sont de mauvaises interprétations des règles du protocole qui sont à l'origine des rumeurs propagées par la presse américaine à propos d'une « friction » entre Nancy Reagan et moi. Je n'ai pas pris, et je ne prends toujours pas, ces déclarations au sérieux. Nancy Reagan et moi avons eu la chance d'assister, et dans une certaine mesure de participer, à la plus grande et à la plus importante des rencontres historiques entre les chefs de nos deux pays. Tous nos sentiments, nos soucis et nos angoisses n'étaient qu'une goutte d'eau dans l'océan d'espoir né de ces rencontres et que d'innombrables personnes ont ressenti dans le monde entier : l'espoir de la paix et d'un avenir pour l'ensemble de l'humanité.

Je me souviens de leur première rencontre à Genève en 1985. Ils ont fait connaissance, ils se sont étudiés, ils se sont « adaptés » l'un à l'autre et ils ont eu des débats et des discussions. La compréhension a eu du mal à naître entre eux, tout comme les premiers documents officiels ont été difficiles à rédiger. Je me souviens de la Maison de Saussure, la demeure où Ronald et Nancy Reagan ont donné un dîner officiel en l'honneur de Mikhaïl Sergueïevitch et de moi-même. Nous y étions encore à deux heures du matin. Nous devions quitter Genève ce matin-là en avion, mais ils ne parvenaient tout simplement pas à rédiger une version définitive de leur déclaration commune. Chaque phrase, chaque mot, chaque lettre faisaient l'objet d'une bataille. Cela n'a pas empêché Genève de donner naissance à l'essentiel : la reconnaissance qu'une guerre nucléaire ne peut pas être gagnée et qu'elle ne doit jamais être déclenchée.

Après Genève, un renouveau a commencé à s'instaurer dans les relations scientifiques, culturelles et économiques entre nos deux pays qui, jusque-là, étaient restées au point mort ou n'existaient pas du tout. Ensuite il y a eu octobre 1986 et la rencontre de Reykjavik en Islande. Tant de choses ont déjà été écrites sur ce sommet soviéto-américain et sur ses circonstances dramatiques ! Oui, nous avons tous enduré cela, mais cette rencontre, nous en comprenons aujourd'hui l'importance et le sens – car sans Reykjavik, il n'y aurait eu ni Washington en 1987, ni Moscou en 1988. Ces rencontres, qui se sont révélées plus constructives et plus productives que celle de Genève, n'auraient pas eu lieu. Il n'y aurait pas eu de traité sur la destruction des missiles à moyenne et à courte portée. Et entre les peuples soviétique et américain n'auraient pas jailli cette compréhension humaine et cet accord rares et mutuels, qui se sont affirmés avec tant de clarté et de force en décembre 1987 à Washington, en 1988 à New York, Washington et dans le Minnesota, et en 1990 à San Francisco. L'accord s'est fait au nom de la paix et de l'amitié.

A Genève, Nancy Reagan et moi avons posé ensemble la première pierre destinée à la construction d'un musée de la Croix-Rouge internationale. Ce musée est déjà ouvert aujourd'hui. J'aimerais que ce musée et tout le travail effectué par la Croix-Rouge internationale et par le Croissant-Rouge symbolisent à jamais la collaboration entre les États et les peuples en faveur de la compréhension et de la confiance mutuelles et au nom de la bonté et de la charité.

De la masse d'impressions qui restent gravées dans mon esprit à la suite des voyages de Mikhaïl Sergueïevitch, se détachent avant tout des milliers de visages ouverts et amicaux. Je me souviens de New Delhi, de New York, du Minnesota, de Prague, de Cracovie, de Stettin, de Berlin, de Dortmund, de Stuttgart, de Shanghai, de Madrid, de Barcelone, de Rome, de Messine, de Milan, de Nagasaki... Des rues et des places noires de monde. De la sympathie et de l'amitié inscrites sur les visages. L'espoir et la foi dans le cœur et dans les yeux des gens : la croyance que le monde peut survivre sans que l'on ait recours à la force, que le monde peut exister sans la guerre.

L'Italie, le pays de Dante et de Pétrarque. La source de la civilisation européenne. Et la place de la cathédrale à Milan, avec la façade décorée de marbre de la cathédrale elle-même, d'une beauté stupéfiante. Partout, des monuments à la gloire d'une grande culture. Et le déferlement d'émotion, tout aussi stupéfiant et inoubliable, de la part des milliers et des milliers de Milanais réunis là pour accueillir Mikhaïl Sergueïevitch et la délégation. Sur la place, ils criaient : « Gorby, Gorby, Gorby ! » Edouard Amvrossievitch Chevardnadze et moi marchions ensemble. Nous avions été devancés par Mikhaïl Sergueïevitch et nous devions nous frayer un chemin à travers cette foule si dense. Je l'ai regardé et j'ai vu que, comme moi, il avait presque les larmes aux yeux. C'est alors qu'il m'a dit : « Pour cet accueil aussi, cela valait le coup de nous engager sur le chemin de la perestroïka. »

Je ne cesse de répéter, et pas seulement à moi-même, une seule et même question : Edouard Amvrossievitch, qui est l'ami de Mikhaïl Sergueïevitch et qui partage ses vues, aurait-il dû mettre un terme à leur collaboration de cette façon ? J'ai gardé une lettre que Chevardnadze a écrite le jour de son soixantième anniversaire, un jour tellement spécial pour lui et pour nous, ses amis :

Chers Mikhaïl Sergueïevitch et Raïssa Maximovna,

En ce jour de ma vie, une récompense suprême de mon pays et le message d'amitié que vous m'avez adressé à l'occasion de mon anniversaire me confèrent le droit moral de vous remercier du fond du cœur. Je souhaiterais néanmoins que cette réponse écrite à vos félicitations et à vos bons souhaits dépasse le cadre de ce jour important pour moi.

Il me paraît en effet plus juste d'évoquer cette période essentielle dans la vie du Parti et du pays, période dont ma vie et le rôle que j'ai joué au poste auquel j'ai été nommé ne sont qu'une infime particule.

Au cours d'une réception récente à l'ambassade soviétique à Madrid, un vieil Espagnol, qui était loin de partager nos idées, mais qui avait souffert mille morts pendant la tragédie des années trente et la longue nuit de la domination franquiste, a dit : « Enfin sont apparus dans les affaires mondiales des êtres motivés par des idéaux élevés et des intentions pures, des chevaliers sans peur et sans reproche, tel Don Quichotte dans notre tradition espagnole. Enfin une grande ambition humaine a pris une merveilleuse forme humaine ! »

C'était à vous qu'il pensait.

Vous vous souvenez certainement de l'immense angoisse et des doutes que je nourrissais lorsque j'ai pris mes nouvelles fonctions. Je n'en suis pas encore libéré. A chaque étape tous les jours et à toute heure, je me heurte à une colossale « résistance de la matière ». Mais aujourd'hui, tout comme il y a deux ans, je trouve en moi-même la force de vaincre cette résistance. Cette force n'émane certainement pas du fait que j'ai réussi à maîtriser tout à fait l'art complexe de ce nouveau type de diplomatie, la diplomatie de l'ère d'une nouvelle pensée politique. Il nous reste en effet un long chemin à parcourir avant de parvenir à ce résultat. Je considère que je puise ma force ailleurs.

Je la puise, selon moi, dans votre soutien que j'ai senti et que je sens encore aux heures des épreuves les plus douloureuses. Je la puise dans la politique que vous avez imaginée, irrésistible aux yeux de millions d'individus, à cause de son honnêteté, de sa séduction universelle et de ses bases scientifiques. Je la puise dans les positions adoptées par le Parti, la société et le pays – ces positions auxquelles le monde vous identifie à juste titre.

Pendant une grande partie de ma vie, j'ai moi aussi servi de mon mieux la cause du Parti. Je n'ai jamais caché, et je ne cache pas aujourd'hui, que j'ai éprouvé des doutes, des inquiétudes et parfois des tiraillements internes, mais qui toujours ont été contenus par une conviction : je savais que l'heure décisive et critique sonnerait pour notre mère-patrie. Maintenant que cette heure est venue, j'ai pour la première fois le sentiment que ma vie est en complète harmonie avec la vie du Parti et avec celle des gens.

C'est une grande source de bonheur dont je vous suis redevable. Je ne peux imaginer plus belle récompense. Et quelle meilleure réponse puis-je y apporter que de rester toujours à vos côtés, aux premiers rangs de la perestroïka ?

Cet Espagnol avait raison sur tous les points, sauf un : nous ne nous battons pas contre des moulins à vent. Tous les obstacles que nous rencontrons en chemin peuvent être abattus et nous allons faire renaître le pays, pour qu'il connaisse une vie heureuse au sein d'une humanité joyeuse. J'ai cru en cela et j'y crois encore.

Avec ma fidélité éternelle.

E. Chevardnadze.

Aujourd'hui encore, ce qui est dit dans cette lettre m'émeut profondément.

Souvent, les gens m'ont demandé et me demandent encore s'il est facile d'être la femme du Président et du Premier secrétaire du Parti. Je leur réponds toujours que c'est plus facile que d'être soi-même le Président ou le Premier secrétaire. Je ne prends aucune décision gouvernementale ou politique, je ne participe pas à leur élaboration et je n'en suis aucunement responsable. Mon travail possède un caractère purement social. Tout ce que j'accomplis entre dans ce cadre. C'est tout. Mais le Président et Premier secrétaire est mon mari. Sa vie est également la mienne. Ses soucis sont également les miens. L'inquiétude pour notre pays, que chaque citoyen soviétique ressent aujourd'hui dans son cœur, peut-elle ne pas toucher le mien ?

Lorsque j'ai assisté au Congrès des députés du peuple de l'URSS au Palais des congrès au Kremlin, j'étais assise au milieu des invités dans la galerie et de nombreuses personnes sont venues me voir – des députés, des invités et des correspondants. Ils m'ont posé des questions, m'ont demandé mon avis et m'ont remerciée d'être présente parmi eux dans la salle. Certains, toutefois, m'ont dit : « Pourquoi faites-vous cela ? Vous ne vous épargnez pas, Raïssa Maximovna. Pourquoi vous rendez-vous malade nerveusement et mentalement, pourquoi ? » Un jour, alors que je parlais avec Alla Borissovna Pougatcheva, notre excellente chanteuse populaire, elle m'a dit : « Je suis incapable de chanter sur une idée, Raïssa Maximovna, il faut que la musique vienne de mon cœur. » Je la comprends. Je ne peux pas vivre selon une « idée ». Je ne peux pas vivre sans mettre tout mon cœur dans tout ce qui me fait exister, dans toutes les actions que j'entreprends, dans lesquelles je suis impliquée et dont je suis responsable.

Je me rappelle un autre épisode qui s'est déroulé, il est vrai, non à Moscou mais à Paris. Mikhaïl Sergueïevitch et moi nous y sommes rendus plusieurs fois en visite et il se trouve qu'en deux occasions, j'ai eu la même guide et garde du corps, une jeune fille ravissante du nom d'Isabelle. Cette fois-là, j'ai eu une conversation étrange avec elle juste avant notre départ.

« Madame, m'a-t-elle dit, mon travail m'amène à rencontrer beaucoup de personnages importants. Je m'inquiète à votre sujet. Vous êtes comme moi. Cela va être très difficile pour vous.

– Pourquoi, Isabelle ?
– Vous êtes trop ouverte, vous vous faites du souci pour tout.
– Que puis-je y faire ? » lui ai-je demandé.
Elle a haussé les épaules en guise de réponse.

*Je me souviens d'un autre épisode concernant cette jeune fille.*

Lequel ?

*Vous l'avez félicitée pour l'élégance de ses vêtements en présence de tierces personnes et elle a rougi de plaisir. Le lendemain, elle s'est présentée dans une tenue qui avait encore plus de classe et qui n'avait rien à voir avec un uniforme de policier, même à Paris.*

Oui, c'est tout à fait vrai. Une femme reste toujours une femme.

Notre pays traverse actuellement une période difficile, vraiment très difficile. Un choix a été fait. Il est ferme et inaltérable. Notre société s'est avancée sur le chemin du renouveau et de l'abolition du totalitarisme et du dirigisme autoritaire obsolète en vigueur dans l'administration du pays. Nous ne pouvons plus retourner en arrière, mais seulement aller de l'avant, seulement avancer sur le chemin de la démocratisation, du renouveau national et de l'accomplissement d'autres réformes politiques, juridiques et économiques. Mais tant de difficultés ont surgi et continuent à se dresser sur ce chemin !

Les innombrables « trous noirs » qui ont été découverts dans l'économie, l'écologie, la culture, la médecine, la sécurité sociale et la défense des droits de l'homme durant la période de la perestroïka avaient été soigneusement camouflés. Il s'est avéré que nous, la société dans son ensemble, ignorions l'état véritable et concret des affaires dans les divers domaines de notre vie. La perestroïka a dû affronter Tchernobyl, le tremblement de terre en Arménie et les événements de Nagorny-Karabakh, de Sumgaït, d'Och, d'Ossétie du Sud, de Bakou et de Lituanie... Nous avons des milliers de réfugiés à l'intérieur de notre propre pays !

Cette période de la perestroïka n'a rien de simple ni de facile. Tous ces événements dramatiques représentent une mise à l'épreuve de l'âme, de l'esprit et de la volonté. Ils sont accompagnés de chagrins inguérissables et de nuits sans sommeil. La sonnerie du téléphone retentit comme une rafale de mitraillette, détruisant la paix de la nuit. Aujourd'hui, les téléphones me font peur. Ils sont porteurs de cris de désespoir, de supplications, de souffrance et, parfois, de la nouvelle de la mort de quelqu'un.

Je garde le souvenir de ces nuits terribles – de l'époque de Tchernobyl à celle de la crise du Golfe, et particulièrement de celle où, à deux heures du matin, on a informé Mikhaïl Sergueïevitch que les opérations allaient commencer dans l'heure suivante et que l'Irak allait être bombardé. C'était la nuit du 19 au 20 janvier 1990 – la nuit des événements de Bakou. Je me souviens que le lendemain, j'ai eu beaucoup de mal à reconnaître Mikhaïl Sergueïevitch. Ses cheveux étaient devenus tout gris et son visage aussi était terreux : on aurait dit qu'il avait subi un choc nerveux, qu'il avait été traumatisé mentalement.

Mais vous savez, je ne suis pas la seule à avoir remarqué le choc qu'il a subi. Je viens juste de retrouver une lettre stupéfiante, écrite le 24 janvier. Elle a été envoyée à la rédaction du journal *La Pravda*, mais elle était adressée à Mikhaïl Sergueïevitch. Elle vient de la ville de Panevezhis et son auteur est Iou. I. Vassilyauskas.

> Mikhaïl Sergueïevitch ! S'il existe un Dieu ou une autre force suprême, que vous soient accordées une santé à toute épreuve et la plus grande fermeté d'âme, particulièrement en ce moment. Je crains simplement que vous renonciez et que vous vous écartiez de tous ces gens qui sifflent ou jubilent en ce moment, ouvertement ou en cachette, à cause des combats au Caucase. Pourquoi ai-je pris la décision de vous écrire ? A cause, tout simplement, de l'immense tristesse que j'ai lue dans vos yeux lorsque vous avez parlé des événements d'Azerbaïdjan à la télévision. Je n'entrerai pas ici dans une longue discussion, mais je me contenterai de dire que je comprends parfaitement les sentiments de quelqu'un qui donne tout ce qu'il peut aux gens et qui essaie de faire de son mieux, et qui

pourtant ne rencontre souvent, me semble-t-il, que l'ingratitude la plus crasse. Je comprends très bien que dans ce cas, un homme éprouve tout bonnement le besoin de dire : « Vivez comme bon vous semble ! » C'est une réaction purement humaine et que l'on doit comprendre. Mais, mon cher Mikhaïl Sergueïevitch, vous dites souvent dans vos discours que sans ceci ou sans cela, la perestroïka échouera... Par principe, je suis votre plus ardent partisan, quoique j'aie mes propres opinions, comme tout un chacun. Vous savez comment persuader les gens, c'est indéniable. Mais personne, pas même vous, ne me persuadera que j'ai tort lorsque je dis que si vous décidiez de renoncer maintenant, parce que vous vous sentez offensé ou pour une autre raison, ce serait la fin de la perestroïka. Car j'ai mille fois raison ! Rien ne doit vous pousser à le faire, vous ne devez le faire en aucun cas. On ne doit pas vous y autoriser. Si vous abandonnez maintenant, ce sera la fin de tout.

Le mot perestroïka est déjà assez banalisé pour que j'affirme que votre départ dans les circonstances actuelles signifierait la fin des espoirs de tous ceux qui croient qu'après tout, la lumière brille au bout du tunnel... Les gens sont loin d'être des anges, mais que peut-on y faire ? Vous avez choisi votre chemin et quelles que soient les difficultés que vous rencontrez, vous devez le poursuivre.

N'abandonnez pas ! Pour rien au monde ! Si vous subissez des pressions, si l'on vous accuse de commettre des erreurs, tenez bon, ne vous laissez pas aller à la dépression. Je vous en supplie. Je ne comprends tout simplement pas ce qui empêche les gens, s'ils réfléchissent seulement un peu, d'approuver ce que vous faites ou pour le moins de comprendre une chose qui me paraît élémentaire et que même une amibe devrait être capable de discerner : vous travaillez exclusivement dans l'intérêt des peuples de notre pays et du monde. C'est votre objectif suprême et il ne peut échapper qu'à un aveugle ou à une personne qui refuse de voir. Je ne participe à aucune manifestation, ni pour ni contre, et je n'appartiens à aucun parti. Mais je soutiens toujours, sans aucune qualification, votre politique, vos buts et vos idées. Sans vous, ce serait le grand vide. Je ne suis ni un mouton stupide ni un lèche-bottes et je n'ai besoin de rien. Mais pour l'amour de Dieu, Mikhaïl Sergueïevitch, pas en ce moment, quoi que l'on puisse dire. Dieu fasse que je me trompe et que mes craintes ne soient pas fondées. Mais c'est une conclusion que l'on peut tirer de bribes d'informations et de rumeurs variées. De plus, au second Congrès, vous avez répété à plusieurs reprises : « Que celui qui le désire prenne ma place, je ne m'y accroche pas. » Dieu fasse que vous n'ayez prononcé ces paroles que dans la fièvre de l'instant. Tout ce que vous avez accompli jusqu'à présent, tout ce que vous avez réussi à faire, n'est pas encore irréversible. Tout pourrait encore basculer en arrière si vous abandonnez. Ne le faites pas, je vous en conjure ! Je suis convaincu que je ne suis pas seul à penser ainsi. Des millions de personnes partagent mon opinion. Et pas en Occident, mais ici, d'un bout à l'autre de notre pays.

N'oubliez pas que tous nos espoirs reposent sur vous. Si mes craintes sont infondées, que Dieu en soit remercié ! Pardonnez-moi de mentionner si souvent Son nom – je ne suis pas croyant. Mais si je l'étais, je prierais Dieu de ne pas avoir écrit cette lettre en vain. Et pardonnez-moi pour son caractère embrouillé. Il servira peut-être à vous convaincre de ma sincérité. Je reste votre partisan le plus convaincu.

Je vous envoie, ainsi qu'à vos proches, tous mes meilleurs vœux. Et une nouvelle fois, je souhaite que vous persévériez et persévériez jusqu'au bout. Pardonnez-moi de vous avoir importuné.

Cette lettre est très émotionnelle, mais également raisonnable et sensée. Je fais plus confiance à son auteur qu'aux individus qui n'arrêtent pas de répéter, avec des arrière-pensées manifestement provocatrices et une obstination étonnante en ces temps difficiles, qu'il est impossible d'accomplir une révolution en gants blancs. J'ai entendu Mikhaïl Sergueïevitch répéter plus d'une fois que pour parvenir aux buts que nous nous sommes fixés, nous ne sommes pas autorisés à utiliser n'importe quel moyen.

*Lors d'une réunion des secrétaires des organisations locales du Parti au XXVIII*e *Congrès du PCUS, une des femmes présentes, une Azerbaïdjanaise, a lancé une accusation contre le Premier secrétaire, qui revenait à le traiter de boucher du peuple d'Azerbaïdjan. Il s'est levé de son siège lentement et, après un silence, a dit : « Vous savez, on ne peut pas vivre avec une telle accusation. » Il y a eu un tumulte dans la salle et la femme lui a présenté ses excuses.*

Aujourd'hui que la situation économique et les conditions de vie de l'ensemble de la population sont devenues si difficiles, il faut prendre des décisions extrêmement dures. Elles doivent pourtant être prises, absolument. Il est évident qu'elles ne peuvent plus être reportées. Elles l'ont déjà été pendant beaucoup trop longtemps...

Ce ne sont toutefois pas que les problèmes de nature matérielle qui exercent une pression sur nous aujourd'hui. La perestroïka, la démocratisation et la glasnost ont libéralisé la vie intellectuelle et la vie en général et les ont rendues plus ouvertes. La conscience sociale a été libérée de nombreux stéréotypes et dogmes périmés, l'acceptation de la pluralité des opinions a rendu possible un nouveau regard sur l'histoire, sur l'époque actuelle et sur le monde qui nous entoure. On s'est aperçu qu'une grande variété d'opinions et d'intérêts existait dans les différentes parties de la société. Et ici encore, nous nous sommes retrouvés confrontés à de sérieux problèmes, voire au plus sérieux de tous.

Le nationalisme et l'extrémisme ont surgi. Ils s'étendent aujourd'hui comme une tumeur cancéreuse sur le tissu de la conscience nationale des peuples. Il se trouve que j'ai des racines à la fois russes et ukrainiennes. Mon père, comme vous le savez, était originaire de la région de Tchernikov, tandis que je suis née dans celle de l'Altaï et que j'ai vécu en Sibérie, dans l'Oural, la Bachkirie et le Caucase, territoires dont la composante nationale est extrêmement mélangée. Depuis vingt ans, je vis à Moscou. J'ai une idée très claire de ce que l'on entend par relations et liens mutuels et par coopération entre les peuples de nationalités différentes. Je suis profondément convaincue qu'il s'agit là de l'instrument invisible qui, à lui seul, permet à chaque individu en tant que tel, ainsi qu'à notre civilisation, de survivre. C'est lui qui nous a permis de tenir le coup et d'endurer les années et les jours les plus amers que notre mère-patrie a traversés ou, comme l'aurait dit ma mère, de nous « en sortir ».

Cela m'a frappée pour la première fois avec une force terrible en Arménie, au moment du tragique tremblement de terre. Vous vous souvenez peut-être que Mikhaïl Sergueïevitch a alors interrompu sa visite officielle aux États-Unis et qu'après une brève escale à Moscou, il s'est rendu sur l'épicentre même de ce désastre effrayant. Nous avons visité Leninakan, Spirak et Kirovakan; je n'oublierai jamais ces journées! Ni les visages des gens. Il y avait tellement de chagrin dans leurs regards pénétrants.

J'ai vu des hommes que le poids de leur perte avait rendus fous, j'ai vu des femmes qui sanglotaient sur des tombes minuscules et j'ai fait tout mon possible pour les consoler. Dans les hôpitaux, j'ai vu des enfants infirmes. Comme tout adulte, je les ai regardés dans les yeux, non seulement avec crainte, mais aussi avec un sentiment de culpabilité. Oui, il s'agissait d'une catastrophe naturelle dans laquelle l'homme n'était pratiquement pour rien. Mais je sais que quoi qu'il arrive, quoi qu'il advienne aux gens, on ne peut jamais rester indifférent à la souffrance humaine et à la tragédie. C'est pour cela que les moments les plus dramatiques qui surviennent dans toute existence sont aussi des moments d'élévation pour l'esprit humain et pour la vertu. Ces jours étaient emplis du mélange dramatique constitué par ce désastre et par la réaction sincère de toute la nation, et même de l'univers entier.

Le pays s'est souvenu qu'il était un seul pays et que ses habitants étaient des êtres humains, quels que soient leur camp et le côté de la frontière où ils se trouvaient. Cela m'a donc d'autant plus effrayée lorsque, sur une toile de fond composée de la mort de milliers d'individus, de larmes, de chagrin, de gémissements et d'appels au secours provenant des ruines qui n'avaient pas encore été fouillées, j'ai entendu des gens hurler des slogans et exiger la « libération de Nagorny-Karabakh ». Puis j'ai appris qu'en ces moments dramatiques, l'aide offerte par l'Azerbaïdjan avait été rejetée. Peut-on vraiment confier le sort d'une nation à de tels individus ? Franchement, si un aveugle conduit un autre aveugle, tous deux tomberont dans le précipice.

Je me souviens de la façon dont je me suis retrouvée entourée dans le foyer du Palais des congrès, pendant une pause du IVe Congrès des députés des peuples de l'URSS en décembre 1990. Comme d'habitude, ce fut un échange de questions et de réponses, d'arguments et de discussions. Et tout à coup, un homme jeune et beau a crié à tue-tête :

« Raïssa Maximovna, ne voyez-vous pas que tout le monde dénigre les Russes ? Ils humilient notre nation, ils nous ont volé et ils nous ont forcés à nous mettre à genoux... »

J'ai eu du mal à l'interrompre.

« De quoi parlez-vous ? Prenez le temps de réfléchir un peu. Après tout, ce sont les autres qui disent que les Russes aiment qu'on les considère comme les patrons, qu'ils sont paresseux, qu'ils n'ont pas l'habitude de travailler et qu'ils se contentent d'exploiter les autres. Réfléchissez simplement à ce que vous êtes en train de dire. Un pas de plus et nous allons nous mettre à chercher nos ennemis. Qui sont-ils, ces Géorgiens, ces Arméniens, ces Estoniens, ces Lituaniens, ces juifs, ces Kazhaks et ces Azerbaïdjanais ? Sont-ils nos ennemis ? L'histoire nous a montré plus d'une fois ce que cela signifiait. Ou l'expérience des autres peuples ne reste-t-elle jamais que de la théorie ? La force du peuple russe réside dans le fait que nous n'avons jamais exploité personne. Nous n'avons jamais vécu aux dépens d'autres peuples. Nous avons partagé la joie de la victoire et l'amertume de la tragédie avec tous les peuples de notre pays. Et cela n'est pas le signe de notre faiblesse ou de notre humiliation mais, je le répète, de notre force, de notre moralité.

« Souvenez-vous des paroles de Dostoïevsky : “ Je dis simplement que l'esprit russe est peut-être le plus apte, parmi les autres, à abriter en lui l'idée de l'union universelle .” »

Cette période est inquiétante et nous avons de nombreux sujets de préoccupation. L'avenir du pays, le destin de l'Union des peuples, et tout ce qui a été créé au fil des siècles d'existence commune. D'où a jailli cette agressivité qui veut tout anéantir ? Cela me fait peur d'entendre des hommes de cinquante et soixante ans, qui, trente années durant, nous ont expliqué la nécessité et la supériorité du socialisme « musclé » et qui ont été chargés de bâtir cette société, nous annoncer qu'ils vont se faire un plaisir de tout détruire, et de les voir commencer à mettre leurs paroles en pratique. Faut-il que nous ayons d'autres Zoroastre dans notre pays ? N'avons-nous pas acquis une plus grande sagesse et ne nous sommes-nous pas débarrassés de ce virus fatal de la destruction mutuelle ? Et d'une façon générale, doit-on détruire pour pouvoir aller de l'avant ? Mais c'est contraire au bons sens ! Je suis convaincue que les êtres humains ne peuvent être heureux qu'en étant constructifs.

D'où proviennent cet acharnement à ternir les monuments historiques de notre propre peuple et cette tendance à ne présenter l'histoire des soixante-dix années de la période soviétique que comme une somme d'erreurs, de crimes et de honte ? Il ne s'agit d'ailleurs pas uniquement d'une façon d'écrire l'histoire. Combien sont-ils à avoir fait leur apparition ces derniers temps, de ces individus qui prétendent soutenir la perestroïka et qui ne sont que carriéristes, qui acquièrent bien-être et fortune en foulant aux pieds la dignité de leur pays, de leur propre peuple et de leur propre histoire ?

Qu'arrive-t-il par moments aux traditions de notre intelligentsia ? Sommes-nous pressés de nous en débarrasser comme nous le ferions de livres d'occasion ? Certains intellectuels leur ont préféré la haine. Ils ont préféré la passion destructrice de la haine ou ils ont préféré apaiser leur conscience en affirmant par exemple que les révolutions sont toujours entamées par les intellectuels, menées à bien par les fanatiques, et que ce sont les coquins qui en récoltent les fruits.

Je veux donc dire aux gens de s'arrêter et de prendre le temps de réfléchir. La culture est un phénomène à la fois intellectuel et moral. La démocratie existe, à mon sens, afin que nous puissions chercher ensemble les voies qui feront progresser la société et les moyens les plus efficaces d'organiser la vie des êtres humains, et non pour que nous nous battions et nous détruisions les uns les autres. La démocratie est bien entendu valable en elle-même, mais c'est avant tout un instrument qui permet de créer quelque chose de plus important.

Ou sommes-nous incapables de vivre sans ennemis ? Bien que l'opposition ne se soit pas encore organisée dans notre pays, nous entendons déjà crier : Relevez vos manches, dressez des listes des individus sûrs et de ceux sur lesquels on ne peut pas compter, nommez « vos » gens et « votre » procureur et démolissez les organes constitutionnels du pouvoir.

Comme la bataille s'est avérée difficile dans la période que nous vivons et qui nous a formés ! L'intolérance envers l'opinion des autres qui, par le passé, imprégnait notre société, s'étend aujourd'hui sous des formes sans cesse renouvelées de haine, de lutte et d'affrontement. D'un côté, les « démocrates délirants », et de l'autre, les « conservateurs délirants ». Dans la pratique, ces deux extrêmes se révèlent absolument identiques.

Certains épisodes du XXVIIIe Congrès du Parti, de la conférence du PC russe et de la réunion commune du Comité central et du Comité de contrôle qui s'est tenue en avril me reviennent à l'esprit. Après avoir reconnu avec son chef que le pays ne pouvait plus continuer à vivre comme par le passé, le Parti lui a apporté son soutien à ce propos. Il apparaît néanmoins que certaines personnes – beaucoup de gens en fait ! – aimeraient bien vivre et changer, mais... sans vraiment changer, sans accepter les modifications du mode de vie, les nouvelles conditions et les exigences que cela implique, et sans s'y adapter. Et là encore, on retrouve les mêmes attaques, la même agressivité et la même « exécution » morale de ceux qui ont lancé la perestroïka.

Au cours du XXVIIIe Congrès du Parti, un journal appelé *Le 13e Microphone* a été édité, dans lequel était publiée une interview de Mikhaïl Sergueïevitch. Je voudrais en citer un extrait :

« Combien de temps avez-vous dormi ces derniers jours ?

– Je ne peux pas dormir : le conflit se prolonge jusque dans mon sommeil.

– Qu'est-ce qui vous a été le plus pénible pendant le Congrès ?

– J'en ai déjà parlé. Je n'aime pas la flatterie. Depuis ma jeunesse, cela m'a toujours déplu. Mes amis d'université le savent bien. En plus, je déteste l'agressivité éhontée, qui sautait malheureusement aux yeux pendant le Congrès. J'ai eu beaucoup de mal à la supporter. On a essayé de transformer le Congrès en tribunal d'exception – c'était affreux et c'est cela qui m'a le plus bouleversé.

– Et qu'est-ce qui vous a fait le plus plaisir pendant ces journées ?

– Le fait que le bon sens l'emporte, malgré toutes les difficultés. »

Je me souviens de notre dernier voyage en Espagne : Madrid, Barcelone, le palais de l'Orient, le palais de la Zarzuela, le complexe olympique, l'université Complutense et l'Institut des sciences et de la culture soviétique. Le musée du Prado, où est exposé le *Guernica* de Picasso. Beaucoup a été dit sur la nature de ce tableau. Personnellement, je ne l'interprète pas seulement comme le symbole du fascisme, mais comme celui de la guerre sous la forme la plus effrayante qu'elle peut prendre dans l'histoire : il est pour moi le symbole des horreurs de la guerre civile. La guerre *civile*! Ce tableau adjure le peuple de revenir à la raison. L'Espagne a survécu à une guerre civile et le régime totalitaire de Franco a duré pendant presque quarante ans. Beaucoup d'entre nous se souviennent comment, dans les années trente, nous avons accueilli des orphelins espagnols arrachés à l'enfer de la guerre civile. Des milliers d'entre eux ont trouvé refuge dans notre pays. Ils ont trouvé une seconde mère parmi nos femmes soviétiques. Aujourd'hui, le peuple espagnol a su puiser en lui-même la force et le courage d'abandonner la dictature et de se lancer sur le chemin de la démocratie. Sans recourir à la guerre, mais en faisant appel au consensus populaire.

Nos drames historiques se ressemblent beaucoup et c'est peut-être pour cela que nous avons rencontré une telle compréhension et tellement d'amis lors de notre visite en Espagne. Nous comptons parmi eux le roi Juan Carlos Ier et la reine Sophie et le Premier ministre socialiste Gonzales, dont mon mari a dit, après l'avoir rencontré : « Nous avons eu une longue conversation. Notre discussion était des plus intéressantes et nous sommes parvenus à des conclusions très importantes. »

Un autre de nos amis, M. Villapalos, est un érudit éminent, professeur de droit et recteur de l'université de Complutense. Il y a aussi les enfants espagnols que nous avons recueillis en 1937 et qui ont désormais regagné leur patrie. Un grand nombre d'entre eux nous ont rendu visite et tous nous ont demandé quelle aide concrète ils pouvaient apporter à notre pays.

On décrit souvent la perestroïka comme une révolution. Si elle en est une, elle n'a pratiquement pas de précédent en Russie, pays des révolutions, car Mikhaïl Sergueïevitch s'est donné pour tâche principale de la mener à bien démocratiquement, sans effusion de sang et sans recours à la force. Malheureusement, il y a eu des morts dans les années de la perestroïka. Mais croyez-moi, leur nombre serait incomparablement plus élevé si certaines forces parvenaient à obliger le Président à abandonner la position qu'il a adoptée et qu'il défend en toute conscience, avec résolution et courage. Comme le dit Maximilien Volochine :

> Ici et là dans les rangs
> On entend partout le même cri :
> Qui n'est pas avec nous est contre nous,
> Et la justice est de *notre* côté.
> Mais je me tiens seul parmi eux,
> Environné de flammes grondantes et de fumée,
> Et de toutes les forces de mon être
> Je prie pour tous sans exception.

*Fort à propos ! Et, à moins que je ne me trompe, écrit en 1919.*

Dans le tourbillon du conflit politique actuel, je constate un autre phénomène dangereux : la société est devenue excessivement politisée.

Je crois que, dans ces conditions de totale politisation, les adultes se doivent plus que jamais d'être vigilants envers les vitamines spirituelles dont nos enfants sont aujourd'hui nourris. Je suis sûre de ceci : nous récoltons aujourd'hui les fruits de l'enfance de générations qui ont grandi avec les images de la condamnation des « traîtres » et des « ennemis du peuple ». C'est pourquoi il est aujourd'hui tellement important de mettre les enfants à l'abri de l'influence des passions politiques et de ne pas les forcer à être de l'un ou de l'autre côté des barricades.

Comment ne pas être alarmé et effrayé par les colonnes d'écoliers et d'adolescents qui, dans les rassemblements, crient « à bas » ceci ou cela, et par le fait que les esprits de nos enfants sont emplis de ces mêmes images d'« ennemis du peuple », même s'il s'agit aujourd'hui d'ennemis « modernes » ?

Je vous ai déjà dit que je suis à la fois très attristée et inquiète lorsque, par exemple, la femme d'un député du peuple nous informe fièrement, dans une interview accordée au magazine *Ogonyok*, que sa fillette est capable, lorsqu'elle voit quelqu'un à la télévision, de dire intuitivement si cette personne est « des nôtres » ou si elle est « notre » ennemi, en ne se basant que sur son apparence ou sur sa manière de s'exprimer. Et je partage le point de vue exposé par l'auteur Anatoli Alexine, président de l'association soviétique Paix pour les enfants du monde, dans le magazine *Culture soviétique* : « Les graines de l'animosité et de la haine, du nationalisme et du chauvinisme qui sont semées aujourd'hui dans les esprits des enfants ne donneront jamais naissance à une conduite décente et à l'internationalisme. Nous sommes en train de projeter les drames et les affrontements, le fardeau et la saleté du passé, dans l'avenir, dans nos lendemains communs. »

*Le credo de votre mari, qu'il a souvent affirmé, est fait d'un mélange de politique et de morale. Quelle est votre attitude, face à cette tâche colossale ? Ne vous semble-t-elle pas idéaliste ?*

Oui, Mikhaïl Sergueïevitch se plaît à répéter qu'en politique, les grandes questions sont celles qui concernent des millions d'hommes. La politique doit être morale. Est-ce de l'idéalisme ? Nous pourrions peut-être essayer d'élargir le tableau.

Je me souviens d'une conversation que j'ai eue lors de la première visite officielle à Moscou de Mme Thatcher, le Premier ministre britannique, qui est une femme politique exceptionnelle. Au dîner, je lui ai demandé :

« Madame Thatcher, j'aimerais vous poser une question personnelle : est-il moral de défendre l'idée qu'il est nécessaire de garder des armes nucléaires sur cette planète ?

– Vous êtes une idéaliste, madame Gorbatchev », m'a-t-elle répliqué.

Je me suis défendue :

« Mais il y a beaucoup d'idéalistes comme moi et je suis persuadée qu'il y en aura de plus en plus. »

Cette conversation m'est revenue à l'esprit récemment, à la suite du drame de la guerre du Golfe. J'attache une valeur extraordinaire aux sentiments du patriotisme du peuple américain, et je les respecte. J'ose néanmoins affirmer que cette guerre, comme toute autre guerre, a été une tragédie. Je me suis souvenue de cette conversation avec Mme Thatcher après avoir entendu un important dirigeant politique d'un certain pays affirmer : « Très bien, si la force seule est efficace, alors nous fabriquerons notre propre arme nucléaire. » Qu'est-ce que cela signifie ? Comment qualifieriez-vous cela ? Aucune guerre – pas même celle destinée à punir un agresseur – n'est une bonne chose. Aujourd'hui, les peuples doivent apprendre à tenir compte de leurs intérêts mutuels, ne serait-ce que pour leur propre survie. Je ne crois pas que, dans ce système de coordonnées, le point où se rencontrent la politique et la simple morale humaine soit de l'idéalisme. Non, vraiment pas !

Non, c'est ici, à cette intersection entre la politique et la morale que se trouvent la source et la base des résultats les meilleurs et les plus productifs de la politique contemporaine.

*On accuse Mikhaïl Sergueïevitch de ne pas faire de cassure décisive et de ne pas rompre son attachement et ses obligations envers certaines personnes, en particulier envers les compagnons d'armes avec lesquels il s'est lancé sur le chemin des réformes.*

Contentez-vous de réfléchir encore : est-ce vraiment si mal ? Une approche purement pragmatique et opportuniste des circonstances et des gens est-elle si morale ?

Je ne nie pas que parfois, il est vrai, la leçon est dure à avaler. Prenons un exemple : si le destin ne nous avait pas apporté le fardeau de la perestroïka, je n'aurais probablement jamais connu les formes diverses et variées que peuvent prendre les êtres humains. Il s'agit d'un point très important, je vous assure. Pour moi, c'est l'une des épreuves morales les plus difficiles de la perestroïka : la conduite spécifique que les gens adoptent, ce qu'ils disent et ce qu'ils font. Ce qu'ils étaient hier et ce qu'ils sont aujourd'hui. Ce qu'ils sont en votre présence et ce qu'ils sont en présence d'autres personnes. Ce qu'ils sont lorsque la situation se présente à leur avantage, et dans le cas contraire. Parfois je vois même, ou plutôt je sens, non pas des visages, mais des masques. Et ce sont des masques appartenant au monde réel et non au monde imaginaire des contes de fées. Et figurez-vous que ces masques disparaissent d'un seul coup de ma vue, et que je vois très clairement les visages de ceux qui ont dénoncé mon grand-père dans les années trente. Et de ceux qui l'ont détruit. Et de ceux qui, la queue entre les jambes, ne se rendaient pas au chevet d'une mourante, pour la simple raison qu'elle appartenait à la famille d'un « ennemi du peuple ».

Nikolaï Goubenko, ministre de la Culture, acteur et producteur, m'a dit un jour : « Savez-vous ce que je rêve de faire ? J'aimerais réaliser un film intitulé *Comment je suis devenu ministre*. Je pense qu'il y aura plus d'un film, et que ce ne seront pas des films de fiction émanant de l'imagination malade ou enflammée de quelqu'un. Ce seront des films documentaires, racontant la vérité sur ceux de la perestroïka. Heureusement, le matériel de documentation dont pourront disposer leurs auteurs, à la fois officiel et privé, écrit et verbal, déjà connu ou bien peu connu pour l'instant, est plus que suffisant. »

Je pense très souvent et avec les plus grands regrets, bien sûr, aux anciens camarades et collègues de Mikhaïl Sergueïevitch, qui s'appelaient eux-mêmes « frères d'armes ».

*Non, j'abandonnerais cette expression.*

Mais pourquoi ?... [*elle hausse les épaules*]. C'est ainsi qu'ils se qualifiaient. Et ils ont fait beaucoup d'efforts en faveur de la perestroïka.

Chacun d'eux a traversé des épreuves difficiles dans sa carrière. Mais se sont-ils tous montrés à la hauteur de la tâche ? Chacun d'eux pourrait-il affirmer, la main sur le cœur, qu'il a fait, qu'il fait et qu'il continuera à faire campagne pour la perestroïka et qu'il est en train de travailler pour notre bien commun ?

J'ai relu cette lettre manuscrite de Stanislas Sergueïevitch

Chataline à Mikhaïl Sergueïevitch, et j'ai envie de croire en ce qu'il écrit! Elle a été rédigée il y a un an.

Cher Mikhaïl Sergueïevitch!

C'est avec amertume et avec un invincible désir de continuer le combat que j'ai appris ce qui s'était passé au Plénum. Vous savez que je n'aime pas faire de compliments à mes supérieurs. Mais je tiens à vous dire que je vous respecte et que je vous aime vraiment beaucoup, et que je suis prêt à aller jusqu'au bout avec vous. Ne prêtez aucune attention à « ceux de la droite ». En vertu d'un profond malentendu historique, ils se prennent pour des communistes, mais ce sont en fait des politiciens opportunistes, qui n'ont pas le droit de s'exprimer au nom du peuple. La vie les écartera et le peuple parlera d'eux avec mépris. Ne prêtez non plus aucune attention à l'hystérie des « radicaux de gauche ». Je suis peut-être l'une des personnes les plus « à gauche » de l'URSS, non au sens plébéien, mais au véritable sens du terme. Toutefois, vous appliquez dans l'ensemble le seul programme réaliste capable de sauver le véritable socialisme et notre société. Si vous désirez que je vous indique mon avis sur des façons de donner un caractère plus consistant à votre programme, je suis disposé à vous rendre ce service. Montrez-vous calme et décidé au Congrès des députés. Il représente votre principal soutien. Lénine n'a pas craint de conclure le traité de Brest-Litovsk. Réagissez avec philosophie à la décision irresponsable du Parti communiste lituanien. Je rentrerai le 3 janvier d'un voyage à l'étranger (je prépare un projet majeur à long terme sur les relations Est-Ouest) et je suis prêt à accomplir toutes les tâches que vous voudrez bien me confier. Que ces quelques mots vous aident, si peu que ce soit, à améliorer votre équilibre mental. Transmettez mes salutations sincères à Raïssa Maximovna. Je vous souhaite, ainsi qu'à votre famille, une heureuse nouvelle année. Nous n'avons pas le choix : nous l'emporterons.

Avec toute ma fidélité,

Stanislas Sergueïevitch Chataline, de l'Académie.

Voici une photographie de nous tous ensemble. Elle a été prise par Gueorgui Khosroïevitch Tchakhnazarov, de l'Académie des sciences soviétiques. Selon lui, le grand mérite de cette photo, c'est qu'elle est unique en son genre : il n'est pas de règle d'inviter les photographes de presse dans un cercle si étroit, même à l'époque de la glasnost.

Oui, la perestroïka traverse probablement aujourd'hui sa période la plus tendue. Différents processus et forces contradictoires et totalement opposés se sont entremêlés. Et au centre de ce tourbillon gigantesque se trouve le Président de l'URSS et Premier secrétaire du Comité central du PCUS : l'être qui m'est le plus proche. Serons-nous capables de nous sortir avec honneur de ce tourbillon, serons-nous capables de créer une vie digne de l'homme moderne, de ressusciter ce qu'il y a en nous de meilleur et de préserver ce qu'il y a de mieux dans notre environnement ?

Mikhaïl Sergueïevitch vit dans un état de tension incroyable. Six années de travail quotidien et désintéressé, au sens le plus plein du terme. Ces années se sont fondues en une seule journée de travail interminable. Je ne le vois jamais rentrer à la maison avant dix ou onze heures du soir. Et il y arrive toujours avec une pile de papiers. Il travaille souvent jusqu'à deux heures du matin, parfois même jusqu'à trois heures.

Les programmes de ses voyages à l'étranger sont extrêmement serrés et denses. Conversations, signatures de documents, dizaines de rencontres et de manifestations : tout est réglé à l'heure près, jusqu'à la dernière minute de son séjour dans le pays. Les membres des délégations, les journalistes et les autres personnes qui l'accompagnent le savent parfaitement. Il ne parvient jamais à dormir plus de quatre ou cinq heures par nuit pendant ces voyages. Et il ne faut pas oublier l'influence des changements de climat et de fuseaux horaires sur son état de santé. De plus, Mikhaïl Sergueïevitch ne s'est jamais permis le luxe de prendre la moindre journée, ni même quelques heures, pour s'adapter à un nouvel environnement après un long vol.

*J'ai remarqué que les voyages à l'étranger ont désormais lieu la plupart du temps le samedi ou le dimanche. Auparavant, le temps que prenaient ces voyages se mesurait en jours; maintenant, il se mesure en heures. Il a passé trente heures en Espagne; en Italie, six ou sept heures.*

C'est vrai. Mais la somme d'activités que l'on arrive à glisser dans ces voyages augmente en progression géométrique. Même pendant les vacances, il ne parvient pratiquement jamais à se couper de son travail. C'est toujours en vacances qu'il écrit ses discours à venir. C'est de cette façon qu'il a écrit son livre sur la perestroïka. Le plus important de tout, c'est que, où qu'il soit, il ne perd jamais le contact avec Moscou, ne serait-ce qu'une minute. J'ai calculé que pendant les vingt jours de vacances qu'il a réussi à prendre en août 1990 à Yalta, il avait eu en moyenne dix-sept coups de téléphone urgents et insistants par jour.

C'est à ce moment-là, juste avant la fin de nos vacances, que Mikhaïl Sergueïevitch m'a dit : « La période la plus difficile nous attend. Il va y avoir une lutte politique... des querelles politiques... c'est très alarmant... Tu comprends, cela affectera obligatoirement la situation économique et la solution de nos problèmes économiques. Notre problème numéro un aujourd'hui, c'est que nous ne devons pas céder aux conservateurs : nous ne nous en remettrions jamais. Nous ne pouvons toutefois pas abandonner le sort du pays et de notre avenir à des fumistes. Ils bousilleraient tout. Nous poursuivrons, mesure par mesure. Toutes les mesures ne seront peut-être pas les bonnes; elles n'atteindront pas toutes leur but. Mais il faut absolument qu'elles soient prises. »

Je sais par quelles souffrances et par quelles angoisses il passe. Cela n'est pas facile, cela n'a jamais été facile pour un honnête homme. Et les difficultés sont doubles pour un homme qui a pris sur ses épaules un tel fardeau pour son pays et pour son peuple. Un homme qui est conscient de ce qu'il doit aux gens qui lui font confiance, un humaniste et un démocrate par nature, aussi exposé et réceptif au bonheur des hommes qu'à leur chagrin.

*Votre mari fait preuve d'un sang-froid digne d'envie. Quel est son secret ?*

Certains évoquent souvent son sang-froid et sa tolérance. Mais d'autres – et ils sont un certain nombre – disent qu'il ne s'agit pas du tout de sang-froid, mais plutôt d'un manque d'« esprit de décision ». Ce sont ces individus qui, par provocation, affirment que la politique ne se mène pas avec des mains tremblantes. Ce sont des gens dangereux, rejetés à la surface par notre époque orageuse. Mais revenons à votre question. J'ai entendu Mikhaïl Sergueïevitch y répondre une fois lui-même. C'était en Finlande, lors d'un déjeuner offert par M. Koivisto. En manière de plaisanterie, Mikhaïl Sergueïevitch a alors avancé trois « raisons ». Tout d'abord, il lui fallait remercier ses parents de lui avoir transmis génétiquement la faculté de se maîtriser. En second lieu, il m'a citée. Je dois remercier Raïssa Maximovna, a-t-il dit, pour son aide, son soutien et sa loyauté. La troisième raison était sa foi en la justesse du chemin qu'il a choisi et dans le but qu'il s'est fixé.

Je crois, Gueorgui Vladimirovitch, que la troisième raison est la plus importante : son sens de la justice, de l'importance et de la nécessité de ce qui a été entrepris en 1985. Perdre sa foi, nourrir des doutes quant à sa justesse, voilà à mon avis ce qui risquerait par-dessus tout de priver un homme fort de son courage. Je pense que c'est cela.

*Vous savez, il a pratiquement répété la même chose dans une interview franche et informelle qu'il a donnée récemment à la télévision soviétique.*

Oui, vous avez raison. Bien entendu, j'ai moi aussi regardé et écouté cette interview. Je ne vous cacherai pas que j'ai été très heureuse d'être de nouveau citée parmi les trois raisons qu'il a données pour expliquer son sang-froid – il ne m'avait pas oubliée. J'aimerais ajouter un facteur à ceux que Mikhaïl Sergueïevitch a cités, qui est essentiel pour comprendre son sang-froid, sa tolérance et son assurance. Il est très important. Pour lui, tous les gens sont des êtres humains et des personnalités. Il n'affirme jamais sa propre dignité en foulant aux pieds celle des autres. C'est l'un de ses traits de caractère, depuis toujours. Jamais dans sa vie, il n'a humilié les gens qui étaient proches de lui afin de se grandir lui-même. Jamais.

Et c'est à cause de cela que vous l'entendez dire des choses comme : « On peut bien entendu ne pas être d'accord avec tout ce qu'il dit, mais c'est un homme qui travaille », « il a son propre avis », et ainsi de suite. Ou « on doit, bien entendu, y réfléchir », « il y a quelque chose de sensé dans tout cela ». Ou : « En principe, nous pourrions l'accepter. »

Il ne dit pas ces choses-là par diplomatie et certainement pas par timidité, manque d'esprit de décision ou incertitude. Ni même à cause d'une éducation spéciale. Mais à cause d'un respect inné pour les êtres humains, dont je vous ai déjà parlé. Vous savez, dans la famille, il écoute tout le monde, de trois à quatre-vingts ans, d'égal à égal.

Je n'ai aucun doute quant à la force morale de Mikhaïl Sergueïevitch. C'est autre chose qui me préoccupe et je pense que des millions de femmes, d'épouses et de mères me comprendront. Je suis extrêmement inquiète aujourd'hui pour sa santé.

J'aimerais conclure cet entretien, Gueorgui Vladimirovitch, en répondant à votre question : Qu'est-ce pour moi que le bonheur ? C'est à la fois très simple et très compliqué. C'est une question éternelle, aussi complexe et multiforme que la vie elle-même. Il y a une chose dont je suis sûre : il est impossible d'être heureux si l'on est seul – si personne n'a besoin de nous.

J'ai devant les yeux un message de félicitations que je viens de recevoir à l'occasion de la Journée des femmes du 8 mars.

> Chère Raïssa Maximovna,
>
> Si difficile que ce soit pour vous et Mikhaïl Sergueïevitch en ces temps désespérés, soyez assurée que les efforts consentis depuis six ans pour transformer et améliorer notre pays lui ont donné une image plus simple et plus sincère, en harmonie avec les concepts d'honnêteté, de moralité et d'humanité. Il est difficile, voire impossible, d'achever le processus de la perestroïka en six ans. Mais je sais que toutes vos pensées, tous vos sentiments et tout ce que vous avez accompli ensemble pendant ces années n'avait qu'un but : servir le pays.

Le second message m'a été adressé par Gueorgui Khosroïevitch Chakhnazarov.

Chère Raïssa Maximovna,

Je vous envoie mes félicitations sincères en ce 8 mars. Un destin étonnant vous a été réservé – à la fois heureux et par certains côtés cruel. Mais vous acceptez à la fois ses cadeaux et ses coups avec une grande dignité humaine. Si les mariages sont vraiment conclus au ciel, Dieu a essayé de donner à Mikhaïl Sergueïevitch une compagne de vie assortie à la mission pour laquelle il était destiné.

Sincèrement, Chakhnazarov.

Peut-être *est-ce* cela le bonheur, Gueorgui Vladimirovitch. Ou...

Voici l'un des cadeaux très chers à mon cœur : *Vanity Fair* de Thackeray. C'est une première édition, publiée à Londres en 1848, qui m'a été offerte par Mme Thatcher. Cet ouvrage d'un grand romancier se termine par la question : « Lequel d'entre nous est heureux en ce monde ? »

*Notre travail est parvenu à son terme. On m'escorte en bas, jusqu'à la véranda devant laquelle m'attend une voiture, et je baise la main de mon hôtesse. Elle s'attarde sur la véranda où flotte un parfum de printemps. Dans son dos, la maison n'est éclairée que par endroits : pas d'illuminations onéreuses. Avant d'aller jusqu'à la voiture, j'essaie de graver cette image dans ma mémoire : la maison, la porte vitrée et la femme qui se tient sur le seuil.*

*Oui, j'ai lu qu'en Occident, on a décrit Raïssa Gorbatchev comme l'« arme secrète du Kremlin », ce qui sous-entend donc que le charme personnel est lui aussi capable de produire des dividendes politiques parfaitement tangibles. Je ne parviens toutefois pas à sortir de mon esprit la scène dont j'ai été témoin à l'extérieur du club des mineurs de Donetsk : Raïssa Gorbatchev prend par la main une femme, apparemment une ouvrière, qui veut dire quelque chose mais qui ne parvient pas à se frayer un chemin jusqu'à l'endroit où se trouvent les personnes importantes, et elle la fait pénétrer dans ce cercle et participer à une discussion animée sur la politique et l'industrie. Si je n'arrive pas à sortir cette scène de mon esprit, c'est sans doute qu'elle s'est répétée un grand nombre de fois sous mes yeux. Pas seulement à Donetsk, pas seulement à Sverdlovsk ou à Nijny Tagil.*

*Sur la route qui me ramène à Moscou, je me demande maintenant : et au Kremlin ? De qui est-elle l'« arme » au Kremlin ? – car il est évident que même là, elle ne se contente pas d'être une figurine de porcelaine.*

*Aujourd'hui que, en dehors de son cercle d'intimes, je connais mieux Raïssa Gorbatchev que n'importe qui, la réponse à cette question m'apparaît clairement. Si élégante, voire raffinée, qu'elle puisse être dans les coulisses du pouvoir, qu'elle humanise à sa façon et qu'elle rend plus attirantes et même plus intéressantes pour le public en général, il me semble que l'accompagnent toujours de façon invisible les épreuves de son enfance, les mutilés aveugles, en partie avinés, qui chantaient sur les quais de chemin de fer après la guerre, et la femme d'une région minière, tourmentée par l'humiliation de nos pénuries et de notre désordre actuels. Si Raïssa Gorbatchev est connue en Occident comme une « arme du Kremlin », il me semble qu'à l'intérieur du Kremlin, elle est une « arme » pour ceux qui n'en ont pas. Qu'à Dieu ne plaise !*

*J'ai lu récemment quelque part un reportage très intéressant. Un groupe de spécialistes a mené une enquête sur l'idée que l'on se fait communément aujourd'hui de la beauté féminine. J'ignore simplement de quels spécialistes il s'agissait : de la beauté féminine ou des statistiques ? Ils ont rassemblé les faits, ils les ont étudiés et ils sont parvenus à des généralisations vraiment surprenantes. L'idéal de la beauté féminine, c'est la moyenne. Un visage composé exactement d'un nez moyen, de lèvres et de sourcils aussi ordinaires que possible, et ainsi de suite. La symétrie gouverne, semble-t-il, non seulement le monde réel, mais également notre imagination. Moins il y a d'individualité, plus l'attirance est grande. Y a-t-il quelque chose de mal dans l'individualité – tout au moins en ce qui concerne l'idée populaire de la beauté ?*

*En URSS, la femme du chef suprême ne s'écartait pas d'un millimètre de son ombre, par souci d'autoprotection. Plus elle restait cachée, mieux cela était.*

*Raïssa Gorbatchev se tient délibérément à l'écart de tout rôle dans la structure officielle du pouvoir. Si elle joue le moindre rôle, ce n'est que dans son travail social et même là, il ne s'agit pas d'une fonction importante. Je ne peux pas dire qu'elle ait jamais franchi les frontières politiques fixées par son mari, ou commis des indiscrétions. Elle ne le fait pas, et prend le plus grand soin de ne pas le faire. J'ai l'impression que le rythme même de sa parole, en particulier à la télévision, n'est pas seulement conditionné par sa longue expérience d'enseignante, mais également par une stricte maîtrise intérieure.*

*Les profils coïncident et pourtant, il flotte autour d'eux une luminescence évidente et étrange, visible à l'œil nu. En vérité, je n'appellerais pas cela le phénomène Raïssa Gorbatchev, mais le phénomène des Gorbatchev. Elle s'autorise une individualité qu'elle exprime avant tout dans le sentiment qu'elle a de sa propre valeur, tandis qu'il accorde à ce sentiment un respect tranquille qui ne varie jamais. C'est cela leur phénomène : celui de la préservation de l'individualité.*

*J'ai remarqué qu'elle n'aimait pas les bavardages creux de salon. Elle tient fermement le fil de toutes les conversations. Elle fait preuve de sympathie lorsque l'on emploie le mot juste ou que l'on exprime une idée intéressante, mais lorsque l'on dit quelque chose hors de propos, elle réagit de façon beaucoup plus tranchante. Somme toute, la femme dont vous êtes en train de lire le livre ne fait pas partie de ceux avec lesquels il est possible de se détendre mentalement dans une conversation – mieux vaut garder un esprit toujours alerte.*

*C'est une femme qui ne détourne pas non plus les yeux de la vérité : ne rien savoir, ne rien voir, ne rien entendre. Elle ne se détourne pas et elle préfère appeler un chat un chat. En dépit de toutes les manières démocratiques du Président, je ne suis pas certain qu'il y ait beaucoup de gens au sommet de l'establishment soviétique qui lui disent directement la vérité. Mais je suis convaincu qu'elle fait partie de ceux-là, car je l'ai entendu dire plus d'une fois. Quoiqu'il lui soit probablement plus douloureux et plus difficile qu'à tout autre d'exprimer cette vérité sans détour.*

*Parfois, on trouve le salut dans le mensonge. J'ai l'impression qu'elle croit que seule la vérité, si amère qu'elle puisse être, peut être salutaire. Cela correspond plus à son caractère et à son passé.*

# CHAPITRE SIX

## Mes espoirs

*J'écris ces lignes de conclusion tard dans la soirée. « Vremya », le principal magazine d'informations de la télévision soviétique, vient de se terminer. Il comprenait une séquence se rapportant directement à ma dernière rencontre avec Raïssa Gorbatchev. Après avoir attiré mon attention sur une pile de lettres et de messages adressés à Mikhaïl Gorbatchev à l'occasion de son soixantième anniversaire, elle m'a dit :*

Il y a aussi un camarade, retraité et apiculteur en Ukraine, qui a, semble-t-il, envoyé une tonne de miel en cadeau à Mikhaïl Sergueïevitch.

*Pourquoi « semble-t-il » ?*

Eh bien, nous avons reçu un avis nous demandant de prendre livraison d'une tonne de miel. Je me suis dit qu'il s'agissait probablement d'une erreur et qu'à la place d'un kilo, quelqu'un avait écrit une « tonne ».

*Racontons cette histoire dans le livre. Elle est intéressante.*

Je n'en suis pas certaine et, de toute façon, nous devrions nous assurer qu'il ne s'agissait pas effectivement d'une quelconque erreur.

*A en juger par le reportage diffusé dans « Vremya », ce n'en était pas une. Raïssa Gorbatchev avait emporté ce miel avec elle lors d'une visite dans un foyer pour personnes âgées. Assise parmi elles, elle bavarda, répondit à leurs questions en prenant un thé au miel – de ce fameux miel qui l'avait accompagnée sur les instructions de son mari. Je sais qu'un autre cadeau présidentiel fut fait à ce foyer moscovite : un poste de télévision que Li Peng avait offert à Mikhaïl Gorbatchev à Pékin.*

*Il se trouve d'ailleurs qu'un peu plus tôt ce jour-là, j'avais appris qu'il ne s'agissait pas d'une erreur, en tombant par hasard sur la personne chargée par le Président de redistribuer une partie du miel à un établissement pour enfants handicapés mentaux que leurs parents avaient abandonnés à la naissance.*

*En réalité, le « miel présidentiel » fut divisé en trois parts : une pour la maison d'enfants, une autre pour le foyer, et la troisième pour l'Hôpital républicain pour enfants de Moscou, dont, nous l'avons déjà dit, Mme Gorbatchev est la marraine.*

*La coutume voudrait que la conclusion et le post-scriptum de ce livre reviennent de droit à son auteur, Raïssa Gorbatchev. Je tiens toutefois à écrire ces lignes, surtout après avoir vu sur l'écran de télévision les traits empreints de concentration et de maîtrise de soi de la personne à laquelle j'ai récemment parlé, et après l'avoir entendue adresser des vœux de Bonnes Pâques aux personnes âgées en des termes si inhabituels pour elle et pour la télévision soviétique en général.*

*L'époque est difficile, voire amère, pour le Président. Il se peut que l'apiculteur ukrainien soit un lointain descendant de ce Rudy Panko dont parle Gogol dans son inoubliable* Les veillées à la ferme de Didanka *et qui, dans sa simplicité, ne soupçonne pas lui-même l'aspect hautement symbolique de son cadeau sincère.*

*Raïssa Gorbatchev a déjà exposé les raisons qui l'ont poussée à réaliser ce livre. Elle y explique qui elle est et, tout en s'adressant au lecteur étranger, ne quitte bien entendu pas du coin de l'œil le lecteur russe. Qui sait ? Cet ouvrage n'est peut-être qu'un essai précédant l'écriture d'un livre destiné uniquement au public soviétique. Elle veut être comprise dans son propre pays. Je me suis aperçu, lorsqu'elle a décidé d'écrire ce livre, que Raïssa Gorbatchev devait pour cela sortir des limites de son propre caractère, de sa nature réservée et enfin, de la tradition. Si ma mémoire ne me trahit pas, une seule « first lady » soviétique avant elle, Nadedja Kroupskaïa, a entrepris quelque chose de semblable. Elle est allée à l'encontre de la tradition, et les critiques qui lui sont le plus souvent adressées portent justement sur le fait qu'elle a ignoré certaines des traditions les plus anciennes de ce pays. Jusqu'à un certain point, être comprise signifie être soutenue.*

*A titre personnel, je suis impressionné par l'élan sincère qui anime Raïssa Gorbatchev. De plus, je suis profondément convaincu que, malgré la spécificité de la personnalité de Mikhaïl Sergueïevitch, il n'est pas un personnage accidentel dans notre histoire contemporaine, mais un personnage tout à fait logique et nécessaire. Et sa spécificité réside probablement dans le fait qu'il a su discerner avec une acuité inhabituelle la direction générale vers laquelle les choses évoluaient – ce passage d'un monde en décomposition, divisé et alourdi par la perspective de l'auto-destruction, au concept d'un seul monde – et le fait qu'à l'état latent, la société était prête à s'engager dans cette voie. Dans ce mouvement, il a injecté un tempo* bien à lui *avec toutes les conséquences que cela implique. Il a agi ainsi parce qu'il avait compris qu'il lui restait très peu de temps.*

*En relisant V.O. Klioutchevsky, j'ai relevé que Pierre le Grand, le réformateur le plus décidé et le plus spectaculaire de la Russie, avait dirigé le pays pendant trente-six ans. Il était devenu tsar en 1682 et avait gouverné de 1689 à 1725. C'est le nombre d'années qui sont apparemment nécessaires pour réaliser des réformes essentielles en Russie : Gorbatchev a compris qu'il ne* gouvernerait *pas pendant trente-six ans, ne serait-ce que parce qu'il avait, précisément, rompu avec le stalinisme dans ce but-là.*

*Dans ce pays, nous attendons tous qu'il obtienne des résultats « sur-le-champ ». En tant que père de quatre enfants et en dépit de l'impatience générale, tout à fait naturelle, je serais plutôt d'avis de laisser nos enfants jouir des résultats, à condition qu'il y en ait. Vous voudrez bien, je l'espère, me pardonner cette digression de journaliste dans le domaine qui m'est peu familier de la généralisation politique.*

*Je tends maintenant le micro à Raïssa Gorbatchev :*

Gueorgui Vladimirovitch, nous nous rencontrons donc aujourd'hui pour la sixième et dernière fois, comme nous en étions convenus. Était-ce des conversations, des interviews, ou de simples moments consacrés aux souvenirs ? Je l'ignore. Vous vous souviendrez que je n'ai pas tout de suite accepté ces rencontres. Pourquoi ? J'ai parlé de cela au début du livre ; c'est de là que nous sommes partis.

Mikhaïl Sergueïevitch et moi aimons beaucoup les ballades. Peut-être est-ce typique de notre génération, je ne sais pas.

Parmi celles que nous préférons, il y en a une dont nous écoutons souvent le disque chez nous, une vieille chanson d'amour russe de A. Abasa, sur des paroles de Tourgueniev. C'est pratiquement la seule chanson d'amour que Tourgueniev ait écrite. Elle est interprétée par Nicolaï Gedda. « Un matin brumeux, un matin gris, les champs lugubres recouverts de neige. » C'est une merveilleuse chanson d'amour! Quant à la voix de Gedda, je ne sais quel adjectif choisir : belle, enchanteresse, magique ou stupéfiante. Une chanson d'amour donne envie de se plonger dans le passé. Son héros lui-même se souvient. Mais, Gueorgui Vladimirovich, notre vie avec ses activités quotidiennes, ses problèmes et ses soucis, et nos heures, nos jours et nos années pleines à craquer, ne nous laissent pas le temps de nous souvenir.

J'ai entendu Mikhaïl Sergueïevitch répéter à maintes reprises : « J'ai toujours eu envie d'écrire et j'en ai encore envie. Mais je n'en ai jamais eu le temps et je ne l'ai toujours pas. » Quant à moi, j'étais assaillie de doutes : devais-je donner des interviews et parler de moi-même? Pour quelle raison l'aurais-je fait? Devais-je parler de Mikhaïl Sergueïevitch? Car nul n'est capable de parler mieux, et avec plus de sincérité, de lui, de ce qu'il a traversé et de ce qu'il traverse encore, de ce qu'il a accompli, du pourquoi et du comment de ses actes, qu'il ne le fera jamais lui-même. Dans la vie toutefois, il y a partout une « division des tâches » : certaines personnes font des choses; d'autres écrivent sur elles et les critiquent. Chacun a son propre destin. Mais je mentionne ceci en passant.

Aujourd'hui, Gueorgui Vladimirovitch, je ne regrette pas d'avoir eu ces entretiens avec vous. Je ne le regrette pas, bien que ces quatre mois – si je me souviens bien, notre première rencontre a eu lieu vers la fin du mois de décembre de l'an dernier –, ces quatre mois se soient révélés difficiles pour moi sur le plan physique, intellectuel et émotionnel. Parce qu'ils ont également correspondu à une période grave, voire à la période la plus difficile dans la vie de notre pays et dans le travail de Mikhaïl Sergueïevitch. Et parce que, pour la première fois de ma vie, j'ai fait une pause, pour ainsi dire, et revécu ma propre vie. J'ai essayé de me rappeler des faits et des événements du passé. Et, alors que je ne m'y attendais absolument pas, ces épisodes, ces événements et ces faits de mon passé ont commencé à rouler comme des petites perles hors de profondeurs tout à fait insondables de ma mémoire et à se relier, à s'enfiler ensemble pour former une chaîne très longue, une chaîne interminable de souvenirs. J'imagine qu'une telle expérience se produit dans la vie de chacun de nous.

J'ai découvert qu'il y avait beaucoup d'autres choses que j'avais envie d'évoquer : ma famille, les gens auxquels ma vie est liée et ce que j'ai vu. Et les lettres que les gens m'envoient. Auparavant, il ne m'était jamais venu à l'esprit de parler de tout cela.

Et là aussi, je me suis rendu compte qu'il n'était pas si facile, d'un point de vue émotionnel d'affronter cette avalanche de souvenirs. J'ai vraiment eu l'impression de tout revivre. Comme je vous l'ai dit, j'ai pleuré en me remémorant tel ou tel événement et mon cœur s'est serré. J'ai tout revécu durant ces quatre mois.

En définitive, j'ai essayé de découvrir et de comprendre la signification de ce qui est arrivé et de ce qui arrive en ce moment. C'est également très important pour moi. Pendant ces quatre mois se sont déroulés tellement d'événements extraordinaires et ont été prises tant de décisions importantes! Un si grand nombre de changements sont survenus dans le pays et en nous-mêmes! Cela a vraiment été une période critique et capitale.

La perestroïka n'est pas un figuier stérile : elle porte des fruits. Mais elle a également révélé ou peut-être provoqué involontairement des choses mauvaises. Je rêve du moment où elles auront disparu, où la perestroïka commencera à produire des récoltes concrètes et riches, afin que chacun sente – et c'est ce qui compte le plus pour moi – qu'il est davantage en paix avec soi-même, que le sol est plus ferme sous ses pas, et qu'à table et à la maison, il s'en sort mieux. Je désire que mon mari, avec ses associés et ceux qui le soutiennent, mènent à bien ce qu'ils ont entrepris et voient de leurs yeux les vrais fruits de la transformation extraordinaire qu'ils ont déclenchée.

J'ai particulièrement envie de dire quelque chose à propos des collègues de mon mari, des gens qui ont pris avec lui l'initiative des changements et qui sont toujours à ses côtés, en train de batailler ensemble à travers tous les obstacles, les erreurs et les préjugés. Parmi eux, il y a des gens que je connais bien et d'autres que je connais moins bien, qui sont plus jeunes et qui se sont engagés plus tard sur ce chemin épineux, si nécessaire à notre pays et à notre société. Je suis toutefois reconnaissante à chacun d'entre eux de l'aide active qu'ils ont apportée à mon mari et de leur loyauté envers notre cause commune. A tous, j'adresse mes vœux. Je leur souhaite, à eux et leurs familles, de ne pas abandonner et de ne pas perdre la force d'âme qui se nourrit de l'importance de la cause qu'ils servent.

La stabilisation du marché des biens de consommation et du système monétaire, la réforme agraire, les débuts de la dénationalisation et de la libre entreprise représentent une force de rassemblement. Si des cataclysmes politiques ne les bouleversent pas, nous sommes en droit d'attendre des changements positifs. Et le plus tôt sera le mieux!

Le 13 mars 1991 s'est tenu le premier référendum de l'histoire de notre pays. 80 % des citoyens soviétiques inscrits sur les listes électorales sont allés voter pour répondre à la question : « Estimez-vous nécessaire de préserver l'Union des Républiques socialistes soviétiques sous la forme d'une fédération rénovée de républiques souveraines égales dans lesquelles les droits et les libertés des personnes de toutes nationalités seront pleinement garantis ? » 76,4 % d'entre eux ont répondu : « Oui, nous voulons une grande Union soviétique, rénovée et démocratique. »

J'espère et je crois que le peuple soviétique aura la force, la maîtrise de soi, le patriotisme et – ce point est à mon avis très important – le bon sens de surmonter les innombrables difficultés et obstacles jonchant la route qui mène à ce but. J'aimerais que tout en traversant les épreuves de la rénovation, l'Union soviétique reste une union – de peuples, de nationalités et d'idéaux. Nous ne pouvons pas nous permettre d'éparpiller à tous les vents l'expérience morale et sociale inestimable et séculaire constituée par la cohabitation d'un si grand nombre de langues et de peuples et par la coopération entre ces derniers. Il me semble que cette expérience restera utile à tous, à l'ensemble de la civilisation humaine. Qui sait ? Peut-être est-ce précisément cette attraction et cette interpénétration séculaires qui constituent ce que l'on appelait autrefois une « émanation de l'âme » – de chacun des peuples habitant l'Union, y compris le peuple russe.

Je souhaite la paix. Rien n'est plus effrayant ni plus inhumain que la guerre. Peu importe sur qui, où et quand elle s'abat : la calamité de la guerre est une tragédie pour l'ensemble de l'humanité. Il y a quelques années à peine, chaque fois que Mikhaïl Sergueïevitch allait à la rencontre des gens, on entendait crier le slogan : « Du moment qu'il n'y a pas la guerre ! » Et dans les années soixante et soixante-dix, lorsque, jeune sociologue, j'allais de village en village avec mes questionnaires, on me posait sans cesse la même question angoissée, surtout les mères de famille : « Ne va-t-il pas y avoir la guerre ? » Je les interrogeais sur leur salaire, leur travail, leurs enfants, leurs familles et leurs besoins, sur le nombre de fois où elles se rendaient au cinéma, au club ou chez des amis – le questionnaire était constitué de ce type de questions – et elles me répondaient : « Du moment qu'il n'y a pas la guerre ! » Aujourd'hui, on n'entend plus ces slogans et ces questions fondamentales. La menace d'une conflagration à l'échelle mondiale, la menace d'anéantissement, profondément ressentie pendant des dizaines d'années dans chaque foyer et chaque famille de notre pays, a été écartée. Pour mon pays, qui s'est tenu pendant des siècles à la jonction de deux mondes, cela constitue un changement de perception du monde et d'attitude envers lui : le passage d'un perpétuel état d'inquiétude à un sentiment de sécurité.

Le monde n'est plus coupé en deux. Pour la Russie, pour l'Union soviétique et pour tous les peuples de cette planète, la paix est devenue plus durable. J'en suis fière parce que, après tout, les efforts politiques et les qualités d'homme d'État de mon mari y ont largement contribué. Je suis fière du prix Nobel de la paix qui lui a été décerné. Je suis bien sûr inquiète, très inquiète de voir se développer des affrontements dans notre pays. Ce type de conflit, destructeur et insensé, pourrait se transformer en tragédie, non seulement pour nos peuples, mais aussi pour l'ensemble de l'humanité. C'est dans un avenir paisible que se trouvent le bonheur et le bien-être des peuples de cette planète, le bonheur de notre pays, de nos enfants et de nos petits-enfants, y compris celui de la famille du Président.

Mars vient de se terminer. C'est un mois spécial dans la vie de Mikhaïl Sergueïevitch. En mars 1983, il a été élu Premier secrétaire du Comité central du PCUS. En mars 1990, il est devenu le premier Président du pays élu par la nation. Le 2 mars, il a fêté son soixantième anniversaire. Nous avons beaucoup apprécié les milliers de félicitations et de souhaits chaleureux que nous avons reçus de toutes sortes de gens, en provenance de tous les coins du pays.

Cher Mikhaïl Sergueïevitch,

Mes félicitations pour votre anniversaire. Du fond du cœur je vous envoie mes vœux d'excellente santé, de bonheur et de ténacité. Après tout, il est terriblement difficile d'être Président de notre malheureux pays. Nous vous sommes à jamais reconnaissants d'être parvenu de façon si incroyable à nous débarrasser de la peur et à nous rendre espoir et liberté. Nous avons grandi à l'époque de Brejnev et nous éprouvions à l'égard de tous ceux qui détenaient le pouvoir un sentiment de répulsion et de haine. Mais nous avons foi en vous. Et lorsque l'élection présidentielle à l'échelle nationale aura lieu, nous voterons pour vous.

Avec notre respect le plus profond. Lev Isskovitch Sigal, Marina Valentinovna Morozova, Moscou.

Bonjour, Mikhaïl Sergueïevitch,

Ne vous en faites pas d'avoir eu soixante ans. Ce n'est pas vieux. Chaque jour que vous vivez peut être comparé à des années. Les bonnes graines que vous avez semées avec votre cœur et votre esprit dans notre pays coupable ne manqueront pas de donner une bonne récolte et beaucoup de joie. Où pouvons-nous vous envoyer des champignons blancs secs ?

Famille Tchakouchkine, Tcheboksary.

Cher Mikhaïl Sergueïevitch,

Sincères vœux d'anniversaire. Courage à vous, cher camarade, dans la lutte pour la justice et pour le bonheur du peuple.

Communistes, membres du komsomol et pionniers, instituteurs et ensemble du personnel de l'école n° 64 de Stavropol.

Cher Mikhaïl Sergueïevitch,

Je vous présente mes félicitations sincères à l'occasion de votre soixantième anniversaire. Tout d'abord, je vous souhaite une bonne santé et de la force de caractère. Ne cédez pas et ne faites pas marche arrière. Je vois bien que vous avez des difficultés. Vos opposants politiques, et pas seulement ceux-là, se cachent derrière une phraséologie démocratique et se battent férocement contre vous et votre équipe. Ils ne font pas appel à des méthodes politiques. Malheureusement, ils ont réussi à tromper une partie de la population de notre pays, en utilisant à leurs fins mercenaires les difficultés économiques et les conflits entre les nationalités qui, j'en suis convaincu, ont surgi par la faute de ces « démocrates ». Une fois encore, je vous adresse mes vœux de bonne santé, de réussite et de bonheur dans votre vie privée.

Votre partisan convaincu, Kozlov, Smolensk.

Cher Mikhaïl Sergueïevitch,

Nous vous félicitons du fond du cœur en ce jour de votre soixantième anniversaire. Nous vous souhaitons de rester en bonne santé et de mener à bien vos efforts pour ressusciter notre mère-patrie. Les vrais travailleurs sont entièrement de votre côté. Sachez que vous êtes notre espoir. Nous vous donnons l'accolade et nous vous embrassons. Que Dieu vous aide !

Alla Karabanova et Nina Nazarova, télégraphistes au bureau de poste central, Moscou.

Cher et très respecté Mikhaïl Sergueïevitch,

Mes félicitations sincères pour votre anniversaire. Mes meilleurs vœux de bonne santé. Je vous supplie de tenir bon face aux mensonges et à l'extrémisme. Mes compliments les plus sincères pour votre patience et votre courage. Souvenez-vous que notre espoir humain réside dans votre noblesse de caractère. Nous vous soutenons de tout notre cœur.

M. Chask, Leningrad.

Cher Mikhaïl Sergueïevitch,

Je vous félicite pour votre anniversaire. Je vous souhaite de rester en bonne santé et de réussir dans votre tâche difficile. J'aimerais que vous restiez toujours Président et que vous luttiez toujours pour la paix. Venez nous rendre visite à Petrozavodsk et nous pourrons aller ensemble à la pêche.

Micha Tortchik, neuf ans, Petrozavodsk.

Cher Mikhaïl Sergueïevitch,

Nous vous adressons nos félicitations pour votre anniversaire et vous souhaitons de réussir dans votre tâche difficile.

Des étudiants de l'université de Lvov.

Il y a enfin deux autres lettres sur lesquelles j'aimerais attirer particulièrement l'attention.

Cher Mikhaïl Sergueïevitch,

Je vous envoie mes vœux les plus cordiaux à l'occasion de votre anniversaire. Dans mon grand âge, le destin m'a donné l'occasion de vous rencontrer, vous qui êtes au centre même des événements mondiaux. J'accorde une valeur exceptionnelle à cette rencontre. Je la considère comme un cadeau. La vie a embrouillé beaucoup de choses (pas tout, heureusement!). Il est difficile de se protéger de ses tempêtes, nous y sommes tous exposés. Né dans la province de Russie, je continue à croire en l'homme de la terre. Il est plus proche du ciel et par conséquent plus fort que les hommes de l'air. Je vous adresse mes félicitations sincères et vous souhaite santé, force de caractère et

longue vie afin que vous puissiez mener à bien la tâche qui vous a été confiée.
Avec mon profond respect, Gueorgui Vassilievitch Sviridov.

Au Président de l'URSS, Monsieur S. Gorbatchev,
Très respecté et cher Mikhaïl Sergueïevitch!
Permettez-moi de vous féliciter sincèrement et du fond du cœur pour le soixantième anniversaire de votre naissance. Je prie pour que le Seigneur vous donne plus de force et pour que votre cœur garde toujours sa sagesse empreinte de paix et d'amour. Que votre tâche à la tête du grand État soviétique soit bénie et que vous réussissiez à renforcer l'unité de nos peuples dans toute leur variété et dans ce qui fait qu'ils s'enrichissent les uns les autres. Je crois qu'avec l'aide de Dieu, la grande cause que vous avez lancée pour rénover notre mère-patrie sur des principes démocratiques, légaux et moraux, triomphera en dépit de toutes les difficultés. Je vous assure que tous nos efforts et nos prières font partie intégrante de ce grand processus historique. Veuillez transmettre mes félicitations sincères à votre partenaire dans la vie, Raïssa Maximovna, et à tous ceux qui vous sont proches.
Avec mon profond respect, Alexis, patriarche de Moscou et de toutes les Russies.

Nous avons également reçu des brassées de fleurs le jour de son anniversaire. Des roses splendides, des orchidées magnifiques, messagères du cœur, des œillets et des tulipes des steppes. De superbes iris bleus – la couleur de l'espoir. Des mufliers pourpres et des freesias jaunes, lilas et blancs. Selon la tradition, Gueorgui Vladimirovitch, j'ai offert des violettes à Mikhaïl Sergueïevitch pour son anniversaire. La violette est une fleur délicate et gracieuse qui sent bon le grand air et le printemps. Pour nous, c'est un symbole de jeunesse qui nous rappelle la première année de notre vie de couple, lorsque, pour la première fois après notre mariage, Mikhaïl Sergueïevitch et moi nous sommes rendus dans son village natal. Avez-vous jamais eu l'occasion de goûter à cette scène traditionnelle du Sud : le petit jardin devant le cottage des parents, d'où s'exhale le parfum des violettes nocturnes qui y poussent ? Depuis cette époque, je lui offre toujours des violettes.

Au nom de sa mère et de la mienne, en celui de nos enfants, petits-enfants, frères et sœurs, et bien entendu en mon nom propre, j'ai dit ceci à Mikhaïl Sergueïevitch le jour de son soixantième anniversaire : « Merci d'exister, merci d'être ce que tu es, merci pour le fait d'être à tes côtés. »

J'espère que la santé de mon mari ne l'abandonnera pas ou ne se détériorera pas. Après tout, il vient d'avoir seulement soixante ans. J'espère que mes enfants et petits-enfants continueront à bien se porter. J'espère que le destin m'accordera également la force de rester parmi eux et aux côtés de mon mari le plus longtemps possible, afin de l'aider et de partager chaque battement de son cœur.

La vie nous a tout apporté : la joie et le chagrin, un travail d'une extraordinaire difficulté et une tension nerveuse colossale, des succès et des échecs, la pauvreté, la faim et le bien-être matériel. Lui et moi avons traversé tout cela en parvenant à préserver ce qui est à la base de notre relation, ainsi que notre dévouement à nos idées et à nos idéaux. Je suis convaincue que la force d'âme, le courage et la fermeté aideront maintenant mon mari à surmonter les épreuves sans précédent de cette période qui est la plus difficile de sa vie.

J'ai espoir.

Moscou,
Décembre 1990 – avril 1991.

POSTFACE

# En réclusion à Foros

Entretien réalisé par V. Golovatchev, *commentateur politique de Troud.*

*Plus le détail du plan ourdi par les conjurés, aujourd'hui arrêtés, est porté à la connaissance du public, plus l'ampleur du danger qui a menacé le pays durant ces journées devient claire. Le premier coup – dès le 18 août – devait être porté au Président de l'URSS, Mikhaïl Sergueïevitch Gorbatchev, et à sa famille.*
*Raïssa Maximovna Gorbatchev raconte comment se sont déroulés les événements.*

*Raïssa Maximovna, aviez-vous envisagé auparavant l'éventualité de pareils événements – l'isolement forcé et, de fait, l'arrestation du Président du pays ?*

Non, l'idée ne m'avait pas effleurée que nous aurions à subir cette épreuve. Ces journées ont été atroces...

*Comment avez-vous réagi quand vous avez appris l'ultimatum des conjurés ?*

Nos épreuves n'ont pas commencé avec cet ultimatum, mais bien avant, au moment où, le 18 août, vers cinq heures de l'après-midi, Mikhaïl Gorbatchev est soudain venu me trouver, bouleversé. Il m'a dit : « Il se passe quelque chose de très grave, de terrible peut-être. Medvedev *[l'ancien chef de la garde personnelle du Président de l'URSS]* m'informe qu'une délégation est arrivée de Moscou. Ils sont déjà dans nos murs et exigent que je les reçoive. Mais je n'ai invité personne. Je me précipite sur le premier téléphone, puis sur un second, un troisième... Toutes les lignes sont coupées. Même le téléphone rouge... »

*Pardon de vous interrompre, mais pourriez-vous nous expliquer ce qu'est ce téléphone rouge ?*

C'est un téléphone réservé au commandant en chef des forces armées du pays. « La ligne intérieure est également coupée, a poursuivi Mikhaïl Sergueïevitch. Nous sommes complètement isolés. Pour ne pas dire arrêtés. Pas de doute, c'est un complot... »

En effet, tout était coupé, y compris la radio et la télévision. Nous avons aussitôt saisi de quoi il retournait.

Après avoir gardé le silence un instant, Mikhaïl Sergueïevitch m'a dit : « Je n'accepterai aucune aventure, aucun marchandage. Je ne céderai pas au chantage. Mais cela peut nous coûter cher. A nous, à toute la famille. Nous devons être prêts à tout... »

J'ai appelé en hâte Irina et Anatoli, nos enfants. Je leur ai raconté ce qui se passait. Chacun de nous a alors donné son avis. Nous étions unanimes, nous soutenions tous Mikhaïl Sergueïevitch : « Nous serons avec toi. »

C'était une décision très grave. Car nous connaissons notre histoire, ses pages les plus terribles...

Psychologiquement, ces vingt ou trente minutes (l'irruption de Mikhaïl Sergueïevitch dans la pièce où je me trouvais, les enfants à qui nous avons exposé les faits et la discussion qui s'est ensuivie) ont été très dures. Peut-être l'un des moments les plus pénibles. Car ensuite, une fois notre décision prise, j'ai éprouvé (et pas seulement moi, nous tous) une sorte de soulagement.

Mikhaïl Sergueïevitch est allé rencontrer les putschistes. Nos pires suppositions se sont trouvées confirmées : la délégation a annoncé la création d'un comité d'urgence, a exigé de Mikhaïl Sergueïevitch qu'il signe un décret instaurant l'état d'exception dans le pays, et qu'il transmette les pleins pouvoirs à Ianaïev. Et quand Mikhaïl Sergueïevitch a refusé, on lui a proposé de démissionner. Mikhaïl Sergueïevitch a exigé la convocation immédiate du Soviet suprême d'URSS ou du Congrès des députés du peuple.

*Quels sentiments étaient les vôtres durant ces premières heures : l'indignation, la peur, le désespoir ?*

Non, rien de tout cela. Le plus douloureux était l'amertume de la trahison...

Un temps, nous pensions que la décision de Mikhaïl Sergueïevitch – dont les conjurés avaient été informés –, sa position, ses demandes constamment envoyées à Moscou, arrêteraient les putschistes. Mais la suite des événements, en particulier la conférence de presse du comité d'urgence le 19 août, nous a montré qu'ils ne reculeraient devant rien.

*Vous avez vu cette conférence de presse à la télévision ?*

Oui. Au soir du 19 août, après des demandes répétées, nous avons obtenu que la télévision soit rétablie. Mais l'atmosphère autour de nous devenait de plus en plus tendue. Nous étions alors complètement isolés. On ne laissait sortir personne des limites de la datcha, et personne ne pouvait venir à nous. Les voitures avaient été mises sous scellés. L'avion renvoyé.

Sur la mer, nous ne voyions plus passer de navires civils. Vous savez, d'ordinaire, il y a des péniches, des cargos et d'autres bateaux. En revanche, de nouveaux patrouilleurs et navires de guerre avaient fait leur apparition.

*Quand les avez-vous remarqués pour la première fois ?*

Dans la nuit du 18 au 19, vers quatre heures et demie du matin. Ces navires de guerre ne cessaient de s'approcher du rivage, de s'éloigner, de disparaître...

Le sentiment d'un danger de plus en plus grand commençait à s'emparer de nous. La garde personnelle du Président de l'URSS était sur pied quasiment jour et nuit. Une partie d'entre elle a ensuite été introduite dans la maison. Déjà, on prétendait que nous n'avions plus droit aux vivres livrés après le 18.

Dans la nuit du 19 au 20, grâce à notre caméra vidéo, nous avons enregistré une adresse et une déclaration de Mikhaïl Sergueïevitch. Nous avons travaillé toute la nuit, afin de faire plusieurs cassettes.

Ces documents, ainsi que le certificat écrit de notre médecin concernant l'état de santé du Président, nous les avons répartis entre différentes personnes en qui nous avions toute confiance.

*Qui sont ces gens ?*

Je ne voudrais pas en nommer certains, afin de ne pas en froisser d'autres. Il restait peu de monde à la datcha. Il y avait l'adjoint du Président, les dactylos, le personnel de service... Nous leur avons confié les films, en les priant de les garder, puis s'ils en avaient la possibilité, de les faire parvenir à l'extérieur et les porter à la connaissance du public.

*Vous envisagiez donc le pire, et vous vouliez que l'on sache la vérité sur le Président et sa famille, même si vous veniez à disparaître ?*

Oui, c'est exactement ce que nous voulions.

*En principe, les conjurés pouvaient liquider tous les habitants de la datcha pour ne pas laisser de témoins...*

C'était tout de même assez compliqué... Nous sortions dans les limites de la propriété et vers la mer, afin qu'un maximum de personnes puissent voir que le Président était sain et sauf... Nous étions constamment surveillés : depuis les falaises, du côté de la mer, depuis les navires. Plus les gens nous verraient, plus il serait difficile de dissimuler la vérité... Et puis, nous nous efforcions de nous comporter comme à l'ordinaire, tranquillement, pour soutenir moralement tous ceux qui étaient appréhendés comme nous, et, pour tout dire, écroués.

*J'imagine que ce ne devait pas être simple de se promener, d'aller jusqu'à la mer, en affectant la sérénité, de se livrer à ses activités quotidiennes, tout en s'interrogeant sur ce que préparaient les conjurés.*

J'en frémis encore aujourd'hui...

*On raconte qu'on vous voyait sur le balcon.*

Oui, nous sortions sur le balcon pour que les gens nous voient, mais surtout pour pouvoir parler tranquillement. Notre garde nous avait conseillé de ne pas trop nous répandre en paroles à l'intérieur de la maison. Elle redoutait les écoutes...

*Nul n'ignore que la surveillance totale et les écoutes ont longtemps été monnaie courante dans le pays. On sait, par exemple, que Nikita Sergueïevitch Khrouchtchev avait même prié le président du KGB de l'époque de ne pas mettre sur écoutes au moins le téléphone du numéro Un de l'État. L'idée ne vous a-t-elle jamais effleurée, Raïssa Maximovna, que votre téléphone pouvait être écouté ? Pour ma part, c'est une impression qui ne me quitte pas...*

Je ressens, je vis, tout ce que ressent et vit chacun de nos citoyens. Je suis une parcelle de notre société, et ce ne sont pas là des paroles en l'air...

*Vous étiez absolument sûrs de la garde restée avec vous à la datcha ?*

Le soir et la nuit du 18 août, lorsque nous avons appris la conduite de Plekhanov, responsable de la section de la garde au KGB, et le départ de Medvedev *[il s'agit des deux responsables de la sécurité du Président]*, j'avoue qu'une pensée ne me laissait pas en repos : la garde demeurée avec nous allait-elle se plier aux ordres de sa direction ou nous défendre ?

Une chose a été déterminante : dès le matin du 19, nous savions que notre garde restait aux côtés de Mikhaïl Sergueïevitch. Le chef nous a dit : « Mikhaïl Sergueïevitch, nous sommes avec vous. »

Les nouvelles venues de l'extérieur nous redonnaient aussi courage. Quand, les premiers temps, nous étions sans radio ni télévision, les soldats de la garde ont trouvé un vieux récepteur sur lequel ils ont mis une antenne improvisée. Et, par chance, nous avions un transistor de poche Sony. Mikhaïl Sergueïevitch, quand il se rase le matin, aime écouter la radio. Il avait donc pris ce petit transistor avec lui en Crimée.

*Le Président se rase lui-même ? On m'a raconté qu'autrefois des barbiers étaient spécialement chargés de s'occuper quotidiennement du numéro Un. Une sorte de rituel...*

Pensez-vous, Mikhaïl Sergueïevitch fait tout lui-même !... Donc, en écoutant la radio, nous avons appris qu'à Moscou, Leningrad et dans de nombreux autres endroits, on refusait de soutenir les conjurés. Pour nous, ce fut essentiel.

*Comment êtes-vous rentrés à Moscou ?*

La fin de notre isolement... Cela s'est passé le 21 au soir. Le récit en est à présent connu. Nous avons pris l'avion avec la délégation de Russie. Leur avion. Nous étions tous ensemble, il y avait là A. Routskoï, I. Silaïev, E. Primakov, V. Bakatine, notre médecin et toute notre famille. Krioutchkov était également dans l'avion, mais isolé.

*A quoi pensiez-vous en rentrant à Moscou ?*

A beaucoup de choses. C'est difficile à dire... Que tout ce qui s'était passé ces derniers jours dans le pays et dans la résidence du Président en Crimée était pour tous une rude épreuve... J'avais aussi le sentiment d'une victoire humaine... Et puis, je me disais, bien sûr, que c'était une leçon...

*Le Président a dit, dans sa conférence de presse, que vous aviez été durement éprouvée par ces trois jours. Comment vous sentez-vous à présent ?*

Cela a duré trois jours et trois nuits. Soixante-treize heures. Mais c'était difficile et pénible pour tout le monde... La tension et l'angoisse de ces journées ont forcément marqué tout un chacun. En ce qui me concerne, eh bien, le 21 août, après trois nuits blanches, au moment où les événements s'enchaînaient à toute allure, ma santé s'est soudain détériorée. Nous avons appris par la BBC que Krioutchkov avait accepté qu'une délégation se rende en Crimée. Pas seulement pour voir Gorbatchev, mais pour que les délégués puissent se convaincre par eux-mêmes que le Président, soi-disant gravement malade, n'était pas en mesure d'assumer ses fonctions.

J'ai aussitôt pensé que ce mensonge grossier pouvait entraîner dans les prochaines heures certains actes visant à le transformer en réalité. Le dénouement pouvait être extrêmement rapide, et tragique. J'ai alors eu une crise d'hypertension, accompagnée de difficultés à parler... A présent, je vais mieux, je n'ai plus qu'un léger traitement. Je ne sors toujours pas de chez moi, mais, comme vous le voyez, je soutiens depuis plus d'une heure avec vous une conversation qui n'est pas si facile.

Je revis sans cesse en pensée tous les événements. Et je redoute par-dessus tout que la société se retrouve scindée en deux...

*Aujourd'hui, chacun – chez lui, au travail – se demande : comment éviter que de tels événements politiques se reproduisent ? J'aimerais entendre à ce sujet l'avis de l'épouse du Président de l'URSS.*

Il n'y a qu'un moyen de l'éviter : préserver et développer les processus démocratiques en cours dans le pays. Empêcher par tous les moyens l'instauration d'une nouvelle dictature, sous quelque forme ou déguisement que ce soit. Et, bien entendu, mettre plus rapidement en pratique les réformes économiques déjà amorcées.

Je suis convaincue que seule la démocratie, seule l'application des principes de l'État de droit garantiront à notre société la protection des citoyens et la dignité humaine.

Je voudrais ajouter autre chose. Il est essentiel, aujourd'hui, que les hommes retrouvent la confiance en eux-mêmes et la sérénité. Oui, la confiance et la sérénité...

(*Troud*, 3 septembre 1991)

*Traduit du russe par Anne Coldefy-Faucard*

Cet ouvrage a été composé et réalisé par la
SOCIÉTÉ NOUVELLE FIRMIN-DIDOT (Mesnil-sur-l'estrée)
pour le compte des Éditions Olivier Orban,
12, avenue d'Italie, 75627 Paris Cedex 12

Achevé d'imprimer le 8 octobre 1991

*Imprimé en France*
N° d'impression : 19137
Dépôt légal : septembre 1991